教师课堂教学决策研究
——小学语文学科的个案探寻

魏薇  著

中国社会科学出版社

图书在版编目(CIP)数据

教师课堂教学决策研究：小学语文学科的个案探寻／魏薇著．
—北京：中国社会科学出版社，2019.3
ISBN 978-7-5203-4109-7

Ⅰ.①教…　Ⅱ.①魏…　Ⅲ.①小学语文课-课堂教学-教学研究
Ⅳ.①G623.202

中国版本图书馆CIP数据核字(2019)第039959号

出 版 人	赵剑英
责任编辑	宫京蕾
责任校对	秦　婵
责任印制	李寡寡

出　　版	中国社会科学出版社
社　　址	北京鼓楼西大街甲158号
邮　　编	100720
网　　址	http://www.csspw.cn
发 行 部	010-84083685
门 市 部	010-84029450
经　　销	新华书店及其他书店
印刷装订	北京君升印刷有限公司
版　　次	2019年3月第1版
印　　次	2019年3月第1次印刷
开　　本	710×1000　1/16
印　　张	16.75
插　　页	2
字　　数	265千字
定　　价	68.00元

凡购买中国社会科学出版社图书，如有质量问题请与本社营销中心联系调换
电话：010-84083683
版权所有　侵权必究

序　言

我们每天都在与"决策"打交道。大至国际事务的协调处理、国计民生政策的制定，小至个人日常生活、工作的决定，无一不需要我们做出正确的判断和选择。可以说，人们每天都需要做出大量的决策，我们每天都生活在决策的思考当中。"决策"是人们经常发生的一种心理活动，更是人类活动的一种普遍存在方式。有的决策可以让我们受益一生，因为它证明了我们的智慧与勇气；但有的决策可以让我们悔恨一生，因为它暴露了我们的愚蠢与失误。因此，对决策做出积极的回应促使人类不断进步、社会不断发展，令我们的工作和生活多姿多彩；而失败的决策会导致历史的退步，也让我们付出沉重的代价。

日常生活实践中的种种决策引发我的思考是零散的，但又是深刻的，它们常常会让我联想起我们的教育、我们的学校、我们熟悉的课堂、我们辛苦的教师。究竟我们在日常教学实践中应该怎样做决策，为什么做决策，如何做决策是对的……这些问题不断萦绕在我的脑海中，促使我去追问并试图给出一个答案。新课程改革经历了十多年的实践，人们在不断地学习、思考、实践、感悟和反思。

东方有课堂，西方也有课堂。无论何时何地，课堂皆以发展心智与开启智慧为使命。课堂，可以是一个平常普通但又是变幻莫测的场所；课堂，可以是一个展现喜怒哀乐与活色生香的舞台；课堂，可以是一个迸发思想火花且焕发生命光彩的世界；课堂，也可以是一个充斥错误苦恼惆怅无奈的地方。正因为课堂是复杂的、多变的、思辨的、莫测的、粉饰的、激昂的，学生是鲜活的、发展的、变化的，而教师又是一个个不同的个体，所以教师的决策决定了课堂的方向和效果。因为课堂中的决策是充满魅力的，使之引人入胜一探究竟，这不仅成为我研究探寻的逻辑起点，也是我研究历程的不竭动力。

课堂是复杂多样而变幻莫测，虽然难以把握和捉摸，但课堂恰恰又是教学伸展之所、教师发展之域、学生成长之源，如何更好地关注教师在课堂教学中所做的决策，剖析课堂教学决策的实质，认真倾听教师决策时的心声是有意义的研究课题。在这种信念支持下，课堂教学决策这一研究主题终于清晰地呈现在眼前，它像一只调皮的小精灵时隐时现，指引着我去"擦亮"那盏心仪已久的神话中的"神灯"……

A校是我从本科开始一直接触并合作的小学，那里有着太多我熟悉的朋友，有着太多值得回忆的故事，在这样的背景下，我决定从这里开始研究，试图从真实的实践情境入手，以课堂上发生的一系列决策事件为起点，把教师做决策时的内心世界揭示出来，打开教师心中的"黑匣子"，让大家清楚地知道教师在课堂这个特定场域中做决策时的所思所想。

因此本书立足于教师课堂教学决策问题，选取一所全日制的小学为个案，以具体的语文学科教师为研究对象进行全程的跟踪与深入的考察。研究者走进现场、扎根田野、"成为"他们中的"普通一员"，力图展现并解释课堂教学过程中教师们鲜活的决策行为和决策想法，揭示并总结教师课堂教学决策的基本状况及影响因素，并在此基础上形成研究结论与建议。作为一项质的研究，本书以质化研究为取向，以个案研究为策略，综合运用参与式观察、深度访谈、出声思维、文件分析等多种研究方法，通过不同方法的相互佐证赋予研究以效度与意义。

本书的写作和出版工作中，北京师范大学沈阳附属学校的包化鹏老师给予了很多一线的意见。同时也引用和参考了有关专家、学者及诸位学术同人的研究成果，虽认真做了标注，但可能由于疏漏未及注明，在此特作说明，并致以最真挚的谢意，对于本书所存在的不足之处，欢迎各位专家、学者、同人和广大读者批评指正！

此书的出版不仅获得了东北师范大学哲学社会科学优秀著作青年学者出版基金的资助，还得到了全国教育科学"十三五"规划课题教育部青年项目（EHA170460）和吉林省教育科学"十二五"规划2014年度课题（D14009）的资助。在此一并感谢！最后，拙著能够付梓出版，得到了中国社会科学出版社各位老师和编辑的大力支持,尤其是宫京蕾主任的辛苦付出,在此也表示衷心感谢!

魏薇

2018 年 6 月

目　　录

第一章　绪论 …………………………………………………………（1）
　第一节　问题之源 …………………………………………………（1）
　第二节　研究之域 …………………………………………………（8）
　第三节　书论之意 …………………………………………………（11）
　第四节　本书的基础概念和篇章结构 ……………………………（14）
　　一　基础概念的界定 ……………………………………………（14）
　　二　本书的篇章结构 ……………………………………………（20）
　第五节　本书的研究方法和具体过程 ……………………………（20）
　　一　本书的基本思路 ……………………………………………（21）
　　二　本书的研究方法 ……………………………………………（23）
　　三　本书的研究过程 ……………………………………………（27）
第二章　小学语文课堂教学决策的基本内容 ………………………（48）
　第一节　忠于预设的执行类：执行预设、完成计划的课堂教学
　　　　　决策 ………………………………………………………（49）
　第二节　基于预设的调整类：调整、变换预设的课堂教学
　　　　　决策 ………………………………………………………（76）
　第三节　超越预设的生成类：处理生成的课堂教学决策 ………（104）
　第四节　预设之外的突发类：解决突发、意外的课堂教学
　　　　　决策 ………………………………………………………（124）
第三章　小学语文课堂教学决策运行的基本过程 …………………（134）
　第一节　课堂教学决策运行过程的基本要素 ……………………（136）
　　一　决策者 ………………………………………………………（136）
　　二　决策对象 ……………………………………………………（137）
　　三　决策行动方案 ………………………………………………（138）

四　决策环境 …………………………………………（139）
　　五　决策准则 …………………………………………（140）
　第二节　课堂教学决策运行过程的基本步骤……………（140）
　　一　引起决策 …………………………………………（145）
　　二　拟定决策方案 ……………………………………（155）
　　三　实施决策方案 ……………………………………（163）
　　四　评价效果、信息反馈 ……………………………（165）
　第三节　课堂教学决策运行过程的合理性准则…………（167）
　　一　合理性的内涵分析 ………………………………（169）
　　二　运行过程中的五项合理性准则 …………………（175）
第四章　小学语文课堂教学决策的影响因素………………（185）
　第一节　关于学生的影响因素 ……………………………（186）
　第二节　关于教学的影响因素 ……………………………（199）
　第三节　关于教师自身的影响因素 ………………………（210）
　第四节　关于环境的影响因素 ……………………………（222）
第五章　结论与建议 …………………………………………（227）
　第一节　本书的基本结论 …………………………………（227）
　第二节　思考与建议 ………………………………………（244）
参考文献 ………………………………………………………（250）

第一章 绪论

人们在工作和生活中每天都需要做决策。上至国家宏观政策的制定,下至个人日常的决定,无一不需要我们做出正确的判断和选择。作为课程实施灵魂人物的教师,在专业领域更需要做决策。新课改不断拓展着教师的专业自主,实现着教师角色的重新定位,且"教学的变动性、多样性无不要求教师是决策者而不再是一个执行者"。因此,专家们断言:"教学是一个需要教师不断做出思考与决策的历程","任何教学行为都是决策的结果,教师最基本的教学技巧就是决策","有效教学基本等同于合理的教学决策"(William, Shavelson, Clark & Peterson)。事实上,决策存在于教学的所有实践活动之中,而课堂作为一个特殊的场域,正是决策频繁而集中的运行之所。

研究指出,教师需要在课程的设计、实施和评价前后三个阶段做出一系列的决策,实施阶段即课堂教学过程中的决策是最为变幻莫测和考验教学机制的。因为课堂是一个复杂多变的"动态场",充斥着大量的不确定因素,课堂教学也不是一个按部就班的线性过程,学生又是一个个鲜活的不断变化、发展的个体。因而作为课堂教学主体的教师就时刻面临着决策,教师的决策某种程度上也决定了课堂教学的方向、形式和效果。课堂是教师专业发展之所,课堂教学是学生成长之源,如何更好地关注教师在课堂教学中所做的决策,剖析教师课堂教学决策的实质,认真倾听教师决策时的心声即成为一个重要的研究课题。

第一节 问题之源

(一) 教育改革的内在要求:一种深层的指令

1. 教师改变:一个殷切的期望

21世纪,各国政府面对风云变幻的世界形势无不在提升国际竞争力的口号声中祭起教育改革的大旗，期望通过改革浪潮的洗礼大力发展教育，培育高素质人才，从而维持或增强其在国际市场中的竞争力。（D. Hargreaves，1998）随着改革的深入和发展，人们逐渐认识到改革本身的复杂性和改革者自身的局限性并不是导致改革出现失误甚至成效低下的主要影响因素。造成理想和现实严重脱节的根本原因在于过去大量的改革方案和措施的着力点往往放在制定和设计层面，而没有深入到课堂层面的教与学中，没有将教师教学和学生学习的提升作为最重要的改革目标。因而无论教育改革者精心绘制的改革蓝图多么完美最终都要落实到学校层面，依靠一线教师在具体的教学和管理实施中逐步实现。任何教育改革最终都要依赖于教师的理解与执行，正如迈克尔·富兰（1991）阐述教师在教育改革方案实施中的作用时所说，"有意义的教育改革包括观念的改革、教学风格的改革和教学材料的改革，这些只有通过在一定社会背景下个人的发展来实现"，因此在教育改革中怎么强调教师的地位和作用都不过分。随着全球化教育改革的逐渐推进，尤其是我国新一轮基础教育课程改革带来的新的理念、新的教材、新的学生观无不冲击着传统的教师评价体系，内在地要求教师的改变，人们殷切期望教师的地位和角色、观念和行为等方面发生变化，持续推进教育改革的有效实施。这些改变主要体现在教师角色的重新定位和教师地位的重新认识上，教师角色的重新定位即从传统的课程执行者向参与课程变革的决策者的转变。通过持续而深入的系列变革，教师被赋予了新的权力和意义，而"教学的变动性、多样性无不要求教师是个决策者而不再是一个执行者。在这种课程环境下，教师要具有创造新形式、新内容的空间。需要教师创造出班级氛围、设计教学活动，表达自己的教育理念。教师必须是一个真正的专业人员"。[①] 这必然要求教师不再是课程和教学的忠实传递者或执行者，而是一个主动的决策者和创造者；教师不再是真理的垄断者或宣传者，而是学生学习的协助者、真理的促进者和探索者。这种角色的转变亦激励着教师积极地改变他们的专业角色，改变他们的专业所思、所想和所为。这种改变也体现在教师地位的重新

---

① 钟启泉等：《为了中华民族的复兴　为了每位学生的发展》，《基础教育改革纲要（试行）》解读，华东师范大学出版社2001年版，第430页。

认识上。长期以来教师作为一个具有专业知识的群体，其专业地位一直未得到充分的重视，教师对自身地位的认同一直遵循着传统教学文化的"传道、授业、解惑"。卡西尔（1985:34）和罗伯特（Robert.I.Burden）指出真正意义上的变革在于变革主体地位的转变。只有对教师主体地位的重新认同，教师的主体意识和教学实践才能得以实质性的转变。其次，深入有效地推进教育改革的指令也内在地要求着教师观念和行为的转变。制约我国当前课程改革的瓶颈很大程度上在于教师的课堂教学是否取得实质性的突破，即教师仅仅谙熟课程改革方案的理论但没有在思想和观念上对课程改革的接纳和认同，没有教师教学行为的有效转变，就不会带来课堂教学的实质变化和学生学习效果的全新面貌。因此，教师课堂教学观念和行为的变革是课程变革乃至教育变革的"晴雨表"。

2. 教师专业发展：一个应然的诉求

当前世界各国对教师素质的重视达到了前所未有的程度，教育研究领域出现了关注教师专业发展的重要取向。《教育——财富蕴藏其中》中也提到，"无论怎样强调教师质量的重要性都不会过分"，因为"没有教师的协助及其积极参与，任何（教育）改革都不会成功"。因此，教师素质及其专业发展问题是一个值得关注的主题，一个需要探索的领域。尤其是新一轮课程改革浪潮持续、深入推进的进程中，教师专业发展更日趋成为教育政策制定者、教育决策者、教育研究者和广大教师们关注的焦点。世界各国亦清醒认识到要培养高素质的教师，要取得改革满意的效果，就要高度重视教师的专业发展问题。Little（2001：23）认为教师专业发展本身即属于教育改革的重要组成部分，因为任何改革计划的成败得失总要涉及教师个体的成长和教师发展的策略，因而教师专业发展也一直被视为教育改革成功和教师素质提高应然的诉求。

首先，社会的变迁要求作为知识分子的教师是社会文化资本的生产者和行动者，"拥有一种特殊的权力，拥有表现事物，并使人相信这些表现的象征性权力"。[①] 教师作为特殊的知识分子，在知识、精神、思想、道德等社会文化层面越发具有传递和阐释的权威和权力，在参与文

---

① ［法］布迪厄：《文化资本与社会炼金术——布迪厄访谈录》，包亚明译，上海人民出版社1997年版，第87页。

化知识的生产、建设、构建中作用也越来越大，因此随着社会的变迁和进步即要求教师作为专业人员走向专业化，成为专业工作者，不断谋求专业的发展。其次，世界教师教育变革的主旋律也应然地要求教师的素质和能力不断实现提升，我国教育改革的现实更加要求教师的队伍建设从"数量扩展型"向"质量内优型"转变，社会和学校要求的是更多的高学历、高素质和高水平的教师，这既是机遇又是挑战。教师发展已经不能仅仅停留在知识和技能的层面，更涉及思想理念的升华、视野的提升，尤其是步入21世纪的教师更要从专业发展出发、从可持续发展出发，逐步延长并深入教师的职业成长。正如叶澜教师所说："教师专业性的探讨是新世纪更重要和更具有全局性意义的任务。"① 因此教师的专业素质和能力作为教育改革的焦点问题日益成为教育乃至社会的现实诉求。再次，随着改革中课程权力的"下放"和"转移"、教师地位和作用的"重新定位"，教师在课程设计、课程开发乃至课程实施中的地位和角色也逐渐地发生着转变，"防教师"（teacher-proof）的课程开发观念被斯滕豪斯（Stenhouse, L）的"教师即研究者"的体系所代替，教师从课程忠实的"实施者"到成为课程积极的"参与者""研究者"的过程中也实现着自身的专业发展，映射出了丰富多元的专业成长的发展路径。在这种背景下，教师的专业发展、教师赋权增能和课程开发融为一体，"教师在以'参与''反思'为主要特征的行动研究中不断获得对实践的反思能力，进而促使自身获得有效的专业发展"。②

（二）教育研究的范式转换：一种变革的视角

在20世纪70年代之前有关于教学研究的范式中，行为主义取向的"过程—结果"范式长期以来占据着主宰的地位，并不断推动着教学研究的发展。该种研究范式认为在教学过程中，教师的教学行为与学生学习成绩具有某种密切的关系，通过考察并研究教师在课堂教学中的外在行为表现来研究教学和归纳有效教学的特征。但随着研究的深入和研究者不断地反思，这一研究范式固有的缺陷也逐步显现出来，它过于注重技术理性和工具主义支配下的教师个性、人格等品质特征和教学技能的

---

① 叶澜：《一个真实的问题》，《高等师范教育研究》1999年第2期。
② 叶澜、白益民等：《教师角色与教师发展新探》，教育科学出版社2001年版，第216页。

追求。大量的教师行为研究也表明,对于教师外在行为研究的量化评估和描述不足以揭示教师教学行为背后深层次的复杂的原因,而教师内心潜在的、隐形的认识、思维和观念往往更为重要。随着 20 世纪 70 年代认知心理学的兴起,人们转而关注教师的可观察行为背后的意义,教师的认知研究和临床信息加工成为国际上教学研究与教师教育的一个重要领域,教学研究者们尝试从教师的认知过程入手,探讨教师的认知和思维与教学行为、教学效果之间的关系,试图以此来弥补"过程—结果"研究范式的不足。研究者们认为,随着教师专业化运动的兴起,教师在教学过程中行为主义的教学理论和教学研究已经难以确切解释教师的教学行为,而教师所持有的观念、假设等内隐变量和认知因素在真正地影响甚至支配教师的课堂行为。教学和教师研究领域这种理论视角与范式的转变,绝不仅仅是研究焦点和概念的简单替换,而是实现了教学研究重心的转移,即从关注课堂观察技术和教师标准化评价等外显过程的研究到教师内隐研究的跨越,这为教学研究长远而深入的发展奠定了丰富而完善的基础;同时大量实践性的研究成果从不同角度揭示了教师认知和思维等内隐过程与教师行为之间的必然联系,说明了这些内隐性的因素对教学效果的有效作用,即在很大程度上证明了教师与其他专门性职业一样,需要在复杂、多元和不确定中进行专业的判断和抉择,这对于教师教育、教学改革具有深远的意义。

(三)教学决策的现状审思:一种现实的叩问

新课程改革赋予教师空前的课程开发和实施的自主决策权力,教师也借助于新课改的契机实现着自身的突破和发展。但同时必须认清的现实是,我国教师由于长期受制于以技术理性为旨趣的工具主义,所以教师从课程与教学中被动的"执行者"到主动的"决策者"的转换过程中依然存在很多问题,其中最突出的是教师的教学决策问题。目前北京、深圳、长春等地中小学的调研结果表明[1][2][3],尽管教师们每天都在进行着教学层面的决策而且进行着大量的决策,但普遍缺乏合理而有效

---

[1] 黄小莲:《教学决策水平:教师专业成长的标志》,《课程·教材·教法》2010 年第 3 期。
[2] 张辉蓉:《数学诊断式教学设计研究》,博士学位论文,西南大学,2009 年。
[3] 鲍银霞、江长冰:《主体教育的学校课程决策——深圳市南山区松坪小学学校课程决策的调查报告》,《教育导刊》2000 年第 5 期。

的决策意识和决策行为。尤其是面对全球教育改革和教师教育深刻变革的大背景，教师的教学决策问题更加面临来自内外部的双重挑战，一种是教师素质和能力必须基于外界压力而变革和发展；另一种是教师基于内部自我更新的专业发展要求。基于这样的考虑，教师教学决策的问题必须直面现状，才能得以在未来发展进程中慎思、明辨、笃行之。

审视教师教学决策的现状，既有着追求创造和优化的合理决策，也存在着低效甚至无效的决策。众多研究结果表明，教师们普遍具有一定的教学决策意识，他们已经能够意识到随着社会和时代的进步，学生也在发生着新的变化，新的教学问题层出不穷，以往积累的教学经验可能已经不能解决新问题，所以教师们必须积极寻求并选择更适切的方法。虽然教师们已能意识到教学决策的价值，但现实情况中教师的决策仍然存在一些问题，这首先集中表现为教师教学决策的依赖。

第一，决策依赖经验。经验是决策的基础，重复性强的活动中经验更是决策的行为依据，而经验也是教师做出决策的基础，教学具有琐碎而重复性强的特性，教师可以借助经验迅速而敏锐地察觉教学问题的症结所在，从而妥善、便捷地处理常见性的问题。决策的经验主义不是对教学经验的否定，但教学的惯性导致教师思维的固化和行为的程序化，尤其当教师的教学经验已不再适应教学实际，脱离教学情境，甚至是教师"沉迷"、固执于以往的积累而不正视变革的教学实践，经验就不再是有效的行为指南而质变为教师创造和创新的"无形枷锁"，教师也会因其保守和故步自封而压抑决策本身所带来的活力和积极作用。第二，依赖集体决策。集体决策是至少两个群体对一组或一系列备选方案作出最佳选择的集体审议的过程，是集体成员的个体偏好经过协商、妥协最终达成一项社会决策的结果。[①] 集体教学决策充分实现了教师资源的优化组合，是教师教学经验、教学智慧等的分享和促进，是教师个人决策的重要补充形式，因而具有不可比拟的优势。但是集体决策形式经历长期的普遍化和模式化，尤其是集体备课中缺乏观念和视阈的冲撞或融合，缺乏不同教学决策风格的相互补充，就势必滋生不同程度的思维僵化和群体依赖，不利于教师整体决策水平的提升，久而久之形成"决策

---

① 庄锦英：《决策心理学》，上海教育出版社 2006 年版，第 298 页。

惰性"和"从众决策"。第三，决策依赖教材。教材作为教学决策的主要文本内容，需要经过教师的理解、扩展和转化才能成为教学内容。况且新课改要求教师作为专业决策者的角色转型，其教学决策的内容和依据应该更为专业和合理，这就需要教师行使决策职责，有效地开发和转化教材内容，使其更适合学生的全面发展。但实际情况中很多教师在备课和教学过程中的决策出现了依赖教材的惰性决策的心理，把教材的内容作为全部课程的内容，更作为决策的唯一依据，从而试图减少课程选择和开发等"不必要"的麻烦。第四，决策依赖预设。教师教学决策依赖预设是教师教学固化的一种直接表现。很多研究指出，如果教师教学形成程式和模式的首要弊端是不自觉地将教学中的决策机械处理，教师严格按照教学设计的计划"按图索骥""步步为营"，以免出现和预设不一致的"生成"问题，以此将教学过程规约在严格的精心安排的"程序版图"内。上述种种教学决策中出现的依赖行为和依赖心理严重抑制了教师教学水平的提升，限制了其教师专业发展的空间，非常不利于教师的发展。

其次，教师教学决策中突出的问题是知识倾向，即教师的决策是以知识的达成为最终目的和指导方针。众所周知，学生的知识获得并不是有效教学实施的唯一依据，学生的全面发展才是我们的决策所应该关注的。事实上很多教师教学的决策高度关注的正是认知目的的达成，并以此作为决策的核心内容，而较少关注学生的全面发展，轻视情感、态度、价值观的培养。这种以知识达成为目的的教学决策倾向除了应试压力的原因外，教师的教学观和学生观也影响着教师教学决策的价值判断。其实教师决策的过程不应以知识的简单传授为目的，而应强调教师的决策应以学生的立场和学生的发展为出发点，教师教学决策的真正目的即是培养并实现学生的全面发展和有效发展。

最后，决策的异化也是教师教学决策的症结之一。这种决策症结的突出表现是教师在教学中的决策是简单随意的，缺乏科学性、系统性。其决策多数属于自发无意识的，缺乏目的和意义性，因而其决策方法和形式单一。走进课堂，我们常常发现教师有意或无意地不断地做出各种决策，课后教师也表示面对复杂多变的课堂其很多决策确实存在着简单、生硬、随意、杂乱等异化的问题。这种简单和随意其实暴露出教师决策的无准备性，缺乏系统和科学的决策意识，缺乏正确而明确的决策价值观。其实，教师的教学决策场域是一个复杂多变的心理空间、情境结构，更是一个交织着多因素多关系的场域结构。教师更需要用持续有效的决策处理好场域中的多变因素和复杂关系，并最终使其对学生产生积极的意义和作用，实现学生和教师的全面发展，达到教学的最佳境界。

综上所述，世界范围的教育革新赋予了教育以新的使命。教师教育的改革和发展及其研究已蔚然形成一股声势浩大的潮流。但无论是基于教育变革的全球背景之下，抑或是教育研究范式转变的内在要求，还是充分考虑到当前教师教学决策的现状和问题，教师教学决策的研究都是当前教育改革和教师教育研究，尤其是课程和教学改革研究的重要议题。进一步说，教育的改革和发展都要通过教师的课堂教学实践得以最终落实，许多研究也表明教师是具有专门能力的善于思考的专业人员，这种能力即为计划、执行、评价和思考他们教学的能力，所以说，教师的教学决策在很大程度上决定了课堂教学的效果。基于此种意义和背景，深入考察并细致分析教师教学决策怎样影响并决定着课堂教学的方向、形式和进度，进而影响着教学效果甚至是教师的教学风格。在此基础上，"进入教师的头脑"研究教师在教学决策前后进程中的"所思所想"，寻找影响教师教学决策的来源和因素，这对于丰富和完善教育教学领域具有重要的理论价值和现实意义。

第二节　研究之域

明确研究问题，确立研究之域是一项研究的前提条件。本书主要目的在于立足教师课堂教学决策问题，选取一所个案小学，以具体的语文学科教师为研究对象，进行全程的跟踪与深入的调查。研究者期望通过走进现场、扎根田野，"成为"其中的"普通一员"，以质化研究为取向，以个案研究为策略，综合运用参与式观察、深度访谈、出声思维、课堂志、文件分析等多种研究方法，真实呈现课堂教学过程中具体的决策行为和决策活动，并在此基础上提出真实而有意义的发现与结论，以形成相应的对策和建议。

早期的研究表明，教学决策主要发生在教学前后的三个不同阶段，其分别为：教学前的计划和准备阶段；课堂教学中即教学实施阶段；课堂教学后的反思阶段。这三个决策阶段是循环往复的，每一个阶段的思考结果都会作为下一次（未来）决策的参考和积累，即为再次决策做准备。课堂教学决策作为教学决策的中间阶段，架设起将教学决策的前后两个阶段连接起来的桥梁。况且，课堂是一个复杂多变的"动态场域"，充斥着大量的不确定因素，课堂教学也不是一个按部就班的线性过程，学生又是一个个鲜活的、不断变化、发展的个体。课堂教学过程中的决策是最为变幻莫测和考验临场教学机制的。因而作为课堂教学主体的教师就需要时刻面临着决策，不停地做出决策。可以说，教师的决策某种程度上决定了课堂教学的方向、形式、进度和效果。因此本书将重点探讨的研究问题确立为：教学实施阶段的决策——课堂教学决策。

以往的学者研究指出，前期课堂教学决策研究的焦点主要集中在教师的决策行为上，对教师的思维、观念等内隐的分析不够重视。事实上，当我们"深入教师的头脑中"倾听他们"内心的声音"时会发现，课堂上教师们的决策不仅仅为一个个带着主体风格或个性特征的具体教学行为表现。更为重要的是，它是教师在课堂教学进程中，融合情感、知识、智慧、观念等诸多因素而所做出的价值选择和价值判断，而这种决策更是一个教师基于其思维、信念、思想而不断进行努力、调试的过程。因此本书不仅满足于展现课堂教学过程中教师决策的行为表现，还要着力揭示教师决策了什么，如何进行决策和为什么而决策，即剖析行为活动背后的思考历程，试图解释并分析教师决策时的惯有模式和决策依据。

按照这样的一个思路，展开了本书的具体思考。作为一项质性的个案研究，厘清研究问题可以为本书提供一个清晰的框架结构。Stake（1995）将个案研究问题区分为"基本问题"和"具体研究问题"。因此本书的主要研究问题是：在新课程改革背景下，以课堂教学决策为研究议题，立足一所富有特色的全日制个案小学，以具体的语文学科教师为研究对象进行全程跟踪和深入考察。通过分析个案学校不同层面、不同水平的语文教师，力图展现并解释课堂教学过程中教师们鲜活的决策行为和决策想法，揭示并总结课堂教学决策的基本状况、运行机制和影响因素，在此基础上形成研究结论，提出有益的建议。

基于上述考虑，本书试图围绕以下几个小问题来展开具体的研究问题：

（1）课堂教学决策的研究必须置于具体的现场环境中，这意味着学校大的环境和氛围将影响具体的决策内容和形式，因此个案研究中课堂教学决策运行的基本背景情况是怎样的？

（2）如果说教师的课堂教学决策决定着课堂事件和课堂进程发生的方向与发展的形式，甚至影响着课堂教学的效果、学生学习的效果，那么这种影响和作用是怎样实现的？即课堂教学决策的具体实施状况是如何的？

（3）课堂教学的基本内容和形式是如何的，是否可将其划分为不同的阶段、不同的层面甚至是不同的类型？

（4）通过考察课堂上教师决策的显性行为，如何深入其"头脑中"来追寻其背后的深层原因和意义，并进一步做总结和提升。

（5）教师在课堂上做决策的时候头脑中肯定不是"空白"的，另外教师置身学校和课堂等具体的环境中，肯定有一些因素在影响着教师的判断和选择。那么这些因素都有哪些，它们是如何起到影响和制约作用的呢？

（6）结合研究结论探究策略，提出建设性的建议。

上述具体的研究问题又可表述为下列子问题：

（1）课堂教学决策的基本内容和情况都是怎样的？

（2）课堂教学决策的基本要素组成都有哪些？

（3）课堂教学决策的基本运行过程是如何实行的？

（4）课堂教学决策的影响因素都有哪些？即是什么驱动他们在做决策？

（5）课堂教学决策时教师的来源和依据是什么？

（6）教师们如何实现自身的决策水平和能力的提升？这是一个基于自主还是被动的发展过程，教师们又是通过什么样的具体方式和手段来实现的呢？

（7）学校对教师决策的影响是以何种形式介入的？学校应该如何进行帮助和干预？外部条件可以提供怎样的资源和支持？

第三节　书论之意

（一）研究目的

教师是课程的实践者，也是教学的决定者。许多研究皆认为，教师除了诊断、处理、解决教学问题等教学技能之外，很多情况下，"决策"已成为一种教师必须精通并能够灵活运用的技能。因此，盖奇（Gaga，1978）预示，教师认知与决策的研究，将会成为教学研究的根本方向之一。事实上正是如此，这个问题很早就引起了人们的注意，20世纪70年代以来教学研究即开始关注与重视教师教学决策的研究。其主要针对教师教学设计和教学过程中的决策行为与其思维过程进行研究，并在此基础上提出教师有效制定课堂教学决策的策略。但以往关于教师教学决策的研究无论是基于教师行为的研究还是根据当时流行的认知心理学和信息加工理论，抑或转向教师教育领域对教师专业发展的关注，都不可避免地停留在对教师决策过程与模式描述和说明的"浅表化"层面上，而缺乏对于决策本质和确切依据的深入分析。

我们认为，课堂教学需要决策。作为现代社会的教师面对充满不确定因素的课堂教学，面对不断发展、变化的学生，时刻面临着选择、判断和决定。在教学工作中，教师们的决策不仅仅是一个个带着主体特点或个性特征的具体教学行为的表现，更为重要的是，教师的课堂教学决策是教师在其专业发展过程中，融合情感、知识、技能、观念等诸多因素所做出的价值判断，而这个决策更是一个教师基于其信念、思维、思想而不断进行努力、调试的过程。因此，我期望深入教师的教学工作中，"成为"他们中的一员，展现他们在其课堂的阵地上进行决策的真实图景，总结和剖析教师们决策行为背后的依据、影响因素、特征等深层意义的"东西"。在这个浓缩的图景中，我们"进入他们的头脑中"，倾听他们"内心的声音"，发现与探索他们在决策什么、怎样决策、为什么决策，我希望这种研究呈现的是教师在其课堂范围内所做的决策的深层内容和意义。在这个立体的图景中每个教师都能引起共鸣，追忆和反思自己过去的教学工作，认真倾听自己内心的声音，而不仅是盲从于日常繁重的教学工作。但最终希望研究者的叙述和剖析能够引发大家更多地思考目前的教师教育和教师专业发展，尤其是有效教学如何能更好地去关注课堂教学的意义，重视教师的需求，倾听他们的想法和意见，真正促进课堂教学的发展和教师的成长，这是当下一个重要的议题。

基于上述的分析，本书旨在以质化研究为取向，以个案研究为策略，对一所普通全日制个案小学的语文教师课堂教学决策情况进行全面、深入的考察。通过对不同层面、不同水平的教师在具体的课堂教学决策过程、内容与方法等方面的考察，进而进行解释性的分析与理解，从而探讨个案小学的语文教师课堂教学决策的基本特征以及影响课堂教学决策的基本因素，并在此基础上形成研究结论和建议。因此本书关注的重点不仅仅是对课堂教学决策问题、现象和形式的说明和总结，而是旨在"进入教师头脑"，深入而细致地透析教师课堂教学决策的本质和内在等方面的问题。从而引起广大研究者和实践者对于课堂教学决策的关注和重视，增强其课堂教学决策的意识和能力，提高有效教学的质量和效率，实现教师持久而深入的专业成长。

（二）研究意义

教师的课堂教学决策涉及教师职业生涯的方方面面，"有效教学基本等同于合理的教学决策"（威廉·威伦，2009），因此如何能更好地、积极地去关注教师的课堂教学决策，倾听他们做出决策的想法和意见，是一个重要的议题。我们认为，无论是对于促进教师专业发展还是为深入理解有效教学，抑或是推进课程改革等都极富重要的理论意义和实践价值。本书的意义主要体现在下述几个方面：

1. 深化课程和教学理论研究的需要

课堂教学决策的研究首先深化了课程理论的研究。许多课程专家指出，教师是课程改革成败的关键因素。这是因为教师的知识、意识和行为对学校课程实施与发展的成效具有深远的影响。尤其是新一轮基础教育课程改革的实施赋予教师越来越多的参与课程决策的机会和权力，因此教师参与决策的意识和能力在某种程度上影响并制约着课程改革的进程和最终的效果。我们认为，必须认真看待并重新审视教师参与决策的问题，教师应该自觉、能动地参与课程，主动而有效地行使专业自主权，才能快速推进教育变革的进程和深化课程权力的解放。因而当下我们深入研究教师教学决策问题，对于改善教师参与决策的传统课程意识，提升教师参与决策的理念，促进课程理论与教学实践的改革都起到了积极的意义。

课堂教学决策的研究是教育研究领域中一个直接指向实践的现实性问题，其研究范围不仅涉及教师行为研究和教师专业发展研究，并且一直是认知心理学和教师思维、教师思想等内隐理论研究的关注点。但是不管研究者们对教师决策问题做何种重要性的阐述，可以肯定的是，对课堂教学和教师教育的深入改革，"首先必须通过教师的动机与思维过程转化为实际的操作，因而了解影响教师观念的内隐或外显理论，理解教师特定情境下进行教学的决策过程，了解他们进行教学解释、指导、反馈等方面的学科知识和概念等方面的知识，肯定是教学研究不可忽视的重要内容"。[①] 因此对于此问题进行深入的分析和探讨，非常有利于充实教学理论的研究，况且一直以来教学理论对于课堂教学决策的研究较少，因此本书有助于拓展课堂教学研究的范围，尤其是深化并丰富教学理论。我们知道，课堂教学是一个教学实施的基本系统，教师在决策的过程中会涉及教学理念、教学目的、教学内容、教学设计等教学的基本问题。教育改革和发展的研究也表明，课堂教学并不是一个按部就班的线性过程，而是充满了复杂和变化的动态系统。作为课堂教学活动主体的教师需要在教学设计、教学实施和教学反思阶段做出一系列的决策。可以说，教师在整个教与学的过程中需要不断地面临着判断和选择，不停地对充斥其中的大量不确定的因素做出决定。所以制定并做出决策是教师教学工作的中心任务，研究并重视教师的课堂教学决策显得至关重要，开展课堂教学决策问题的研究不但有利于提高教师对于教学本质的认识，而且有利于教师和研究者们深刻审视教学原理，提出丰富教学理论和实践的观点和见解。

2. 小学语文教学研究及理论建设的诉求

小学语文教学研究是运用教育科学和语文学科原理、理论和方法，有目的有意识地依据学生身心发展特点和学习特点，对小学语文教学的现象和问题进行的研究。而实际上语文学科本身的宽泛和复杂等特质，

[①] 易凌峰：《西方教师认知与决策研究的现状与反思》，《宁波大学学报》（教育科学版）2000年第10期。

使我们对于语文教学的研究面对的是一个复杂的、多侧面、多角度、兼具深度和广度的研究综合体。只有不断面向实践，不断丰富其领域的认识，才能够全面、适切地理解小学语文教学领域的内容和本质，才能够有效地指导小学语文教学领域的深化和拓展。而语文教学工作每时每刻都需要决策，语文教学的有效性甚至等同于决策的合理性，小学语文课堂的决策更需要教师立足于小学阶段的特征进行合理的安排和妥善的处理，因此对于小学语文教师群体的教学决策问题的研究有效完善并拓展了小学语文教学这片广阔的"领域"，换句话说，小学语文课堂教师的决策研究的目的和意义更在于不仅深化了我们对于小学语文教学工作的认识，而且有助于探索和认识小学语文教育和小学语文学科学习的本质特点和内在规律，推动小学语文教学的改革和发展，促进小学生语文素养的真正而全面的提升。

21世纪伊始启动的新一轮基础教育课程改革，作为教育的一项系统工程，牵一发而动全身。它不仅关乎基础教育本身，关系到教师的专业成长，更关切到学科教学与学科建设的问题。其中语文课程标准提出语文课程的性质是工具性与人文性的统一，小学语文教师课堂教学的每一个决策不可避免地会涉及有关于语文课程性质的权衡和认识，因此本书有利于教师进一步准确把握语文教育的方向，引领语文学科有效的建设和发展。另外新课改倡导的核心理念：全面提高学生的语文素养，正确把握语文教育的特点，积极倡导自主、合作、探究式学习，无不需要教师通过教学过程中的每一个微小或重大的决策来实现并深化。理论是人们进行理论深化和理论述评活动的观念先导，但理论背后真正所从事的是理论直接关切的现实问题，否则理论建设工作只能停留在低水平的经验和行为层面。所以说关于教师教学决策的行为、意识、观念、思维等的研究是理论认识的具体体现，更是理论建设的坚实基础。

第四节　本书的基础概念和篇章结构

一　基础概念的界定

任何社会科学的研究都必须从明确基本概念着手，因为明晰概念是讨论问题和分析问题的前提，因此建立理论框架的首要问题是科学分析与合理定位基本概念。简言之，厘清概念的真正内涵，是进一步深入研究的基础。

（一）教学决策

"决策"问题原本一直是管理学、政治学、心理学领域关注的焦点，最早将决策概念引入教育学领域，进而提出"教学决策"概念的重要代表人物之一是美国学者亨特（Hunter，1984）。她认为教学是"不断做出影响学习可能性的决策的过程：在与学生相互作用之前、当中、之后做出和执行决策"，"专业性的教学决策远不同于单一的'奉献和热爱学生'"。[①] 与论述颇多的"决策"定义相比，在关于"教学决策"定义的研究成果中，诸多学者都是从自身基本立场出发进行解读。从现有文献来看，研究者对于教学决策的理解是多种多样的，归纳起来，主要分为以下几类。

综合多种论述，诸多学者倾向于从阶段角度来阐述教学决策的定义，基本上将教师教学决策划分为教学前的准备阶段（或说教学设计阶段）、教学实施阶段（教学中）、教学反思阶段（教学后）这三个基础阶段，这其中以台湾地区的一些研究较为突出。教师的教学决策问题在台湾地区学者的研究中被称为"教学决定"，其侧重于从教学过程的阶段来阐述定义。例如，"教师的教学乃指教师于计划教育教学（课前）、与学生互动（课中）、反省及评鉴自己的教学（课后）等三阶段，对可能采取的教学行动方案，进行思考或判断后，所做的意识性选择"。[②] 另有学者提出"教学决定是指凡是在教学前、中、后，教师在面对复杂多变的教学情境时，运用专业知识对各种可行的教学方案、技巧或策略做出对学生最佳的各种决定"。[③]

有的学者倾向于从结果的角度来看待教学决策，将教学决策等同于一般的商业决策、行政决策，旨在形成决策后的计划、方案、决定的结

[①] Hunter, M., Teaching is decision making, *Education Leadership*, 1979, 37（1）: 62-67, 169-170.

[②] 吴淑静：《国小体育教师师生互动行为及教学决定因素之研究》，硕士学位论文，国立新竹师范学院教育，中华民国九十三年。

[③] 陈文菁：《一位国小教师美感教育教学决定之研究》，硕士学位论文，国立台北师范学院，中华民国九十六年。

论等,强调教学决策的目的在于为解决实际教学问题而寻求最佳的解决方案和最优的途径。Shavelson(1973)就提到,"假如教师基本的教学技能是'做决定',任何一种有意识或无意识的教学行为,都是教师对现有的讯息做复杂的认知处理,所做的结果"。例如,"所谓课堂教学决策,就是教师对课堂教学这一动态系统进行的分析和决定,或者说为了达到课堂教学的目的,而对课堂教学实践的方向、目标、原则和方法等所作的决定"。[①] 值得指出的是,综合台湾地区学者对于教学决策(教学决定)的定义较为一致,很多与台湾地区学者林进材(1997)的观点较为相似,即指出教学决策(教学决定)系指教师在面对复杂多变的教学情境时,针对两种或两种以上的教学方案所做的有意选择,并进一步指出,当教师在考量可行方案时,心中已具有明确的参照标准,同时也有多种变通方案得以相互比较运用。

也有的学者从过程的角度思考,认为"教学决策是教师理性地思考和权衡备选方案,运用一定的标准选择行为的过程"。[②] 例如学者林培英在《课堂决策——中学教师课堂教学行为及案例透视》中提到"课堂决策是一个评价可供选择的方法和从中选择一种行动去解决课堂教学问题的过程"。[③] 此外,还有学者提到"教师教学决策是指教师为了学生发展而自主选择教学行为的过程"。[④] 另有学者认为"教师教学决策,是指教师为了实现教学目标与完成教学任务,根据自己的信念、知识和不断形成的实践智慧,通过对教学实践的预测、分析和反思,从而确定最有效的教学方案等一系列发挥教师主观能力的动态过程"。[⑤]

还有很多学者的研究是从综合分析的角度来进行解释教师教学决策的基本含义的。例如,"教学决策是教师的教学信念、教师知识、教学思维方式与具体情境(教材、学生、校室班制度与文化、课堂事件等)

---

① 付海伦:《谈课堂教学决策》,《教育理论与实践》1994年第4期。
② T. G. Reagan & T. A. Osborn, The Foreign Language Educator in Society—Toward a Critical Pedagogy. Lawrence Erlbaum Associates, Inc., 2002, 21.
③ 林培英:《课堂决策——中学教师课堂教学行为及案例透视》,高等教育出版社2004年版,第5页。
④ 张朝珍:《教师教学决策研究——兼论教师经验主义教学决策》,博士学位论文,华东师范大学,2009年。
⑤ 宋德云:《教师教学决策研究》,博士学位论文,西南师范大学,2009年。

交互作用的内隐思维过程和相应的外在行为表现的统一。教学决策是教师在教学计划、教学实施和教学反思过程中应对教学问题的认知思维活动，是解决这些教学问题时的价值判断和选择的过程"。① 还有学者经过分析得出教学决策"指教师在教学过程中，进行深思熟虑或判断后所做的有意识选择，拟探究的教学决定范围为教材来源、教学内容、学习活动、学生评量、经营策略之决定与影响此决定的因素"。②

综合来看，学者们都是基于不同的视角对教师教学决策施以不同的理解。这里最为突出的是技能说，即从技能角度认定教师教学决策是教学能力的重要组成部分，是一项基本的教学技能，这种观点最为知名的提出者是谢佛尔逊（Shavelson，1973），其论著中主张"教师决策是一种基本的教学技能"。③ 他指出，不论是有意识或无意识（conscious or un conscious）的状态下，教师任何的教学表现均为教学决策的结果，而且教师做出的决策是经过一套复杂的信息处理过程，其决策内容涵盖教师专业活动的每一个层面。另有一部分学者支持教学决策是教师的决定和选择的说法。例如 Clark 和 Peterson（1986）对 Shavelson 的说法加以评论，认为教学决策是教师在执行某一特定的教学表现时，所做出的"有意选择"（conscious choice），并且将 Shavelson 的定义进行重新阐释，认为教学是教师在有意识下进行理性决定的过程，目的在于使学生获得较佳的学习成就。Kleven（1991）也赞同教师进行教学决策是基于选择适合教学情境的教学表现，以满足学生学习需求及使学生能达成预设的教学目标。同时他提到，在教师掌握有限的信息和有限的信息处理情况下，面对教学情境中同时发生却又须立即处理的状况，教师的决策在很大程度上也可能是无意识的且自发性的。因而这种"决定和选择说"认为教学决策（教学决定）是指教师在教学过程中从两种或两种以上的教学变通行为或方案中，有意识地做选择；也可以是指教师在"是否继续"或"是否改变"先前行为之间所做的意识性选择（简红

---

① 杨豫辉：《数学教师教学决策研究》，博士学位论文，西南师范大学，2009年。
② 胡月英：《游牧之歌：一位国小阿美族语支援教师教学决定之个案研究》，硕士学位论文，国立台北教育大学，中华民国九十八年。
③ Shavelson. R. J, What is the basic teaching skill? Journal of Teacher Education, 1973, 24, 144-151.

珠，1998）。还有从思维方式的角度认为教学决策是"一种'瞻前顾后'的思维行动，它要求思维主体不仅具备'过去—现在—未来'的顺时思维，而且还要具备'将来—现在—过去'的逆向思维，甚至是'过去—现在—将来'的立体网络思维"。[①] 此外，还有诸多学者认为教学决策的定义应该从心理学的角度分析更为确切。日本学者佐滕学指出，"教师教学决策是教师为实现教学目标，凭借自己的信念与理论，不断地制订计划、修正课程和大纲、反复地在教学中进行多样的选择和判断的主观思维认知活动"。[②]

（二）课堂教学决策

与"教学"和"决策"不同的是，在汉语词源中"课堂"一开始并不是一个专门的术语。人们广泛运用"课堂"一词是在班级授课制这一教学组织形式传入我国以后才出现的，并且随着班级授课制的普遍运用，"课堂"被用以专指在教室里进行教学活动的场所、情境和过程等。"课堂"是教师教育教学活动的核心，更是联系教师、学生和环境最为重要的纽带。目前课堂教学是我国进行教育教学的主要形式，提高课堂教学质量、监控教师课堂教学效果成为提高整体教育质量的中心环节，因此"课堂已发展成为教师、学生及环境相结合的充满生机和意义的整体，是焕发出师生生命活力的复杂系统"。

对于"课堂"内涵的理解多从"课堂教学"的内涵来把握，所以在很多研究中经常将"课堂"和"课堂教学"的概念等同起来，一般有教学组织形式说、活动说和过程说几种理解。从表层看"课堂"教学是把"年龄和知识程度相同或相近的学生编成固定人数的班级集体，按各门学科教学大纲规定的内容，组织教材和选择适当的教学方法，并根据固定的时间表，向全班授课的教学方式"，这里所指的是一种班级授课制的教学组织形式。随着信息技术和互联网的迅猛发展与教育教学改革的不断深化，"课堂"的内涵与外延得以扩展和丰富，活动的空间也超出了"教室"这一课堂教学的典型空间范围；而把"课堂教学"作为一种活动，是"根据国家规定的教学内容和教学时间，由教师以集

[①] 贾德斌：《教学决策与现代思维方式》，《江西教育科研》2003年第4期。
[②] ［日］佐滕学：《课程与教师》，钟启泉译，教育科学出版社2003年版，第386页。

体上课的形式对全班学生进行有目的、有计划开展的教学活动"。这说明课堂教学是发展和教育学生的资源和途径，而且这种活动形式和活动内容都对学生的发展具有一定的影响或价值。最后，"课堂"的内涵多数情况下是从课堂教学过程的角度来把握的，而这个过程是"一个错综复杂的理性活动，它是在教师有计划有目的的指导下，学生的一种特殊认知过程与身心发展并形成一定思想品质的过程。这个过程涉及教师、学生、媒体、教学内容等诸要素"。[1] 本书是基于教学论的视阈研究教师的问题，因此课堂教学决策内涵的理解要考虑课堂教学的基本要素和基本情况来进行具体的分析和阐述。

如果遵从教学过程的循环本质，教师在教学中的决策可以分为不同的阶段来理解。研究者最早采用杰克逊（Jackson，1968）的观点，把教学的过程划分为"行动前"和"行动中"两个阶段。"行动前"指"教学前教师的备课、评估与选择教学方法和教学材料的阶段"；"行动中"指"教师与学生在课堂上的互动"[2]；克拉克和彼得森（Clark&Peterson，1986）提出除"行动前"和"行动中"之外还有"行动后"阶段，在这一阶段教师进行课后反思并对循环中的下个阶段提供依据，所以"行动后"阶段的教学反思和决策结果往往会指导着"行动前"和"行动中"这两个阶段。德文·伍兹（Devon Woods）指出"行动前"和"行动中""两个阶段的决策过程其实是相互交织的，有时也很难区分"。[3] 但由于本书中的课堂教学在时间和空间上限定为教学实施阶段和班级教室中发生的有关教学的活动。因此，课堂教学决策基本等同于研究者们所指的"行动中"的教学决策。我国学者付海伦在多年前曾以此将课堂教学决策定义为："教师对课堂教学这一动态系统进行的分析和决定，或者说为了达到课堂教学的目的，而对课堂教学实践的方向、目标、原则和方法等所做的决定。完整的课堂教学决策既包括课堂各组成因素的决策，又包括课堂整个系统的决策；既包括课

---

[1] 柳肖虹：《关于课堂教学中的信息与教学决策》，《内蒙古师范大学学报》（教育科学版）2008 年第 121 期。

[2] 徐碧美：《追求卓越——教师专业发展案例研究》，人民教育出版社 2005 年版，第 24—25 页。

[3] 同上书，第 25 页。

堂静态（横断面）的决策，又包括课堂动态（纵断面）的决策。"

基于以上认识，本书将课堂教学决策的内涵理解为：教师在教学的实施阶段，有意识地综合运用其专业知识、信念和经验等融合的意识系统，面对复杂多变的教学情境，结合具体情况所做出的分析、判断和选择，从而确定最佳教学方案直至具体实施的一系列动态过程。

二　本书的篇章结构

本书立足于教师课堂教学决策问题，选取一所全日制小学为个案，以具体的语文学科教师为研究对象进行全程的跟踪与深入的考察。运用质性研究的方法，力图展现并解释课堂教学过程中教师们鲜活的决策行为和决策想法，揭示并总结教师课堂教学决策的基本状况及影响因素，并在此基础上形成研究结论与建议。因此，本书写作的基本思路和篇章框架分为五个部分，具体如下：

第一章绪论部分论述了本书研究的背景、书中所要阐明的问题、目的和意义；其后从文献梳理的角度厘清了本书的核心概念，并说明了本书的篇章结构；详细说明本书在研究过程中的基本思路、方法体系和研究过程。

第二章、第三章、第四章分别从个案学校语文教师课堂教学决策实施的基本内容、基本过程与影响因素三个方面阐述发现并形成本书的结论。

在上述基础上，第五章进一步做出总结并提出相关建议。

第五节　本书的研究方法和具体过程

> 质化研究是对情境的独特性进行理解的一种努力，这种独特性是特定场景以及场景中的互动所展现出来的。这种理解只止于其本身，因此，它并不是试图去预测将来会发生什么，而是要去理解场景的本质：那种场景对于参与者意味着什么，他们的生活像什么样子，对他们而言正在发生着什么，等等。而且，通过质化研究的分析可以比较忠实地和对此场景感兴趣的其他人进行交流……努力追求一种深度的理解。

——巴顿（Patton，1985：1）

一　本书的基本思路

本书主要采取了质的研究范式。一个做质化的研究者在研究过程中仿佛是探访新地的探索者，无论之前了解这个领域程度如何，研究者自始至终要努力地将先入为主的想法"悬置"和"释放"。因此一个质化的研究者更倾向于在进入"田野"之前制定一个宽松开放的"行程安排"，而不是制订周密的结构性计划。因为正是研究的过程本身塑造了研究，但是这并不代表研究者没有预设，无法确定基本的研究假设和研究进程。在研究之前首要考虑的问题恰恰是基于本书的目的和内容，研究的基本问题应该怎样以合理的角度和合理的方式展开，研究的各个部分应该以何种合理的架构来呈现。因此，"研究者在研究开始之前就要用简洁、直观的方式将研究问题所包含的重要方面呈现出来。概念框架一方面将研究者心中隐蔽的一些理论假设明朗化，另一方面进一步加深研究者对问题的理解，发展自己原有的理论"。[①] 本书的设计非常灵活，或者说本书的研究计划只是作为一种预制的研究框架而存在（理论上的假设），研究者在研究过程中带着这种思维工具具体展开研究，以研究者的个体特点、视角和背景丰富研究进程。

质化研究范式的基本路径是"漏斗"般归纳式的。在本书研究过程中研究者遵循的是"本土处理"后的鲁滨逊（Robinson，1951）"解析归纳法"，即基于本书的目的和内容在研究初期形成一个大致的思维框架，在研究进程中用所收集到的数据进行不断丰富、对照、修改和建构，进而明晰对该问题的认识和解释，主动寻找并深入阐释意义。因此这是一个从下至上的将资料不断加以浓缩、归纳、解释、提升和建构的过程，不是研究者对自己事先设定的假设进行逻辑推演，而是研究者主动从资料入手进行分析，力求将之逐步形成理论，建构理论的历程。此研究过程的具体运行模式如下：

本书关注的是"课堂教学决策"研究，通过对一所小学语文学科的教师的参与式观察、深入访谈、课例研究，并结合文件来总结与分析教

[①] 陈向明：《质的研究方法与社会科学研究》，教育科学出版社2002年版，第91页。

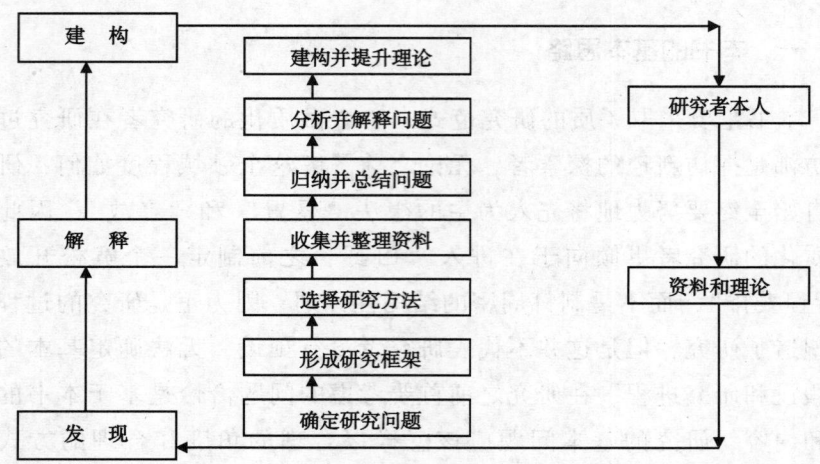

师课堂教学决策基本运行内容和过程是怎样的；揭示与分析教师课堂教学决策的特点、影响因素和实施策略；依据上述分析，最后构建课堂教学决策的相关理论并提升意义。因此本书贯穿的主体思路：先呈现和描述个案学校教师语文课堂教学决策的基本状况，再进行总结、分析和理论提升，具体展开路径为：

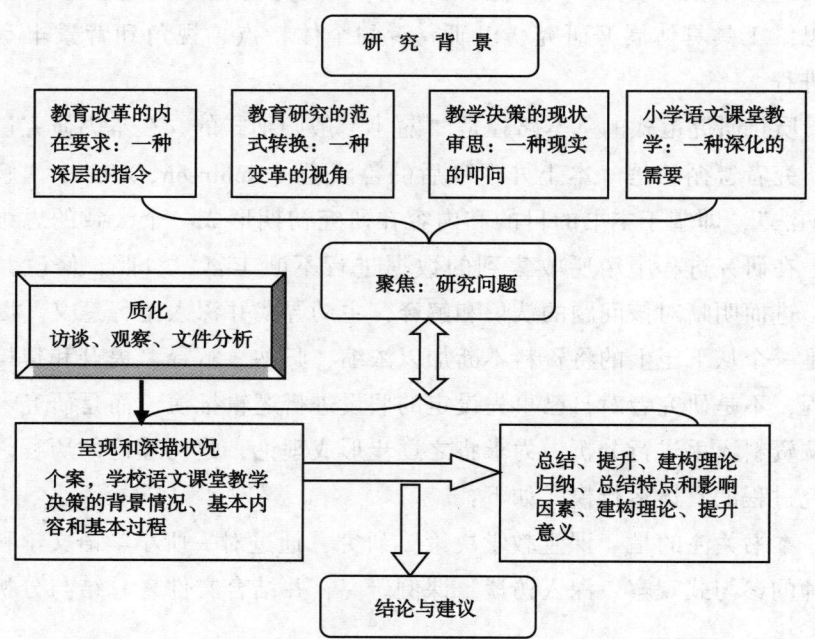

二 本书的研究方法

（一）主要研究方法的确定

基于本书的研究问题和目的，考虑到研究本身的需要和特点，本书确定的基本研究方法是质性的个案研究法。

1. 选择质性研究方法的原因

本书所选取的研究方法为质性研究。这是因为质性研究被认为是"以研究者本人为研究工具，在自然情境下采用多种资料收集方法，对社会现象进行整体性探究，主要使用归纳法分析资料和形成理论，通过与研究对象互动对其行为和意义建构获得解释性理解的一种活动"。（陈向明，2000：12）这在最大限度上符合并满足了我的研究需要。同时质性研究方法在发展过程中受到很多不同的学术思想、社会思潮和研究方法的影响。它根植于后实证主义、建构主义、批判理论三种理论范式（陈向明，2000：14—17），借助现象学、阐释学及民族志的方法、扎根理论的方法、象征互动主义等方法和思潮的影响而逐渐成熟（陈向明，2000：34—36）。作为一种研究方法，它在研究过程中具有很强的解释力和张力。而且从质性研究本身特点来确认研究取向的合理性角度考虑（麦瑞尔姆 Merriam，S. B，2000：3）：

（1）质性研究最为关键的是要从参与者而非研究者的观点来理解研究所关注的事实或现象，即"着位"（emid）或内部人观点（insider's perspective）。

（2）研究者本身就是收集和分析资料的最基本工具：研究者本身作为意识的主体可以对背景做出反应；研究者可以选择适合的技术来适应研究环境的情况；研究者可以从全局和整体考虑；研究者可以对非语言方面的信息解读和扩展；研究者能够在研究的过程中对数据进行分类和总结，并且可以觉察到一些异常的反应和突发情况。

（3）为了在自然的真实的场景中观察和取证，质化研究要求研究者必须亲自去到田野中接近人、地点、场景、机构。

（4）质性研究一般会采用归纳的方法，即是构建抽象的概念、假设、理论，而不是去检验现有的理论。

（5）质性研究关注的是过程、意义和理解，其研究成果具有丰富性和综合性的特点。

质性研究的基本属性首先符合本书所研究问题的目的和需要，同时考虑到近些年有关课堂教学，尤其是以教师为主题的研究方法很多已呈现从量化的实证主义转向自然主义探究性和解释性的质性研究的趋势。如果我们想对课堂进行深入、透彻的探究，呈现数据和基本状况的量化研究已远远不能提供具体而深刻的独特性资料。况且课堂教学本身固有的复杂性、情境性和动态性常常使得量化研究不及质性研究更深入地探究和解释问题。课堂中教师的决策是一个内隐的、动态的过程，其中充斥着大量复杂的因素，而且这些都随着情境的不同而变化。本书不着重"论证什么"，而是从实际中"发现什么"，并能够给予一定的解释才是最为重要的。因此想要深入了解教师在课堂决策过程中的所思所为，发现现象和行为背后的"东西"，在此基础上做出细致、具体的解释，研究者认为采用质性研究对本书来说是最合理和适切的研究方法。

2. 采纳个案研究策略的原因

本书采用质性的个案研究策略是基于一定原因的：首先因为个案研究是质性研究中一种典型的研究策略。"质化方法的深度和详尽特征典型地源于小数目的研究"，虽然个案研究的小数目可能影响类推结论的信度，但"选择个案研究对于研究却具有特别的意义"（陈向明，2002：4）。因为个案研究尤其适合"对一个场域、单个个体或某一特定事件作巨细靡遗的检视"（操太圣、卢乃桂，2007：108）。其次考虑到个案研究基本的属性"旨在探讨一个个体，或者一个组织体（如一个班级、一所学校、一个部落等），在特定的情境脉络下研究某项特定行为或问题的一种方法，以了解它的独特性与复杂性"（王博成，2001），这正好适合本书长期地、深入地、细致地考察教师课堂决策的真实过程，也有助于研究者深描现象背后所隐藏的实质；况且个案研究还具有很多优势可以辅助本书的研究。

根据本书研究目的和研究对象数量的需要，个案研究（Case Study）可以是量化的或质化的，本书无意于从事验证结果或提出假设的工作，而是想通过资料的归纳增进对教师课堂决策的了解，阐释教师决策的意义，因此首先本书采纳质性个案研究的策略。另外斯特克（Stake，1994）认为个案研究内在的分为三种类型，分别是本质性个案研究

（intrinsic case study）、工具性个案研究（instrumental case study）和集合型个案研究（collective case study or multiple case study）。本质性个案研究为研究者研究某个个案，不是由于它具有代表性或是具有某些特殊性质，而是出于对该个案本身的兴趣，人物传记、项目评估、临床诊断即是典型的本质性个案研究；而工具性个案研究，研究者对于个案本身的兴趣退居其次，主要是将个案当作探讨某种议题、提炼概括性结论的工具。"我们有一个要研究的疑难问题，一个需要对其建立一般性理解的问题，并且感到可以通过研究特殊的个案深入地认识这个问题。这种个案研究是对一些事情的理解，在这里个案是作为完成任务的工具，所解决的问题不是这个特殊的个案本身"①；集合型个案本质上是一种极端的工具性个案研究，它强调研究者必须运用多重个案研究，通过对多个个案的比较分析过程，深入了解研究现象，从而还原研究现象本质。此外，个案研究还可以分为单一个案研究和多重个案研究。本书致力于深入、细致地了解小学语文教师课堂中的决策状况，在此基础上提出有意义的发现和结论，因此以一所小学作为单一研究个案。但本书的关注点并不是学校本身，而是以个案作为了解和分析问题的有效工具，因此本书采用质性取向的工具性个案的研究策略。

（二）多元研究方法的辅助

Kagan（1990）指出，运用单一研究方法的研究是有问题的，课堂教学研究的复杂性也不可能仅用单一的研究方法获悉，她建议运用多种研究方法和技术进行研究，这不仅为资料提供了三角互证，主要的是更好地获悉教与学的复杂性和多面性。（Driel，2001）

鉴于"课堂教学决策"本身具有复杂性、动态性、不确定性和情境性，根据研究问题的性质和需要，本书重点运用质性研究的基本方法和个案研究的研究策略来开展研究，同时辅以质的研究领域中的多种方法辅助研究，综合采用课堂人种志、扎根理论研究、关键事件、集体审议、焦点小组等方法和技术来收集、分析资料与信息。

由于本书关注的是教师课堂决策的问题，因此课堂人种志是这项质

---

① Patton, M. Q., Qualitative Evaluation and Research Methods, London: Sage, 1990: 3-64.

的研究中经常被运用的一种具体方法和技术，它可以帮助研究者以微观的人种志研究方法对班级教学过程进行人类学的实地研究。"即从人类学的角度，通过微观方法的'学校教育人种志'来研究学校学生生活特别是课堂教学活动的作用和意义。""就课堂人种志而言，主要指研究者深入教学现象发生的'场域'——课堂之中，通过观察、访谈、参与体验、描述，提供对课堂教学过程和现象的科学资料，进而研究教学活动的一种人文研究方法。"① 因此课堂人种志的具体方法是研究者以现象学的分析视角尽可能地"回到事物本身"，尽可能地接近课堂现象本身，通过体察教学活动图景和"深描"课堂教学行为，以高度细节化的"课堂志"② 来详尽呈现课堂教学活动（现象）及对其背后的规律做出合理的解释。

因此本书还借鉴叙事的形态来呈现某些田野日记、课堂场景描述、教师经验等资料，这种研究方法作为一种载体，能够很好地辅助研究资料的整理和分析的过程。呈现某些特定研究资料，在形式上采取叙事探究的优势在于（Vianne，1992；阮凯利，2001）：①叙事诠释的历程，展现了相对的立场和新视框，是理解的基础，并且是解决问题的方法；②叙事回归到社会科学及心理学的本质，强调探索个人经验的意义和理解；③诉说者在叙事中统整了自己的生命立场，找出生命的立足点和生命力。而且应用故事（story）和情节（plot）以描述教师的行动和经验的探究行动，对其进行诠释，生成意义的优势还在于（Polkinghorne，1995）：①通过"叙事方式"（Narrative Way）可以寻求实践的具体联系，关注事件展开的具体情节；②叙事的意义不仅在于言说的一种方式、一种方法技巧，它使我们通过故事和叙述得以解释我们自己是什么，以及我们正在被引向何方；③它采取了归纳而非演绎的研究取向，直面教育的现实世界，强调个人经验的意义的原始性、情境性和真实

---

① 王鉴：《课堂研究概论》，人民教育出版社2007年版，第181页。
② 课堂志研究是研究者深入课堂之中进行的一项长期的研究，研究者在课堂中积累第一手的资料进行整理和分析，一般是通过对个案进行较为微观的、独特的和复杂的探讨来追踪教学活动产生、演化和发展的全过程；课堂志研究要求研究者直面研究现象本身，以一定的叙述框架全面、细致而深入地描述研究现象，通过阐述研究者课堂中自己的发现和体验，或归纳、分析问题或探究其规律，抑或进行合理的解释或说明，这即为课堂志的撰写。

性；④描绘场景、人物，展现事件、情节。在叙述者个人的生存体验和成长体验中，在关注具体生命成长过程中，倾听灵魂的欢畅或破碎的声音进而关怀人类的基本处境。① Clandinin 和 Connelly（2003：19—20）曾指出教育经验应该被叙事式的研究并赋予其意义，而教师的课堂教学决策在很大程度上具有经验的成分，教师每一个决策的背后都与个体的生活经验和教育经验有着极其密切的联系。

三 本书的研究过程

（一）研究对象的选取

研究对象（个案学校）的选取涉及的主要是抽样的问题。根据概率论原理，常用的抽样方法分为"概率抽样"和"非概率抽样"。陈向明（2000：103）指出，"概率抽样"主要指在被限定的研究对象中每个单位都拥有同样大、同样多的被抽中的概率，社会科学常用的量的研究即是建立在概率抽样的基础上的。由于质性研究的个案研究并不以追求普适性的概括结果为目的，因而本书选择研究对象采取的是非概率性抽样。质的研究中"非概率性抽样"使用最多的方式是目的性抽样，即"按照研究目的和研究需要抽取那些能够为问题提供最大信息量的研究对象"（Patton，1990：169）。这也符合本书对象选择的首要标准，即它不一定要具备多大程度的代表性，但研究者一定可以从该个案中了解到最多、最丰富的信息。因此，研究对象所承载的信息越多，对研究者而言越有意义。本书中确定研究的对象主要采用了"目的性抽样"的原则，即抽取那些能够为本书问题提供最大信息量的人或事。为此本书选取 A 小学作为本书工具性个案研究的个案学校，以保证研究的可靠性和丰富性。

1. 个案学校的概况

A 小学是长春市 N 区的一所开放式、全日制实验性重点小学。创建于 1998 年，是长春市某传统名校的分校，位于长春市经济、教育和文化的中心地带。学校现有 83 个教学班、225 名教职工、4202 名学生，可以说是在深化办学体制改革中吉林教育大地上的一颗璀璨的明珠。虽

---

① 杨小微：《教育研究的理论与方法》，北京师范大学出版社 2008 年版，第 243 页。

然创办年限仅十余载,但扎根于总校基础的深厚土壤中,A小学秉承传统,育人为本的同时充满着现代的精神、独特的办学理念和全新的教育思想,在教育教学的实践探索中,使这所年轻学校的发展转向内涵式发展的快车道上,不断打造着学校发展的科研品牌、队伍品牌和文化品牌。

(1) A小学的基本情况

从学校基础设施来看,A小学有两座教学设施齐全、现代化和开放式的教学楼。据该校人员介绍且由研究者观察可知,A小学还建成和完善了校园网络,开辟了学校网络办公的新时代。A小学在学校管理上实行重心下移的"扁平式"管理模式,力求实现着学校管理的科学化、民主化、人性化、制度化进程。这很大程度上提高了教育教学质量和效率,促进了教师的专业成长和学生的和谐发展。

A小学师资力量雄厚,教师梯度完整、合理。教师本科以上学历占教师总数的78.8%,硕士研究生15人,占教师总人数的6.6%;在读硕士研究生22人,占教师总人数的9.7%。学校还拥有一批省级以及市级的知名专家型、学者型教师和学科带头人,构建了一支力量雄厚、结构合理、素质过硬的教师队伍,为学校教学工作奠定了坚实的基础。其中特级教师5人,占教师总数的2.2%;中学高级教师22人,占教师总数的9.7%;小学高级教师57人,占教师总数的25.2%;一级教师130人,占教师总数的57.5%;首席教师9人;学科带头人30人;学科骨干教师50人。A小学的可贵之处在于能够根据教师自身发展轨迹,开展了一系列教师专业发展活动,给每位处于不同阶段的教师一个充分展示的平台。进入"十一五"以来学校全面推进教师自主研修制度,通过教师到大学和专门的教师培训机构进修提高全体教师的学历和能力。2002年开始,学校形成了由首席教师、学科带头人和学科骨干教师组成的名师团队格局,极大地激发了全校教师的积极性和自主发展热情。

A小学的科研工作是从总校的科研传统中走来的。在秉承自身的传统优势基础上,立足基础教育改革的前沿,不断在教学科研道路上探索和发展着。"坚持实验,探索规律,科学施教,全面育人"是该校的办学传统和特色。据学校领导介绍,创校伊始即成立了教学研究室,其主要功能定位在教研。A小学教学研究室的设立,有利于规划科研方向,建立科研档案，制定科研制度，强化课题管理，培训科研教师，有效地激发教师的科研热情。另外学校承担了教育部十五重点课题"××教育思想与实践的研究"子课题，提出了"高效课堂"的理念；针对新课程改革的焦点——课堂和教师问题，该校自主立项研究了"构建和谐课堂与教师专业发展的研究"的课题，得到省教育学院的大力支持。A小学校长指出，科研来源于实践，课题来源于问题，在科研中要注重小题大做、小题深做、小题精做，进而让教师真正尝到科研的甜头，看到科研的效益。因此学校大力提倡校本科研，强调行动研究，解决现实问题。着眼学科品性及重点，着眼教学领域及难点，着眼学习方式及方法，实施校本课程开发，创新校本策略，提升校本实效。

（2）A小学的办学宗旨

办学理念：开放式·个性化

校　训：诚实做人　踏实做事

校　风：文明　勤奋　活泼　向上

教　风：科学　严谨　求实　创新

学　风：虚心　好学　善思　求是

办学特色：学校坚持科学发展观，全面实施素质教育，确立了"开放式·个性化"的办学理念和特色。从时间弹性化、空间一体化、人员合作化、教育内容综合化、组织管理民主化五个方面进行了科学的探索。

学生培养：从适应社会发展和儿童个性发展的双重需要出发，立足于培养地球村市民素质的新观点，使学生初步具有全球意识和社会责任感，具有热爱党、热爱社会主义祖国的思想感情，培养讲文明、懂礼貌、爱劳动、爱集体的良好行为习惯。

2. 选择个案学校的缘由

我之所以选择A学校作为调查和研究的对象，主要是基于以下原因：

首先，基于A小学自身的情况和基本条件来考量。作为一所历史和积淀都丰厚的传统名校的分校，如上述对A小学的简要描述所展示出来的，A小学的主校有着深厚的积淀和基础，多年来形成的教育教学模式和特色支撑着A小学的发展，使之很好地继承原主校的优势和传统，这为我的研究奠定了扎实、稳定而可信的基础。同时据学校相关人员介绍和研究者的发现，A小学的可贵之处还在于其在秉承传统优势的基础上不断进行着卓越创新。这种精神也感染到学校里的每一位领导和老师，"充满现代精神""全新思想"是研究者在A小学研究期间时时处处听到和感受到的。这使得这所学校既为本书提供了一般全日制小学优良、完整、有效的信息，又可以作为一个独特的视角审视小学教师教学的问题。因此在研究者考虑选取个案学校征求广泛意见时，无论是教育行政官员、学生家长、高校的理论研究者，还是一线教研员、普通教师都认为A小学的经验值得研究和借鉴。

其次，从A小学的"背景"和"出身"来看，较同一市区的同类小学而言，不仅承载着最大信息量的人和事，而且可以为本书提供最有意义的信息。我选取该校的另一个可贵的原因是该校的整体学术风气浓厚，具备完整的教师培养机制，领导和教师都非常重视课堂教学的研究，在学校大环境下教师不仅具有代代积累的丰厚的实践经验，而且求知欲、进取心、探究精神很强烈，A小学的教师较其他个案学校而言，有助于本书获取丰厚的、成熟的关于课堂教学决策的资料，所形成的理论对其他学校具有极大借鉴意义。而且A校地处长春市的文化、经济中心地带，在其发展过程中受物质资源影响较小，受地方和区域的制度限制不大，因此更容易呈现教育教学本来的"面貌"。尽管如此，研究者仍不敢说A小学具有多大的代表性。事实上本书也没刻意地去追求这种代表性。每个学校本身的传统和所处的实际情况各有不同，在面临相同的境遇下（例如课程改革）尽管A小学的情况不一定是其他小学所遇到的，但是完备而丰厚的A校可以作为一个"全息点"，以自己的情况和方式诠释教师教学的情况。

难能可贵的是，研究者和该校有着一定的渊源。多年来的求学和工作原因与该校一直保持着接触和联系，我的朋友、同学、校友很多都是A校或普通或卓越的一员，可以说对这里的情况研究者具备一定的认识。特别是研究者的导师与A校的合作基础和熟悉程度，从基础和情感上都使得该校的领导和老师们极力地配合我，为我的研究提供了尽可能多的资料和便利条件，在很多层面上支持和帮助我完成田野研究。也因为如此，研究者可以取得学校的文件资料，在不影响教师正常工作情况下可以随意听课,可以"尽兴"访谈研究对象,可以参加学校活动和会议。这一个个的"可以"使研究者"零距离"直面教师的教学,省去了诸多无谓的时间和精力。因此,无论是基于方便的原则、合作的基础、熟悉的程度,还是配合的原因,选取 A 小学确实能够为本书提供最有效和最真实的信息。

3. 研究对象的抽样

研究对象的"抽样"(sampling)是指"从研究总体中选取一部分代表性样本的方法"。根据本书研究的目的和需要,主要采取分层目的型抽样、典型个案抽样和滚雪球抽样。

(1) 分层目的型抽样

分层目的型抽样是指"将调查对象的总体单位按照一定的标准分成不同的层面,然后在不同的层面根据各类别单位数与总体单位数的比例抽取研究样本"。[①] 这样做的重点是"了解一个研究现象中不同层次的具体情况,进而对研究现象的整体异质性进行探究"。[②] 这样做的目的是了解并比较在不同层面中教师教学的情况,从而达到对教师整体教学情况的掌握。在本书中将研究对象进行分层要考虑到很多因素,而且这些因素会成为将研究对象分层的重要标准。既要考虑到从其教师本身的教学水平进行分类,又要考虑到教师所属年级(低年级、中年级和高年级)和决策权限的问题(年级组长或普通教师的不同)。

◆ 以教学水平、教龄等将研究对象分类为:

第一类教师:教龄长,为官方认定的优秀教师或骨干教师,教学水平高超,教学风格稳定。以"名师"的称谓表示。

第二类教师:教龄长,但为普通教师,教学水平一般,但教学经验丰富。以"熟练教师"的称谓表示。

第三类教师:新任教师,教学经验与水平处于初级水平、尚为摸索阶段。以"新手教师"的称谓表示。

◆ 以所属年级将教师分类为:低年级组(1—2 年级)、中年级组(3—4 年级)、高年级组(5—6 年级)。

---

① 林聚任、刘玉安:《社会科学研究方法》,山东人民出版社 2008 年版,第 33 页。
② 陈向明:《质的研究方法与社会科学研究》,教育科学出版社 2002 年版,第 107—108 页。

◆ 以有无工作权限将教师分类为：年级组长和普通教师。

表 1-1　　　　　　　　　　研究对象情况一览表

学段	教师	类型	权限	年龄	教龄	学历	职称
低年级组	郭老师	新手 T_1		26	3	硕士	小教二级
	石老师			28	3	硕士	小教二级
	小王老师			26	3	教育硕士	小教二级
	刑老师	熟练 T_4	组长	41	14	大专	小教一级
	姜老师			30	6	大专	小教二级
	闵老师			39	10	教育硕士	小教一级
中年级组	小刘老师	新手 T_2		29	4	大专	小教二级
	徐老师			26	3	本科	小教二级
	焦老师			35	9	大专	小教二级
	傅老师	熟练 T_5		30	7	大专	小教二级
	王老师			39	11	硕士	小教一级
	李老师			31	7	教育硕士	小教一级
高年级组	宁老师	新手 T_3		27	3	硕士	小教二级
	左老师			49	25	高中	小教二级
	郑老师			42	12	大专	小教二级
	闫老师	熟练 T_6		30	5	本科	小教二级
	邵老师		组长	54	24	大专	小教一级
	刘老师			34	11	硕士	小教二级

（2）典型个案抽样

除了以上述的 18 名老师为本书的重点研究对象，同时为了得到更切实和深入的情况，我还考虑运用了典型个案抽样，即抽取具有丰富和强度的信息、具有典型的个案进行研究，目的是寻找那些为研究的问题提供非常密集、丰富而典型信息的个案研究对象。通过校长和教育管理部教师的推荐，听取该校和我非常熟悉并了解真实情况教师的建议，结合本人的研究情况，选择在 A 小学中具有一定"代表性"的三个班级的语文教师作为全程跟踪、多次深度访谈、参与性观察的重点研究对象。我的典型研究对象为：

表 1-2　　　　　　　　　重点研究对象情况一览表

学段	名字	教师类型	年龄	教龄	第一学历	现在学历	职称	权限	编码号
低年级组 一年 15 班	郭老师	新手教师	26	3	硕士	硕士	小教二级	无	G
中年级组 三年 13 班	焦老师	熟练教师	35	9	大专	教育硕士	小教一级	无	J
高年级组 六年 3 班	邵老师	名师	54	24	高中	自考本科	小教高级	年级组长	S

（3）滚雪球抽样

在分层目的型抽样和典型个案抽样的基础上，本书还采取了"滚雪球（连锁式）抽样"。因为质的研究提倡在进入研究现场后尽量扩大资料收集的范围，从不同角度检视所收集的资料。因此当我们通过一定的渠道找到了一位知情人士以后，我们可以再向他了解，还有谁了解，您认为我该再找谁？通过如此一环套一环地往下追问，研究调查的信息像一个雪球一样，越滚越大。这是一种局内人寻找消息灵通人士的有效办法。为了更为具体和详细地了解该校教师在课堂中的表现，研究者随时扩散研究对象的样本和范围，上至学校领导、管理人员，下至普通教师、学生、学生家长、学校校工等来扩展研究的洞察力。

（二）进入研究现场

研究者明确研究问题、设计研究方案之后便面临着如何进入研究现场的问题。因为打算深入了解教师在课堂中如何做决策以及决策背后的依据是什么，要进行长期的实地调查，因此要将"研究者个人置身于研究现场，在与当地人一起生活和劳动的同时与对方协商从事研究的可能性"。① 研究者进入现场主要包括几个方面的工作：进入现场前的准备、确定和接触"守门员"、选择进入的方式、研究者应该充当什么样的角色、考虑研究者怎样才能赢得个人的信任、选择合适的交流方式、会遇到什么样的伦理道德问题和如何处理等职业道德问题等。在实际进入现场的过程中，这几部分是相互交叉、循环反复或同时进行的，处理好这些问题对于研究的开展和研究结果的成效都有很大的影响。（陈向明，

---

① 陈向明：《质的研究方法与社会科学研究》，教育科学出版社 2002 年版，第 149 页。

2007：149）下面具体谈几个关键的做法。

1. 确定并接触"守门员"

研究者在正式进入时应设法了解研究对象所在单位和环境的基本情况、人员关系及在这里人们认可的行为规范。因此"守门员"的作用在进入现场的过程中被凸显出来。"守门员"指的是那些在被研究者群体内对被抽样的人具有权威的人，他们可以决定这些人是否参加研究。（陈向明，2007：151）由此在导师的引荐和积极联系下，在我的研究中确定并接触的"正式的合法守门员"是 A 小学的主管校长 W 校长。由于导师多年来和 A 校的合作基础与我本人以往的接触，可以说对 A 校和 W 校长的基本情况有一点的初步了解。又由于 W 校长的正式权威头衔和职位之便，他积极且热心地联系了学校里的一些"重要人物"，推荐了一些具有声誉和特色的老师，不但消除了我的彷徨心理而且顺利推动了初期的研究进程。这个心路历程可以从我进入现场第一周田野日志中看到。

> 能够被一所学校接纳去做实地研究，其实并不是件容易的事。虽然这所小学较早地经历了课程改革的多番洗礼，各类研究人员也都在此做过形形色色的研究。他们对于我这样的调查者已经没有什么"新鲜感"。而且我要在学校待很长时间，这会给学校正常的秩序带来许多可见和不可见的麻烦；重要的是，对于声誉好一些的小学，学校的领导和老师都不觉得我能给他们带来什么实际的"好处"。从以往在中小学做田野研究时我也发现，我们自认为堂皇的"建议"他们觉得其实离实际还差得很远。（田野日志 10-5-8）
> 但是如果有一个权威机构的权威人士做引介，尤其是在小学公认的领域，要进入一所小学做调研，并不困难。所以，通过导师的引介（老师颇为重视的联系了几所学校，最后征求我的意见确定为 A 小学，其间几次联系 A 校的 W 校长），因此初期的进入超乎寻常的顺利。我想这主要得益于老师与这些学校长期以来的友好而成功的合作，甚至是老师个人的声誉和威望，后来我确实因此受益良多。昨天导师为了我研究的顺利开展，已经特别嘱咐 W 校长对我"多加关照"，此后，我便每周至少三四次来这个学校。第一天，

我主动向主管教学的W校长介绍了我个人和研究的情况。W校长是一位深谙小学语文教学工作的"实践型"专家，由于他正攻读着课程方面的博士学位，因此他对我的研究，尤其是其中一些内容表现出了极大的兴趣。初次接触，我和他在办公室就我的研究谈了十多分钟，其间被很多电话和事情打断，但这并没有阻碍我们的"探讨"，他以自身的经验和视角给了我很多建议，他诚恳的建议和丰富的经验带给我良久的思考。由于我在读博期间常来A校做预调研和预访谈，已经有一些熟识的老师，在听取我的意见后W校长亲自逐一帮我联系了研究对象并交代具体研究事宜。后面也由他的引荐我认识和接触到了这个"金字塔"般领导层的其他相关领导、中层领导和一些有特色的老师，可以说首次的接触很成功。（田野日志10-6-4）

随着后期调查的展开和以往的经历我发现来A小学实乃明智之举。以往来到学校做研究也常常遇到不顺利的时候：学生们很热情，领导和老师们便显的不温不火，既不过分热情，也没有过多的客套，初期阶段如果自己不努力想办法是谈不上得到实质上的帮助，曾使我颇为苦恼。只能相信时间和我的努力会赢得信任和帮助。不过聊以自慰的是，由于原来求学背景和经历的关系，我在本科开始的实践环节的学习时就接触过A小学，而这几年的工作也使得我有很多的机会与A小学保持着联系，这里有太多的"良师益友"。他们有的是卓越的一员，有的是普通的一兵，我总是能在校园里听见或熟悉或陌生的声音在叫着我的名字，随即映入眼帘的是逐渐熟悉而清晰的面孔。从重遇"故人"的惊喜到寒暄到感叹，使得我从一进入"田野"就没有疏离感和距离感。我一方面为能够真正深入老师的内心了解一些真实的想法感到无比幸福，另一方面又要时时提醒自己要扮演好自己的角色。"身在曹营心在汉"，只有保持好"局内人"和"局外人"的平衡，我的研究才有意义。（田野日志10-9-10）[1]

---

[1] 资料来源：研究者田野日志。

2. 研究者的角色

质的研究中研究者的身份和角色会影响研究的进程和效度,因此对于我在研究中的角色问题是我在研究过程中始终顾虑和不断调整的。在整个研究过程中我尽力平衡好"局内人"和"局外人"的双重身份,在二者张力形成的场域中不断推进我的研究。

"局内人"是指"那些与研究对象同属于一个文化群体的人,他们享有共同的(或比较类似)的价值观念、生活习惯、行为方式或生活经历,对事物往往有比较一致的看法"①。由于初期进入研究现场有权威人士的"照顾",加上这里有很多我熟悉的老师,所以一开始我的身份和研究意图是暴露的。但是借用这种身份(似乎被看作领导的"无间道")取得初期的便利之后,为了得到更多更可靠的资料,我不断地弱化自己带给老师们的初期印象。另外,尽管和许多老师彼此熟悉,但在工作时间里我仍勤奋、低调而谦虚地将自己的角色和身份定位在"他们中的一员",以一名普通教师的普通一天的标准要求自己和老师们"共同进退"。所以一个月下来,更多的教师已经愿意把我当成"局内人"。由于专业和工作经历的惯性我也对 A 小学的情况非常熟悉,与我的研究对象曾经建立了深厚的感情,所以他们愿意将心里的真实想法倾诉给我,在这种情况之下,"局内人"的角色带给我这所学校普通教师的情感、行为意义和思维惯习。但尽管我的努力一定程度上遮盖了我的"出身",但毕竟我与这里真正的教师是不同的,因此客观地看,我的"局内人"角色并不具有代表性。

更多的情况下,我时刻提醒自己的身份是一名"局外人",应谨记自己的"本职工作",更多地从"局外人"的视角观察问题。由于初期的介入方式使得我的研究带有一定掩盖性,但也使得我能够自由出入学校很多地方,能够方便地取得学校的内部资料,随着时间的推移和研究者自身的努力老师们更是已经慢慢习惯了我的存在,我成为一名不受拘束的自由的"局外人"。不同的身份带给我不同的感情,带给我审视问题不同的视角。在平衡二者张力的场域中我在保持并发展着最为理想的

---

① 陈向明:《质的研究方法与社会科学研究》,教育科学出版社 2002 年版,第 134 页。

田野调查关系。①

表 1-3　　　　　　　　田野研究进度一览表

进入研究现场时间	研究工作重点
2010 年 5 月	初步接触老师并确定几个主要的研究伙伴，进行预调研、课堂观察热身和预访谈，从而调整研究方案和修改访谈提纲、课堂观察框架。
2010 年 6 月初至 7 月初	进入课堂听课、正式访谈和协助教师做期末工作。
2010 年 7 月至 8 月	访谈暑假期间和攻读教育硕士的教师，探讨课堂教学的一些问题，在网上咨询教师有关小学语文课堂教学问题。
2010 年 8 月中下旬	正式进入研究现场，参与教师集体备课、协助筹备开学事宜。
2010 年 9 月初至 11 月末	在前期研究基础上再次进入现场做深化、深入和集中的听课和访谈，同时补充各种资料。
2010 年 12 月中旬	在期末复习前撤离研究现场，后续通过电话和网络进行补充性访谈。接着在同市其他几所小学收集资料。
2011 年 3 月初	追踪访谈、互证调查、电话访谈、网上调研。

（三）研究资料的收集

高质量的社会科学实地研究成果取决于三大相互关联任务的成功完成，而且也是一项质性研究的基础因素，它们分别是：收集资料；依据社会科学的概念、问题、论点聚焦资料；分析资料并撰写研究报告（约翰·洛夫兰德、戴维·A. 斯诺，2009：1）。因此收集资料是质性研究首要的关键步骤。"当我进入 A 校进行实地调研的时候，我的目的是为'课堂教学决策'这一研究收集资料。我既不能确定什么时间会发生对实地调研有意义的事情，更不可能由我去引起某种情况。因此，我的研究资料基本上都是通过观察、访谈和实物搜集得来的。我设想研究资料主要是对个案教师的'常规课、同课异构课、公开课'这三类课的观察和访谈（课前、课后和平时多次访谈）作为研究的主要内容和依据。同时将对教育行政管理人员的访谈（校长、教导主任、年级长）、家长和学生的访谈作为资料的辅助和佐证。为了得到更多的资料，我必须观

---

① 洛夫兰德指出，和研究成员融洽相处，发展和保持田野关系时要挑战两种力：有时候你会发现自己不得不克服离心力（centrifugal force），因为离心力会让你与有助于理解研究情境的事件和信息来源产生太远的距离；而有时候你可能发现自己不得不遭遇向心力（centripetal tendency），向心力把你拉得太近，遮蔽了你的分析能力，耗尽了你的激情，引发了没有必要的伦理或政治因素。

察学校中的一举一动，观察老师和同学的表现，观察各种现象、行为活动，以及根据他们在这些活动中的表现不断多次探究，运用访谈等其他方法再进行互证研究，通过各种方式来验证和进一步深入调查某个、某些问题。"① （田野日记 10-6-11）

1. 观察

在具体技术层面，本书使用最多的、最主要的方法和技术是观察。

质性研究的实地观察有参与型观察与非参与型观察两种形式。② 我既不能确定什么时间会发生对我的研究有意义的事情，更不可能由我去引起某种情况。因此我并没有刚性地将我的观察定位于参与型还是非参与型，观察者根据当时的具体情境调节自己的观察视角和内容，依据不同的需要将参与型观察与非参与型观察相结合，即：完全的观察者；作为参与者的观察者；作为观察者的参与者；完全的参与者（Gold，1958）。因为我的研究问题集中于课堂教学，因此基于教室的情境和空间考虑，林德曼的参与型观察是我信息收集的主要观察方式。对课堂人物志研究来说，参与型观察也是其基本特点。在参与型观察中，研究者与研究伙伴在一起工作、生活，在密切的相互接触和直接体验中倾听和观看他们的言行和态度。在观察过程中，研究者同时扮演着观察者和参与者的双重角色，随时问自己想了解的问题，并且可以对研究伙伴的行为详细发问。

另外由于本书大量采用了课堂人物志的方法，对于课堂和课例的观察、分析成为研究资料中的重要组成部分。除了深入课堂实地共同备课、组织课堂、听课之外，研究者运用了现代化的技术，例如录音设备（录音笔）和录像设备（SONY 便携式 DV），将之记录下来以便日后作为研究者本人的重复分析和作为研究对象的刺激回忆之用。因为课堂教学活动虽然是流动的现象、可变的现实，但也是可观察的和可再现的现状，为了采集课堂教学原始素材，为了忠实描述现象，这种技术和方法是研究者经常使用的。需要说明的是，对课堂教学实况我做了录音和录

---

① 资料来源：摘自田野日志。

② 参与型观察要求观察者和被观察者在自然的情境下共同生活、工作，在密切的相互接触和直接体验中倾听和观看他们的言行；非参与型观察者置身于被观察的世界之外，不直接进入被研究者的日常活动，作为旁观者了解事情的发展动态。

像双重准备，同样的课例资料对应不同的研究需要，一种是研究者本人对教师和学生的"话语分析"，另一种是录像设备的"活动再现"的具体情境分析。

出于研究效度和隐蔽的需要，非参与型观察——一种开放式的观察方式在我的观察方式中也是常常需要的。在研究者和研究对象接触的初期，并未建立关系和了解的情况下，研究者是他们的"外来的观察者"，出于研究需要和照顾研究对象的感受考虑，研究初期研究者并没有直接介入研究对象的日常生活和学习中；在很多情况下如果观察者置身于被观察者的世界之外，作为旁观者了解事情的发展动态，反而能够更好地进入观察。

另外有时在研究现场的记忆技巧也是需要掌握的。观察现场具有瞬息万变的特点，观察者对被观察者的每一个细节和问题都加以记录是不可能的，而且会影响调查效果，有些时候明知道这个问题很重要也只能事后记录，因此用符号快速记录和现场记忆就显得十分重要。研究中我参考了几个有用的技巧（Taylor&Bogdan，1984：54-57）：

- 注意
- 集中焦点——记忆重组发生过的事
- 寻找人们谈话的主要用词
- 注意每次谈话中的最先和最后说的话：串起话题
- 在头脑中回溯谈话的情景和事情发生的场景
- 画出现场的图

2. 访谈

（1）访谈方式的类型——我可以如何开展访谈

按研究者对访谈结构的控制和掌握程度，访谈可以分为三种类型：结构型、无结构型和半结构型。结构型访谈法是先预设问题，依据事先设计好了的、具有固定结构的问题进行访谈；无结构型（又称开放型）访谈法没有预设的访谈问题，研究者围绕主题，鼓励受访者发表自己的看法；半结构型访谈法是研究者事先备有一个粗线条的访谈提纲，根据研究主题和研究设计对受访者提出一系列问题，但访谈提纲主要作为一种提示，同时鼓励受访者提出自己的问题、发表自己的见解，并且根据访谈的具体情况对程序和内容进行灵活的调整。在实际的"田野调查"中，这几种访谈方式我是交叉使用的。在初期取证阶段，为了摸索研究主题的意义和更为合适的方法，我采取了"无结构"的访谈；当问题的焦点逐渐清晰并明确时，主要运用伍兹（1985）的半结构式访谈法；最后当研究问题和意义渐渐清晰明确后，本书主要采用"结构式"访谈法。同时，作为资料的补充只要有合适的机会我都会随时进行访谈，有趣的是，我的很多"访谈"是在食堂、和老师们闲聊、路上结伴而行闲聊中的"轻松、开放式"。但是这种看似随意的访谈在我的研究过程中也具有重要的价值。因此访谈法在本书中主要依据研究需要，在不同的情况下采用不同的方式，发挥其不同的功能。

(2) 访谈焦点的确定——本书尝试这样聚焦主题

在访谈方法实际操作过程中，遇到很多访谈结果不理想的情况，尤其是访谈初期研究主题的意义和焦点不甚明确时，我也在苦苦思索应该采取什么访谈技巧更好呢？通过实践摸索，逐步聚焦的方式（progressive focus approach）浮现出来。这里的聚焦指的是两方面：一是更适合的访谈对象的聚焦；二是访谈内容和访谈焦点、访谈意义的逐步聚焦。为了寻找更好的访谈对象，有效了解访谈对象的情况，我在接触初期，仅是大致了解他们的个人情况，在经历几番接触和相互了解后，才开始尝试初步的访谈：第一次了解这个访谈对象的基本背景和情况，再到他的生活、求学经历、个人背景等大致概况；第二次让他们探讨自己对学校和自身教学情况的看法；第三次的后续就是聚焦在前两次在观察和对话中凸显的问题和摸出另外一条调查的主题（线索）。最好通过深度访谈（intersive interview）这种方法验证并丰富我之前得到的一些信息。

(3) 最好的访谈对象——我最想知道些什么

"最好的访谈对象"指在被研究的组织或群体里生活了比较长的时间、了解该组织内部的实情、具有一定的观察和反思能力、性格比较外向而且善于表达自己的人。在本书的研究中几位重点研究伙伴首先是能够给我提供最大信息量的"最好的访谈对象"。我采取的步骤是平时辅助研究伙伴的班主任工作，以"副班主任"的角色出现在研究现场中，课前与研究伙伴共同备课、组织和维持课堂纪律，课后及时就疑惑多次深入地与访谈对象进行探讨。他们的合作、耐心和细致为本书提供了课堂研究中最丰富的信息。同时和我建立了友好关系，信赖我的研究对象也是最好的访谈对象和主要信息提供者。通过这一类访谈对象，我可以在最短的时间内掌握大量的信息，同时为了佐证研究伙伴访谈内容来获取真实的信息。

3. 实物资料的收集

"实物"收集是指在研究中收集与研究主题相关的文字、图片、音像、物品等，将"实物"作为质性研究的资料来源之一，是基于实物资料是一个群体文化的物化形式，其承载着特定文化群落中特定人群所持有的观念和性质。实物资料一般分为非正式的个人类和正式的官方类（Lincoln&Guba，1985：277）。

（1）正式的官方资料

在 A 小学实地调研过程中，有关学校的一些正式文件资料成为本书重要资料来源。这些资料包括有关学校正式出版或公开交流的教育教学管理体制与课程实施的规章制度等文件，学校常规教学管理制度文件、学校的学期和周教学计划，学校各类活动记录、参与和组织活动的资料。此外，除了学校统一使用的长春版教材和教参之外，在学校和教师中流通的内部资料也是我收集的重点，这包括学校的各类文集、校刊、手册等。

（2）非正式的个人资料

在收集上述正式的学校官方文件之外，很多教师的教案、教师的反思日记、教师的影音资料、教师听课和活动记录、教师的博客、教师的文集或作品等非正式的个人资料也都成为我收集的重点。这期间还收集到了学校、教师和学生的照片、图片，学生的作品、班级的集体作品，都帮助研究者从多种视角来审视研究问题。

4. 其他资料收集的方法和过程

为了更好地补充研究资料和辅助研究的分析过程，应引入多种新方法充实资料，本书综合采用了例如概念图、刺激回忆、语义分析、体验抽样、经验日记、反思日记等方式收集资料。

（四）研究资料的整理和分析

本书中的资料整理和分析工作不是一次完成的，而是一个不断反复的循环过程。这个过程的关键在于我们应该如何从现场文本转换并建构为研究文本，而这个过程不仅是诠释的过程，更是一个研究者和被研究者之间关系建立和意义赋予的过程（Clandinin&Connelly，2003）。我整个资料整理、分析的过程是这样的：

1. 整理原始资料

为了保障研究的意义，每次进入现场调查后我都坚持及时地将观察记录、访谈、田野日志、实物资料等现场文本转录为研究文本。在这个过程中，研究者可以反复推敲并根据原始资料的反馈，对研究方法、具体方式甚至访谈提纲、观察量表进行修改，以不断完善后续的研究过程。在阅读和整理这些现场文本时需要尽量将自己的"前见"悬置起来，在尽量让资料自己"说话"的过程中完成从现场文本到研究文本的转换。例如叙事部分：研究者如何通过师范生的述说，对故事进行诠释从而发展其中的意义，关于本书主要是通过师范生的访谈来建立其生命个体的经历过程和学习的现场故事来建构现场文本，通过概念图、反思日记、自传式书写、刺激回忆等技术手段来辅助诠释文本。但是这个过程并不是一次完成的，而是在研究初期分阶段多次完成的。

2. 登录并寻找"本土概念"

登录是资料分析中最基本的一项工作。登录操作过程中研究者将所收集的资料打散，重新赋予意义和概念，再以新的方式重新组合在一起，因此登录的过程也是一个寻找和赋予意义的过程。

在我登录的过程中我开展的第一项工作即对研究资料聚焦（focusing）。这个聚焦的过程是依据四个并列的因素来进行资料的分类和概念化。这四个基本维度是：①行动者的数量；②从事或呈现出的各种活动或行为；③我们涉入或聚焦的时间；④情境所占据的空间或范围的具体大小。因此聚焦资料的处理方法分为：①依据资料划分的单元与层面联合成主题，进而深入地思考和探究主题；②在聚焦过程中不断自我提问，主题的类型、结构、过程、结果都是什么；③资料中的哪些主题会引起读者兴趣，哪些特质将引人入胜，取得更多读者的共识。（约翰·洛夫兰德、戴维·A. 斯诺，2009：139-219）这是因为"为了赋予我们所认识的事物以意义，我们通常忽视了它的独特性，我们只有将事物放置在某个范畴之中，事物才有意义"。（Zerubavel，1991：5）而在资料聚焦的过程中我尽可能寻找"本土概念",即先从文本中发现经常出现的、带有感情色彩的、能够充分体现教师特点并引起研究者注意的概念。

3. 编码并建立归档系统

在逐步聚焦和浓缩资料,将其系统化、条理化过程中,"编码"是其中一项很重要的工作,它是发展、提炼和解释资料的系统方法。本书中设置码号,进行编码的原则是让这些码号能够囊括并说明体现教师决策水平和能力的词组和语句,为了反映原始资料的真实面貌并便于后续的比较和分析。其后,研究者围绕研究问题建立"类属",以研究者自己所刻画的分类标准建立归档系统。

4. 建构并阐述意义

这是最后一步也是关键性的环节,更是深层刻画结构和构建意义的过程。扎根理论并不是一种理论,而是一种方法,主要指建立在资料的土壤上,依据科学的逻辑、编码典范和互动的思考不断把资料进行转化、浓缩概念、建构意义直至形成理论意义的阐述。这个过程的关键正如爱因斯坦所言"你能不能观察到眼前的现象取决于你运用什么样的理论,理论决定着你到底能观察到什么"。

新闻学、传播学、社会学中的著名研究可以为本书提供具体过程和技术上的经典做法。例如费孝通到吴江县庙港乡调研而成的《江村经济》中的价值中立、关键事件;曹锦清《黄河边上的中国》中采用"人类学日志格式"和研究中提到的观察的两个"视点"或说"立场":第一个是"从外向内看"和"从上往下看",第二个视点是"从内向外看"和"从下往上看"。("内"就是活跃在人们头脑中的习惯观念与行为方式中的强大传统。"上"指中央与传递政策的整个行政系统;"下"指与公共领域相对应的社会领域,尤其是指广大的基层民众)尤其值得本书借鉴的是沃尔科特(H. Wolcott)《校长办公室里的那个人》中关心和描述某一特定人群所表现出来的行为,整理和分析数据的方式可以借鉴沃尔科特的"观察、询问、检视"(watching、asking、examing)的具体过程。正如列维·斯特劳斯所言"一个情境的真相并不能在日常的观察中看到,而是要在一种有耐心的、一步一步慢慢来的蒸馏过程中去寻找探险,应该不是单纯地走过很多表面上的距离,而应该是一种深入的研究……"①

（五）研究的效度和伦理问题

马茨·埃尔维森认为质性研究的理论视角应该是"一种反身性的方法论"。这意味着无论研究进展到何种程度都要对自己的研究不断进行"反省"。我的研究是否真实、可靠？我是否遵从了伦理精神？只有这样的研究才能具备良好的效度，也是教育研究人员应具备的研究品质。

1. 研究的效度

效度指的是研究结果的有效性和准确性程度，分为内部效度和外部效度。质性研究的效度一般指涉的是外部效度，"研究结果能够普遍推论到样本的总体和其他同类现象中去的程度，即研究的普遍代表性和适用性"。② 本书属于质性的个案研究，为了尽可能最大限度地保障研究的可靠性，本书注意采取一些措施来确保效度。例如在个案学校可能的范围内使用多例个案的对比和共通；采取多种方法和具体方式相互补充，确保研究资料来源的多样化；经常进行"反身性"思考，消除偏见；在资料收集、整理和分析过程中应用三角互证来验证资料的可信度等。重要的是，研究者还要充分考虑到一些限制研究效度的因素。具体如下所述：

（1）研究者自身对研究的影响

研究者个人因素和个人身份对研究的影响是研究过程中我首要重视的问题。陈向明指出，研究者的个人身份，如性别、年龄、社会地位、受教育程度、性格特点、形象装饰等，和研究的个人倾向，如研究者从事研究的目的、角色意识、研究者看问题的视角、研究者对自己生活经历的体验和评价等，都会在研究中发挥重要的作用。（陈向明，2007：151）另一个需要考虑的影响即是"研究者的角色定位问题"。在研究过程中，我更倾向于把自己定位于"学习者"，尽可能地"悬置"自己的观点，避免自己先于研究发现提出假设，做一个立场中立的研究者，跟随我的研究对象，随着他们所思、所想、所困、所为以及思考背后的意义。

---

① ［法］列维·斯特劳斯：《忧郁的热带》，王志明译，三联书店 2000 年版，第 44 页。转引自郭华《静悄悄的革命》，北京师范大学出版社 2003 年版，第 282 页。
② 郭秀艳：《实验心理学》，人民教育出版社 2004 年版，第 88—95 页。

需要进一步指出的是，研究者本身所具备的品质，也是我在研究过程中需要不断调整和注意的问题：首先，研究者需要对主要线索穷追不舍，甚至蛛丝马迹都不放过，因此良好耐心是研究者首先必备的；其次，在追寻研究意义的旅途中，研究者必须去适应不可预见的事件并改变方向，很大程度上研究者是被置于一个未知的海洋中，对一些研究者是充满了发现的冒险之旅，然而对另一些研究者而言则可能是一个毫无方向和收获的经历；再次，敏感度和高度的直觉能力也是研究所需要的品质，因为质化研究的工具是研究者本身，任何观察、分析和数据都要经过研究者的世界观、价值观的过滤；最后，研究者还必须是一个优秀的沟通者，一个良好的沟通者才能积极回应、建立和谐关系、提出恰当的问题，以及善用倾听、善于移情。（莎兰·B.麦瑞而姆，2008：15-17）

(2) 研究对象的"遮蔽"和"隐瞒"

由于初期进入研究现场有权威人士的"保驾护航"，在初期实地研究阶段确实带来了很多便利之处。然而我不断提醒自己要保持清醒的头脑，这种"保护"可能会是对真相的一种伤害。例如，虽然之前我已经和研究对象十分熟悉，他们愿意对我"无所保留"，但是我进入研究现场，出入教室，某种程度上还是介入了他们的"心理安全范围"，随着研究的开展我也逐渐发现了这种"遮蔽性"。正如学校一位资深行政人员的善意提醒："因为你刚来时他有一个新鲜感，比如说一个研究生来听我的课了，就是本校的教师，他在潜意识里就觉得我应该去展示一个怎样的课堂，可是你待两个月，他的这个新鲜感就过去了，真实的课堂就出来了。"（访谈10-5-7）可是我不能坐等两个月甚至更长的"遮蔽期"的结束，应该积极地调整研究策略。因此我有意地加入了预调研的安排，并在研究后期延长了实地调研的时间。可是这是远远不够的。在其他老师的帮助和思考的结果下，我调整了身份和角色，自告奋勇承担了班级的"副班主任"，慢慢老师习惯了我的存在，学生习惯了我在教室的身影。由于策略的调整和时间的流逝，研究对象已经懈于"隐瞒"他们课堂中的真实情况，在访谈过程中也流露出不吐不快的想法。

(3) 为了效度考虑，还在其他各类小学了解情况

☆ N小学是一所本市的区属小学，无论教学水平、师资力量、办

学情况和生源等基本条件均属本市小学中的中等水平。

☆ F小学是本市的一所重点小学，且为该市师范大学的附属小学，从各个方面来看都要优于本市的其他小学，在长春市乃至全国都是一所"名校"。

☆ Z小学是A市的一所区属小学，由于该区属于A市经济较为落后的区域，从办学条件、生源、师资力量来看，Z小学都属中等略低的层面。

☆ T小学是本市的一所地处城乡结合部学校，属于民办的性质，办学经费自筹，这里的生源和师资很不稳定。

（4）观察员的设置

本书的研究重点之一是要了解课堂中决策发生的基本情况，因此课堂观察和课例分析是提供我研究的主要信息来源，我所要解决的也是怎样更好地去观察课堂、分析课堂。因此我设置了观察员与我共同进入现场，另外在课例分析的时候还邀请并请教相关课程与教学论的专家、小学老师等与我一起评课。尤其涉及课堂教学决策的提取、定性、划分和分析是否合理，课例转录时是否合理等问题时，他们的意见"佐证"我的视角的同时也给我提供了很多启发。

2. 伦理的问题

本书作为关注教师专业决策问题的一项个案研究，在研究过程中不可避免地涉及伦理的问题。研究者基于伦理坚持并遵循了以下原则：

（1）有关教师个人信息、资料和成果成为资料收集的主要部分。其中很多触及个体内心世界和敏感的话题、痛苦的回忆，如在研究中处理不当就会伤害研究对象，因此，我在研究结果中对资料可能透露个人密切信息的地方都做了处理，例如姓名、班级等都用匿名的方式，具体的名字都使用化名，有的分别用字母和数字表达等。

（2）研究对象的选取基于自愿自觉的原则，在研究过程中我一直尊重研究对象的个人意愿和感受，更多的时候将其当成我的研究伙伴。具体实施过程中研究者从不强迫其被动参与，多次征求研究伙伴的意愿，在观察、访谈和参与活动之前都说明了我所研究的目的和需要，并且我在实地调研结束后保证不以研究对象的个人成果作为我个人的利益进行发表。例如在访谈开始时，泰勒和博格丹（Talor and Bogdan，

1984：87-88）列举了需要注意的四个问题，我借鉴并运用之以顺利开展访谈：

> 告之研究者的动机和意向以及研究的目的；
> 通过使用假名来保护受访者；
> 决定谁具有有关研究内容的最后决定权；
> 确定合理的时间、地点、访谈人员的数量等。

（3）正如前面所述，研究者本人同样也是一名教师，也在同样经历教师们所关心的生活、学习和专业发展的过程，在研究过程中除了要获取研究所需资料和信息之外，还应有一颗公正、关爱、热情的心，体现互惠性原则，帮助我的研究对象们做一些力所能及的事情。真诚地倾听他们的倾诉，做一个知己帮助他们学习和解决职业发展中遇到的难题，在合适的时机给予他们一些建议和意见，利用自己的资源帮助他们处理一些问题。研究的过程即是一个交往的过程，每个细节无不体现了交往的艺术，研究暂时告一段落并不意味着我们之间的了解和友谊的终止，而是又一个新的开始。

第二章　小学语文课堂教学决策的基本内容

　　　　作为一所有着自身特色的小学，每一个个性鲜明、精彩纷呈的课堂都是彰显这所小学独特学校文化和机制的中坚力量。当我走进这所小学的课堂，语文老师们蓬勃的生命力、鲜明的教学风格、个性化的教学理念深深吸引了我。那一刻我多么希望通过对 A 小学课堂中这群可敬、可爱、可佩的语文教师们的描述和审视，展现他们课堂教学中或精彩、或鲜明、或果断、或遗憾的种种决策过程，剖析他们课堂中选择和判断的或表象或深层的种种理据，刻画他们上下求索课堂教学的思想肖像……

——笔者题记

　　课堂是一个复杂的、充满变化且同时很难预测会发生什么的环境。而这恰恰也是课堂充满魅力、充盈活力的所在。这就使得课堂上教师们很多时候都在不停地进行决策，每一个教师都是课堂上的"决策者"。教师在决策中推进着教学进度、调试着教学计划，赋予了课堂更多的变化和意义。

　　课堂教学作为课前准备的具体实施环节，课后反思的验证环节，搭建起教学行动"前""后"阶段的桥梁。因此，课堂教学既包括按照计划忠实地执行——在有效完成备课方案中落实教学任务，达成教学目标。同时，课堂并非只是一个原封不动实施课前备课的内容和预设计划的地方，除了需要教师认真地完成教学计划外，更需要教师根据实际情形，考虑学生学习的情况随时调整教学，经过老师的决策或执行原计划完成既定的教学任务，或临时改变预设进行调整，或临场处理预设之外突发的事件。可以说课堂上的老师不可避免地、随时随地都在决策中推进着教学。谢弗尔逊认为，课堂教学中老师的决策往往发生在既定教学路线不能按照原计划进行之时,① 即课堂教学中的决策既包括完成教学计划、执行预设的决策,也包括打破计划的限制和常规的模式,因时因地灵活调整计划,或根据实际情况具体问题具体分析,在临时的决策中高质量地完成课堂教学。基于对相关文献和已有研究的分析和借鉴,并依据本研究个案学校学科教学的具体情况,结合本研究目的的定位,本研究将 A 小学语文学科课堂教学决策分为四类:一类是立足于完成教学计划,执行备课中预设的课堂教学决策;一类是在教学计划的基础上临时进行调整和改变的课堂教学决策;一类是依据实际课堂教学临场所生成的课堂教学决策;另一类是处理课堂突发事件和意外干扰的课堂教学管理中的决策。

第一节 忠于预设的执行类:执行预设、完成计划的课堂教学决策

教学既是一门科学也是一种艺术。这意味着完整的课堂教学具有预设性与生成性对立统一的二重属性。就艺术性而言,课堂教学"先天"具有突变性、流动性和不确定性,作为教学活动的对象——学生,也不是固有的客体,而是具有差异性和多变性的活生生的人,这使得课堂教学活动本身即存在一定的"生成性";就科学性而言,课堂教学活动首先是一项有目的、有规律的社会活动,它具有一定的内在科学性。课堂教学需要根据一定的科学原理和方法对教学进行安排和计划,使其符合相应的科学原理。课堂教学还需要执行一定预设的教学目的、教学内容,完成相应合理的教学任务,而不是想当然地、随意地去进行,这也是实现教学目标、遵循科学规律、完成教学任务的重要保证。作为专业的教学人员,教师肩负着维系未来人力资源质量的责任,经受系统的专业教育和培养,掌握科学的教学理论和方法,因而从科学出发,预测性地设计课堂活动的过程、结果和细节,认真、严谨地执行教学计划,是遵循理论、尊重科学、有理有据的切实可行的做法。当然这也使得课堂

---

① Richard J. Shavelson. Research on Teachers' Pedagogical Thoughts, Judgments, Decisions and Behavior. Review of Educational Research Winter, Vol, No. 4, 1981: 455-498.

教学表现出较强的"预设性"和"计划性"。

课堂教学中的"预设"和"计划"是必要的,"完成"与"执行"相应的"预设"和"计划"更为必要。中国有句古话:"凡事预则立,不预则废。"这里的"预"指"预设"(predesign),"是指根据一定的事实材料和理论知识,对研究对象的未知性质及规律或原因的某种推测性说明,一种将认识由已知推向未知,进而变未知为已知的方法"。"是一种先在地设定对象的本质,然后用此种本质来解释对象存在和发展的模式。"[①] 它蕴含着这样一种关键特征"即事物的发展实际是本质和规律的演绎,规律的客观性决定了事物发展道路的确定性,也就是说规律为事物的发展预设了路径和结果"。[②]"预设"性思维开展的教学形态一般表现为教学计划、备课、教学假设、教学安排等。科学、合理、明确、有效的"预设"是在教学活动实施之前精心地设计和安排,因其对教学现象深层次的普遍规律的探索,提供了一般确定的、合乎科学性的知识和原理,实质上正是教育目的的实然追求。我们承认教学确实存在一定的客观的、普遍性的本质和规律,因此课堂上按照预先设计的部分开展教学活动,对既有规律和现成文本的依从,执行有效的预设,完成相应的任务,既保证了课堂教学的计划性和效率性,又是保障课堂教学质量的基本要求。

(一)不需"决策"即直接执行

完善、细致地进行教学设计可以保证课堂教学的效率和流畅,可以如期完成教学计划的任务,正因如此,老师们常说"备课是上课成功的一半"。研究者所观察的课堂上老师们常常不假思索,直接按照课前准备的任务来执行教学设计中安排的活动。这种"决策"看似是简单、直接地执行教学计划,不需老师们临场判断,但实际上深究起来却并不是表面看起来的那样,这种课堂决策内在地分为三种不同的类型:

(1)第一种为普遍意义上的常识性的、确定的教学问题,或是业内早已公认的一套模式。

老师们直接按照预设的准备,按部就班地执行也不会产生异议、变

---

① 李文阁:《生成性思维:现代哲学的思维方式》,《中国社会科学》2000年第6期。
② 王鉴、张晓洁:《论教学的二重性》,《高等教育研究》2007年第1期。

化和"节外生枝"。因此老师们只需忠实执行备课中的安排即可。例如，老师不需"决策"或多加思索便会执行上课的几个基本环节。例如小学语文授课一般经过"导课——新授——巩固——结课"等基本环节，复习课的课堂教学重点和决策重点是围绕系统梳理、练习和巩固来完成的。一位老师就结合自己的例子展开了说明：

> Y老师：你看我的，几乎所有课堂教学都分为这几个部分，导入新课，初读课文，整体感知，品读课文、理解课文，总结。导入新课很简单，初读课文、整体感知有这几步：第一步老师范读。第二步学生自由读，画自然段，圈生字。第三步指名读。第四步反馈检查。到中年级反馈检查读课文就可以了，不用检查生字了。下一步品读课文，找同学一个自然段一个自然段地读，提出你的问题，找同学来回答。大块的生字，怎么认识，就是先圈生字；然后拿出来认识一遍，读一下；然后单独拿出来，记字形，分类。识字的办法有这么几个：加一加，适合于左右结构、上下结构的字，多数也是形声字；减一减；换一换；数笔画；组词；生活中识字；猜字谜。单独的识字课有下面几个过程：认识字，简单念一遍，带拼音；去掉拼音出示字，并说记忆方法；扩词、造句；数笔画，书空；词语巩固；再次反馈，开火车；指导书写。顺序不一定每节课都是这个，有的时候也不需要某个步骤，每一节课的特点都不一样，但大体上是这样的。（访谈10-9-8）

全球教育变革的浪潮一次次冲击着课堂和老师们，新的理念和理论层出不穷，但是这并不意味着我们要完全打倒凯洛夫和泰勒的模式，课堂是需要效率、逻辑和科学化的。L老师就深有体会地谈道：

> L老师：基本上就是那个凯洛夫吧，还是有用的……我的课基本上来说就是先读，读完了重点地先从字词教学的那一套，有集中识字的，有随文识字的，你看我基本就是读课文，多读几遍，然后把字词拿出来，有的侧重于字形，有的侧重于字义，有的又有引用的，那么根据不同的重点把字词处理完，然后这些课你就落实你的

重点呗。你的重点是分析某一段呢还是分析某一篇文章的特点呢？还是就某个词、句来体会？这都不一样啊，但是都得根据具体的要求来看。

访谈者：课堂上您每一次的决定，您觉得您的依据是什么？是一种自然而然的行为还是一种经过缜密思考后的决策？

L老师：因为这种东西都是有一个固定的过程的，识字课有一个固定的模式，是由这个过程来决定的。第一步就是导入新课，初读课文，整体感知，关于初读课文我们形成的模式就是先老师范读，然后学生自由读，自由读的时候先标自然段，然后按自然段来检查读，读完之后再认字，这已经形成了固定的模式，这些东西我们都是按这些步骤来做的，相对来说也比较好掌握了。（访谈11-3-3）

当提及课堂中哪些是教师们充满信心、不假思索就决定执行备课中的内容时，老师们谈到他们了解他们班的学生，知道怎样讲，而且如果课文他讲了几轮，这位老师认为自己有这个信心，就这样执行课前的安排是"没错儿的"，没必要调整，但是要依据不同的课文内容来确定。例如下面的这篇课文就执行课前设计的"逐段学习"的安排：

S老师：我觉得这段课文就是在"逐段学习"。

访谈者：为什么就这么肯定"逐段学习"？

S老师：嗯，因为这篇课文，每一段写什么还是比较能看懂的，对，你比如说它就是有一个总括，第二自然段就是写小，第三自然段就是写声音，第四自然段就是写用石头建筑的一个特点，第五自然段就是写作者看到的整体的美的享受，比如说牛羊、清泉，包括后面的比喻，说小小的山村从远看是一个珍珠。这是一个总括，最后一句话就提升了这种喜爱之情，我想你会爱我的小山村。

访谈者：对，这个还是挺分明的，每个段落每一句话都有它要表达的中心意思。

S老师：所以我就没有这种调动顺序的必要了。

访谈者：但是像有的课文好像就是，比如另一个S老师那节课，他就没有按照课文逐段地讲。

　　S老师：他为什么没有这么讲呢？他说这个课文《与时间赛跑》讲的是一件事，他是把那几个关键的事列出来了，然后用重点句来讲。我说那你就打乱了这个文章本来的逻辑结构，他说那也不是，这样比逐段分析效果更好，根据课文的不同。（访谈10-9-15）

　　（2）第二种为富于经验和善于总结的教师，经过多年经验积累和多轮教学周期的总结，他们谙熟学科本性，知道如何把握一节课、一篇课文、一个教学单元中最根本的东西。

　　这是小学语文教学中不能随意改变和舍弃的东西。甚至同一节课、同一篇课文即使在不同学生的课堂中也要把握一些固定的东西、完成确定性的部分。因此，他们的课堂决策看似不做任何思索、直接简单地完成和执行部分"预设"，但是却是有根据的，更加符合科学性。一位低年级老师在识字课中执行课前预设的重点——重运用轻读写，他是这样解释他的依据的：

　　M老师：这个板块就是认读。
　　研究者：那对运用可能要求不那么高了。
　　M老师：就是现在降低了评分标准，以前都需要，23个声母默写，24个韵母默写，现在就不需要了，以前老师写字，让学生把拼音拼出来，现在也不需要了，只要会拼，知道下面什么字就可以了。
　　研究者：为什么要这样降低难度？
　　M老师：编写课标的人考虑到拼音默写对以后学习没有太多的影响。不会有人让你默写声母，会打字，会发短信，其实现在的学就为了以后的用，好像更实际了一些。对孩子来讲好像就降低了难度。也是考虑孩子学习能力，降低那个负担，我觉得这样考虑可能更好些。让他认读一些整体音节，不用拼读，原来还有一个介母，an前面还有个 u uan，现在也多没有。
　　M老师：这个板块教学中就是拼音的读、写，他们这些东西分不清，容易混淆，就刚才说的这个 ui、iu 就易混淆，包括 ie、ei、ai、an，所以就得编一些儿歌啊，或怎么样区别开，这就是重点，这样拼写就容易了。还有声调也一直是重点。一些小口诀、小法则就能让他们把一些该落实的砸得更实一些。其实咱们学的这东西有可能太少，我就觉得，小的时候分不清，长大后，才慢慢弄清。（访谈10-9-20）

郑老师是个认真备课的"老"教师，因为认真准备、善于总结，他的部分课堂决策是在认真执行他用心的课前设计和安排。而且常年的教学使得他清楚这部分课堂上为什么这样安排：

ZH老师：像我这节就是昨天晚上在家备的课，今天我讲的是第二课时，第一课时我该处理的都处理完了，第一课时一般就解决字音，理解词语，给课文分分段，主要是这些内容，其实我第一课时吧，因为这节课词特别多，这第一课时就没整完，这早自习我又给他们分分段，就这些。一个是学生这方面，另外一个老师在备课的时候，因为这是一篇说明文嘛，你就得从头开始备，每一个细节你都不能差。其实我觉得这篇文章是一篇说明文，其实说明文的主要方法是让孩子掌握他的写作方法，这是肯定的。除此之外呢？你再去领孩子做一些语言文字的训练，其实它主要目的就在这，因为它这个说明文板块儿吧，这三个板块儿都是外国的建筑物，对外国的建筑物咱们孩子本身就很生疏，所以咱们这个侧重点就不能放在这个风光的领略上了，你就得把侧重点放在说明方法的讲授。另外一个对语言文字的训练上，如果说你哪个都想抓的话，你肯定哪个都抓不到，而且你好像说哪个都抓了但是哪个都抓不透，好像蜻蜓点水就浮于表面了。

另外我觉得最主要的是一个讲课的基本思路，你像这节课我的思路就是先找这个统领全文的句子，然后以这个为界限，这篇文章可以分为几个部分，让孩子再把这篇文章清晰地理一遍，理一遍之后呢？再把重点内容找出来。重点内容就讲这个风光奇绝，然后重点突破一下子，第2、第3自然段重点讲这个，然后第一自然段没什么内容，就是位置、名字的来历，还有一个它成为世界自然保护遗产，在第一课时这就行了，因为我觉得这个主要就是在风光奇绝上，重点就在这。然后呢，因为是说明文嘛，还要在朗读啊、句子的训练啊、语言的表达啊这些方面老师还都得考虑一下，所以说我在中间还设计了几个句子方面的训练，课上学生们完成得也很好。（访谈 10-9-20）

老教师们更是如此，因为他们真正知道一节课哪里应该执行，哪里应该生成，这些不需要思考，好的预设和认真地执行本身即蕴含了教学的生成和基于学生的调整。

其实老师们一般都是在执行教学设计中他们熟悉的、可以肯定和把握的导入、结课、基本流程、重难点，但是中间细节和具体活动的展开就不会是完全执行预设，当然也预设不了那么多。一位老师给出的解释是：

  访谈者：老师，课后我仔细看了一下您的教案，上面并没有呈现学生对您提出的一些问题的回答啊、反应啊之类的？这样预设的内容基本上教学设计中是没有吗？
  Y老师：哦，预设学生能回答成什么样子我心里基本上都有数，所以我就没写出来，就写了答案，达到什么标准，因为我觉得孩子在回答的时候应该能说清楚。孩子们大概答得差不多，可能孩子回答得会很简单，到时候引导就可以了。
  访谈者：那老师，您觉得第一课时，您能讲到教案的哪个地方？
  Y老师：我不确定我能讲到哪儿，因为孩子可能遇到某个字不会就卡壳了或者哪儿出现问题了就得及时强调，我的目的是利用一节半的时间把这课讲完，正常来讲应该是两节课，第一节课扫清障碍，第二节课简单了解内容，然后复习。（访谈 10-6-30）

（3）简单的完成和硬性的执行。但是这种简单的、直接的执行和完成，在认真和富有经验的老师决策中是合理的、有根据的，但是如果预设本身有"瑕疵",而老师的执行停留在低效的完成任务上,甚至罔顾情境和学生的情况,以简单地完成和硬性地执行"预设",这种课堂执行的决策是低效甚至是无效的。这就是我在实际的田野调查中发现的另一种类型:

> 我看到了一些老师可能是没有认真准备或者只想尽快完成教学任务,就出现这种情况:上课就是执行教案的过程。甚至觉得教师的"教"和学生的"学"在课堂上最理想的情况就是完成预定的教案,而不能"节外生枝"。尤其很多刚刚走上工作岗位的新教师们,他们期望的是学生按照教案的设想作出如期的回答,否则就努力引导学生直至达到预定答案为止。教案仿佛成了"看不见的手",支配着、牵动着教师与学生,让他们围着它"团团转"。这样的课堂于是就成了"教案剧"演出的舞台。(田野日志10-6-17)

一位和我非常熟悉的老师就流露出了这样的想法,事实上这也是很多老师课堂决策的"依据"和"套路":

> 访谈者:老师,这是您预设的学生应该给这样一个答案?引导学生回到预设的答案上来?
> X老师:对。
> 访谈者:那我觉得这个可能是正确的答案,那他们可能说法很多很多。
> X老师:对。
> 访谈者:他有可能不是朝着你这个方向去说的,那你怎么办?
> X老师:那我就再引导。(访谈10-11-23)

因此这里隐含着一个问题:长久以来老师们习惯于这样有序的教学模式,课堂中就会过分强调和依赖预设。这样的情况一些老师可能没有意识到,甚至意识不到这只"看不见的手"在控制他的课堂,为了保证课堂的清晰和流畅,简单、线性地执行他的"教案"。这个问题成为持续"盘旋"在我头脑中的"问题",我总是眼前萦绕课堂上老师急迫地一个接一个地提问,学生不太顺利地回答,沉闷中打瞌睡的孩子,于是记录下这个问题:

> 课后我感觉N老师本节课的任务过多,从字词到篇章结构、课文的理解都压缩在了一个课时里。教师对课文理解的处理过于简单,教师只是和学生一起泛泛地理解了一下课文,深度挖掘的东西不是很多。感觉教师整体教学思路虽然清晰,可能急于赶时间,很多细节的内容都没有处理。像通过品味人物语言理解人物心情方面教师就处理得很粗糙。本节课课堂气氛很沉闷,课堂中生成的东西不多,给我的感觉是教师一直在努力地拉着学生跟着自己的思路走。和我听上一节课另一位老师的《对子歌》的感觉完全不一样,可能是因为时间原因。老师在课后否认了这一点,我猜测,本节课课堂气氛沉闷、教学效果欠佳的原因之一是老师没有了解学生的情况。其实每一节课、每一天学生发生了什么老师都有及时了解,课后我问学生发现他们没有很好地完成课前预习任务,但是老师因为有布置预习的任务,满以为学生有了一定认知,以致课堂提问环节老师非常被动,很多学生不得不偷看"一本通"。原因之二就是本课时老师准备有误,一节课容量过大,教师一直在赶时间完成教学任务,学生被老师拖得很累,回答问题也不顺利。原因之三是教师个人能力,一开始学生状态就不好,课堂气氛就很沉闷,但是我没有发现教师主动采取什么措施以调动学生积极性。(田野日记10-9-29)

课后我请教一位老教师,谈及他对这种现象的认识,S老师的经验和职业责任感使他具有了这样的认识:

> S老师:说明没用心备课呗。用心备课这个课就会很顺利,这个课从头到尾老师应该是有一个思路的,我到哪个环节,我处理什么,我怎么去处理,大体上有一个清晰的路子。但有些时候不好好备课就没有,拿着课本上课反正讲哪算哪。没有预设的,这种课堂有时候会出现非常多的(问题),孩子也累,他不知道老师要讲什

么。若你课讲得清晰,学生也轻松也很清楚。

访谈者:除了这点以外,还有哪点是你想到的呢?

S老师:除了让学生预习之外,第二,在上每节课之前我都要问自己,这节课我要怎么讲,每一步都要干什么,我一定要去厘清自己的教学思路,不能随意地应付。尤其是对高年级的学生,他们会认为你没有水平或者讲得不好,或者没有什么新的东西来吸引他,没有什么趣味性,那么他是不会听的。所以我一定会厘清自己的思路,同时向学生渗透,语文课应该这样去学习。所以教学就是要先把结构安排好,再将内容具体化,这样才更科学。如果不这样做,我认为无论是从教学的趣味性上还是教学方法上,大家都得不到提高。因为教与学是相辅相成的,教师教得好,学生才能学得好,学生预习得好,课堂上大家的反馈就会很热烈。(访谈10-10-11)

(二) 通过"决策"之后才执行

与上述不需教师课上临场思索和判断即直接按部就班执行预设的情况相比,虽然老师们课前经过了教学设计,进行了安排和准备,但是学生是有思想、富于特点和差异的活生生的人。而且上述L老师的例子也说明学生的认知特点与成人不同,老师的准备无可避免地从自身的角度出发进行"预设",大费周章准备的课并不一定收到如期的效益。因此无论多么完美的预设和多么精心的准备,在课堂上,仍旧要"以学定教","以情境定教"。但是这并不意味着课堂上老师一定就要改变教学计划、放弃课前准备的东西,重新做决策。其实课堂上依据学情和具体情况,很多老师们的决策就是"仍旧执行预设"。这是因为任何事物和现象都有一种先在的或公认的本质、一种固定的规则,这些是不能改变的,即使情况不同了仍旧只需"微调"而不需要"大换血"。课堂教学也是如此,"教学形态其实是具有自己确定的性质、结构和功能,需要保持自己质的规定性",如果轻易舍弃,"教学就失去确定的性质和状态,人们就无法在教育教学过程中甄别不同的事物,进而认识规律"。[①]

---

① 辛朋涛:《生成与预设的关系:误解与澄清》,《上海教育科研》2010年第5期。

正因如此，才有"教学有法，教无定法"之说。

1. "以语文为前提"

> F老师：在上班第三年的时候，上过一堂课叫《捞铁牛》，它就属于科学小品这样一个文章。这堂课上得很热闹，因为学生们课上对"浮力"什么的挺感兴趣，我就放弃了备课，跟着学生走了。那堂课上完回来我就坐那想，孩子这堂课学了什么。这回过头来一想，发现语文方面的东西什么也没学到。只是教给孩子它能够从泥里边把那个重重的铁牛拔出来是因为浮力。然后老师给孩子讲什么是浮力，这浮力有什么好处，这铁牛是怎么捞上来的、是靠什么浮力……替别的老师做工作了。作为一个语文老师，你没有去给孩子……这个科学小品可以说是语文上的那种题材，你没有把这个知识传递给孩子，你只是告诉他们浮力，回过头来在头脑当中你学到了什么，"浮力可以把那么重的铁牛捞上来"，你给科学老师做贡献了。所以现在做这些事之前，我都会想一想，去选择一下它是不是以语文为前提。在这个前提之下再去操作，学生们很感兴趣，就这两点就能够让孩子更喜欢语文，这是最基本的。
>
> 研究者：就是不管你怎么走，一定要拉回到这条主线上来。
>
> （访谈10-7-5）

虽然现在强调课堂上以学生为主体，强调生成，但是课堂教学无论如何灵活调整，都要具体情况具体分析，把它落实到语文教学的层面上。况且每一个学科都应该坚持自身的学科性。因此，符合语文科目的学科性、把握语文学科本性应是需要老师们在课堂决策中始终坚持的。

> 研究者：您刚才提到"你不管怎么走，始终得沿着这条线去走"，那这个主线你概括一下是什么呢？
>
> F老师：其实它就是语文的一个本质。对孩子语言文字的一个训练，对它文本的一个解读。对文本的这种……小孩儿对它的认知，从这当中学到一些方法。
>
> F老师：对，语言的表达。阅读啊、写作呀什么的。

研究者：哦，都要回到这个上面。

F老师：对对对，其实它就像一条线一样，你不管怎么走，始终得沿着这条线去走。

研究者：课堂无论怎么生成，老师进行选择、判断时自己要把握住这些东西？

F老师：对，你可以有各种的信息方法，或者你可以用各种教学手段，回过头来你还是得在这条线上去走。（访谈10-7-2）

语言的本质是一门工具，工具性是语文这门学科中基本的属性。语文教学的工具性是最根本的，它是最贴近人的生活的，无论是语言表达的"语"，还是阅读、作文的"文"，归根结底都是为人的日常交流服务的。因此，如果老师在课前的准备中准确把握了学科定位、学科的本性，无论课堂进程如何流动，在课堂决策过程中老师都要坚持预设中这些基本的、根本的东西，让语文这个工具能够真正为学生的生活服务。

作为该校一名资深的教师，Y老师真切经历过小语改革发展的十年变迁的历程，与其交流过程中他也认同老师既然认真进行了课前准备，就要坚持预设中对的地方，对自己的教学有信心，课堂上无论怎样灵活应变地去做决策，都要坚持和把握"这条主线"。

Y老师：我觉得老师不必要把课设计得很死，你就心里有根线就行，你心里有根什么线呢？就是这节课你要达到什么目标，然后用什么办法达到它，让孩子达到什么程度。就是你心里有这根线，就我前边的导言，你临时就可以想到。结合目标你自己心里有数了，你怎么去达成？像我为什么坚持范读呢？就是这节课有几个生字，字音不是很好弄，孩子呢？我觉得不会掌握得太好，所以我就设计了一个范读。第二个为什么要范读呢？就是因为这节课有对联，其实对联朗读起来是有停顿的，所以我觉得这节课必须泛读一下，让孩子从中体会该怎么读。另外范读对孩子来说也是一种朗读的指导，潜移默化中孩子就会模仿老师这种读法去读。

Y老师：其实我觉得没有什么固定的模式，就是你老师心里要有一个目标，你要通过什么方法达成这个目标，你这几点心里有数，然后你上课就自然而然的……我就是这么理解的。

研究者：就一步一步自然而然铺开。

Y老师：对呀，就把这目标列好了，然后怎么实现。（访谈10-7-5）

2."执行好的就是对的"

精心的预设和充分的准备是教师不断追寻教学本质与规律，致力于坚持教学科学性与艺术性的大前提。有理、有据、有效的预设就要坚持执行，这是因为预设首先确定了教学目标的导向，这是一节课如何"收放自如"的"指引"，这使得一节课有序地展开，无论如何变化都不离语文教学本性的"前提"。其次，教师预设中确定的教学内容无一不是经过多番论证、时间和实践考验、精心选择对学生身心发展有利的资源，是人类知识体系中长期科学研究所概括、抽象出的客观的、本真的东西。教学现象虽然是复杂多变的，但是本质却是普遍的、恒定的。好的课前预设实质上是对教学本质与规律的演绎，教学规律的客观性决定了教学过程的确定性，把握对的就是把握教学规律，坚持对的就是坚持科学本质。下面的例子就充分说明了老师的这一做法：

（1）"中心句"

研究者：您整个设计中您觉得最花心思的是在哪？是不是因为这样，课上就按原来设计的办？

T老师：最花心思的其实在中心句那，为什么我出示这两句话呢？第一句话我出示了"两岸重峦叠嶂、怪石嶙峋、巨石壁立、一水中天"，我为什么把这个画上了呢？因为这句话它是四个四字词语，它在文章的结尾处，课后不有道题吗？就是四字词语的运用有什么作用和效果，然后我就在四字词语的处理上，把它给拓展开来，让孩子理解你更喜欢哪一种，你为什么喜欢，而不是生硬地告诉孩子四字词语好哇，就是好哇！但是孩子还体会不到它到底好在哪儿，所以我就把它拓展开了。

研究者：这是对词语的理解上。

T老师：对对，就是这个。另外还有"色彩缤纷、扑朔迷离、姿态万千、目不暇接、美不胜收"这些都是好词,这个也应该出示,但是我为什么没出示呢?我觉得前边我已经有一个很好的铺垫了,这一块儿我让他来说更好的词语,你能不能说出更好的词语、更好的比喻来赞叹这个地方?其实孩子已经"山穷水尽"了,没有什么好词了,作者也是这样,他把所有的好词都用在这,就为了赞叹这个大峡谷的美,所以说这些四字词语的运用非常生动、准确、形象,让孩子再次体会。这就是一个铺垫,词语就主要训练这个,然后句子呢,就是这句话和这句话的结合,还有一个是这个"之所以……是因为"的句子的练习,句子这方面我就主要考虑这个内容。(访谈10-10-15)

其实抓"中心句"的做法,是一种保证教学效果的"制胜法宝"。尤其具有经验的老教师,同样的课文他们已经不知讲过多少轮了,他们执行预设的做法不是一种线性的规限,而是基于对学生学情的了解,基于师生的默契,基于对自身的教学自信,执行对的就是坚持对的。另一位老师对此进行了充分说明:

S老师:这篇课文有中心句。和时间赛跑,我觉得学生非常需要,对时间概念的理解,因为现在的小孩子随意性很强,所以对时间的概念第一好像印象不深;第二,没有切身感受到时间的重要性;第三,还不太会抓紧时间做事;第四,上学期学过的《匆匆》,学完以后,孩子们虽然有点印象,但是现实中对时间还是很放任、随便、自由。另外,作为六年级的学生,应该有个时间概念了,因为学习知识越来越深、科目越来越多,应该抓紧时间,基于这些现象,我觉得这篇文章应该针对学生刚才说的那几条现状,从中心句入手。这篇课文已经教了三四遍了,尝试了很多方法,但是我今天讲起来坚持用中心句。

研究者:为什么坚持呢?

S老师:第一,我从中心句入手——结尾的一句话。以前,因为这篇是按照事情的发展顺序,从外婆去世,这篇有很多讲法,我每次都用不同的。比方说,和时间赛跑,你结合课题可以提出点问题：谁和时间赛跑，怎么赛跑的，我可以用这种方法去讲，还有，我可以引导学生，从整体入手，引申开去，那我就抓住中心内容，然后按部就班地，按照课文叙述的顺序去讲。那我这次讲的与以前截然不同，我抓了一个中心句，一下子……

一下子把学生带进这种时间的感觉里，而且让学生一下子就有这种感觉：如果和时间赛跑就可以获得很大的成功。让学生的心里一下就有了这种概念。（访谈10-9-29）

（2）"坚持导入与结课的设计"

导入和结课是老师们预设中会细致考虑和静心准备的，所以老师们除了遇到意外情况基于共同的原因都会坚持执行课前导入和结课的设计。下面的访谈做了如下说明：

研究者：为什么选择这个导入方法呢？

J老师：我感觉现在很大一部分孩子还是去体验过乡村的生活，而且这篇文章写的跟我们的乡野风光还是有一些比较切合的地方，一方面是调动孩子的生活经验，联系他们的生活实际，这样就很自然地能够入题了，来学习这篇课文。

研究者：但是现在很多孩子没有去过农村。

被访谈者：没有去过，他就可以听别人的一些感受，然后再通过对比去感受乡野和城市不一样的地方。这种对话导入的方法对大多数同学来说是抽象的，所以我觉得在孩子们说完之后，找一些符合本课的图片或是小视频，让孩子们看一下可能会更形象直观些。

研究者：或者说我的小同伴说是怎样的，然后我自己就更想知道是怎样的？

J老师：对，就是可不可以调动学生的积极性，比如说学完这节课了，我自己也可以去农村看一看，去体验体验。这节课也是想抒发大家对乡村的了解及对大自然的热爱。（访谈10-9-20）

因此，只要对课文谙熟，对学生情况有所掌握，老师们静心准备的预设都能很好地"派上用场"。以下是一位老师谈到她为什么在课堂上执行导入的缘由：

> 研究者：老师，我看这节课您的导入……
> J老师：很简单，开门见山，因为一节课，我觉得你不要太注重导入，毕竟它只是一个开题、一个引子，你只要让他注意力集中，注意到你这儿就可以了。你要把导入弄得很花哨，他可能被你的导入吸引了，等到中间的真正精彩的内容，他可能就坚持不了了。导入一定要简洁，我觉得导入不宜太长，因为孩子注意力很短，你把导入弄得很长时间，他可能真的被你吸引了，但到中间，他的注意力就分散了。（访谈10-9-16）

同样在结课中下面的W老师也是颇有信心地坚持了他的设计：

> 研究者：您的教学设计中的结尾处写到："学习这篇课文，你懂得了什么？"然后您在括号中写出了预设是"用心、努力、多角度看问题"，然后课上也是这样的，为什么没有做出什么变化或调整？
> W老师：因为小学低年级的语文教学以识字为主，这时期的主要任务就是识字，为以后的学习打下基础，所以对于主题就简单提一下就行，再深挖他们也体会不了。而在中高年级的主要任务才是挖主题，所以对他们讲课，可以把注意力多多转到课题的研究上了。（访谈11-3-4）

（3）"以重点词引领理解"

在研究过程中很多老师谈到了"以重点词引领理解"的方式，关注重点词的教学效果好，因此只要找准重点词，老师一般都会贯彻执行的。

> J老师：在第一自然段中还有一个很重要的词就是山环水绕，这个词概括了小山村的整体特点，然后通过这个问句我们就可以了解到这个小山村是山环水绕的，山环水绕能说明什么意思，让学生

来说一说山环水绕这个词，有山水的地方就应该是比较美的。

访谈者：就是把这个重点词单独给他提出来。

J 老师：对，其实这个词也概括了小山村的风貌，让他有这样一个整体的感受，这种意境和情景。（访谈 10-9-14）

另一位老师同样也谈到了他执行预设时需要传达给孩子的知识和理念的依据：

研究者：老师，我记得您在讲"容"字时，有一个学生组词"宽容"，这时您就提醒学生在平时和同学相处的时候要学会宽容，以一颗宽容的心去接纳他人。

P 老师：现在，包括我们去学习一些名家大家的课，都是将点滴入微的细节贯穿到孩子的日常学习中，不但要学习知识，而且能在生活中去运用。（访谈 10-9-16）

课后访谈中我和 J 老师对此问题展开了进一步的探讨，这种方法也要根据学生的情况作以微调：

J 老师：对于六年级孩子你可以抓重点句，而三年级孩子需要你帮他去抓重点句。

研究者：他自己找不到？

J 老师：嗯，找不到，他现在对分析课文还是有一定难度的，所以刚开始还是逐段、一点一点地由老师引领着去做，然后第二自然段主要就是通过读，这段主要体现了什么，主要表现的就是山村的小，实际上它也是扣题了，小，从哪里能看出来，其实这个时候，通过这样一个问题就让学生去抓重点的词语了，说它小是从哪里看出来的呢？比如说群山的环绕，山把它包围在里面了，抱在里面了，那么跟大山比起来，它是不是就显得很小，还有就是不容易被发现，这个不容易也能体现出它很小，还有它坐落在深深的山谷里，也能够写出这个山村的小，然后就可以让学生来找相关的词，就是它在什么情况下是小的。我觉得在这里也可以让学生设想一下写文章的时候如何写美，比如说你写秋天很美，你就得通过具体的描写来说它怎么美，实际上这里面用了这样几个词就体现了山村的小，有一点点写作的渗透。（访谈10-9-27）

为了更好地实现一节课的教学目标，达到一定的教学任务，通过重点和难点可以很好地突破学生认识的难关，下面的访谈中S老师就谈到了她如实落实备课时的重难点的依据：

研究者：老师您依据什么确定这一课的重难点？为什么要在课上一定要落实好重难点呢？

S老师：《落花生》一课，这篇文章是许地山的作品，篇幅不算很长，它的主要特点就是通过对话描写，写出了花生的特点，从而父亲引导他们如何去通过花生这样的一个物象来比喻做人，要做一个什么样的人，做人就是一个重点了，怎么做人呢？课文里讲了，要像花生一样默默无闻，因为它的果实是深埋在地底下挖出来才被知道，而且外表不好看，但很又实用的东西。在我们今天来看，外表不好看，很有实用，外表又好看还有实用也可以，所以这里当然就是重点，可以让同学们很好地展开讨论，各抒己见、发表看法，抓住这个重点，就是如何做人，做一个什么样的人。

研究者：这就是您要灌输的。

S老师：这就是我要灌输的一种思想、一种情感，就是我前面说的一种情感一种思想，当然了，课文要分重点，不能说一股脑儿地都搂下来，这里就是一个重点，有一个关于花生特点的对话，说花生味很美，花生可以榨油，花生还很便宜，花生还可以做成很多食品来吃，可以引导学生来好好读一读对话，注意一下标点，这就可以了。读作为一个很重要的东西来讲，后来父亲有句话，你只看到花生物美价廉、便宜，从而引导怎么做人，父亲又说了一段话，就把这段话作为重点，引导学生来讨论一下要怎么做人，做一个什么样的人。

研究者：实际上这个判断和选择就是老师自己认定的。

S老师：教参中给了一部分，然后你自己在备课的时候如果认

为它对，你也可以确定它，当然了，咱们一看课文内容，基本上也都可以把握它。（访谈10-9-28）

(三) 执行惯例

在老师和学生长期的共同教学过程中，经过一段时期的磨合会建立出一套双方默认的"常规"和"惯例"，以此来控制和调节课堂教学的具体行为。"研究者提出通过建立常规，教师可以使得时间安排、教学次序和学生的行为变得可以预测，这样就可以减少他们信息加工的负担并让他们腾出精力，用以监控原有计划的偏差"，"因此，使用'常规'是教学'行动中'很重要的部分。实际上，它是教师在课堂中生存的要素"。[1] 在本书中我们看到教师们经常使用一些教学活动或策略来进行班级管理、提高教学效率、促使小学生常规的养成。

1. "课前一首诗"的暖场

由于小学生有活泼、好动、注意力集中时间短等特点，因此课前肯定要把学生的心收回来，让学生开课伊始就脱离课间的自由、松散、兴奋进入教学的状态。下面有一个非常好的方法就是让学生背诗，通过"课前一首诗"来暖场。

G老师：我们班有一个特色就是课前一首诗，因为平时总有积累什么的，把这积累都运用到课前了。基本都以背古诗为主。

研究者：那孩子怎么知道背什么？

G老师：有一个起头的，你没看见，他就根据这个目录起头。

G老师：我们自己还有一个校本课程，有背诵篇目嘛，这个从一年级到六年级都有，三字经、古诗，到高年级就有古文了。就是以拓展古诗词为主嘛。

研究者：这个可以提高孩子的素养吗？

G老师：一个就是古诗，还有一个就是课程研发的一些拓展的资料，我觉得对孩子很有影响。另外，就是组织一些作文竞赛什么

---

[1] 徐碧美：《追求卓越——教师专业发展案例研究》，人民教育出版社2003年版，第35页。

的，我们班有 QQ 群，定期让他们在 QQ 群里发表文章，你写得比较好，就可以发到群里，对孩子也是一种鼓励，然后他们给评价。（访谈 10-9-6）

上述做法是 G 老师自己的一个校本课程，从一到六年级，每学期都会给自己的学生列出这学期需要学生积累掌握的篇目，大致的内容主要是古诗、《弟子规》《三字经》等经典名著。具体实施中，设一名领读的同学，负责课前领大家一起集体背诵，并不占用教师的课堂教学时间。一是对学生在一定阶段内所要积累的课外知识起到导向的作用，扩充学生的语文知识，丰富文学素养；二是每日的课前背诵，起到了复习巩固的作用；三是一种开始上课的信号，让学生把心收回到课堂上，做好开始上课听讲的暖场准备。

F 老师也使用过这种方法，他谈到：

> 研究者：我进课堂的时候发现学生在背诗，第二节开始上课之前也是……
> F 老师：这是我们班级的传统，课前一首诗。
> 研究者：已经成为一种传统了？第一板块的已经全部讲完了是吗？
> F 老师：已经全部讲完了，所以背的全是这一板块儿的。
> 研究者：哦，也是一种复习了。
> F 老师：是一种复习，同时也是一种额外的积累。（访谈 10-9-14）

2."收心"训练

研究者发现课前基本上老师们都会使用一些策略来调整学生学习状态、组织纪律和为上课做准备。经过一段时间的演练，即建立起一定的"惯例"。下面一位老师的做法与上面"课前背诵"有着异曲同工之妙：

☆ "念口诀"来组织纪律和复习

> 研究者：课前时候，用了一个口诀，为什么呢？

M 老师：为了整齐，强化，习惯训练。相当于用口令，代替那些总是强调坐好，别乱动。

研究者：课前有几分钟专门组织纪律啊，每节课都有嘛。

M 老师：表现不好，就来回。

研究者：这也是依据他们的表现。这有什么作用呢？

M 老师：加强记忆，不是所有孩子都能背下来。就是要有一个反复过程，不断学习新知识，又不断复习旧知识。

研究者：那你可以直接让他们上去写啊，为什么选用口诀啊？

M 老师：写不好。其实目的也不是检查，就是通过这种方式来调动他们的积极性。（访：10-9-15）

☆ "静心活动"

除了背诵诗歌、组织小活动之外，有的老师通常会在上课后花 2 分钟左右的时间，让学生静下来，然后才真正开展教学活动。

【课堂观察 10-11-29】

在我进入教室时学生并不多，老师正在组织学生打扫卫生。一个同学正在把墙角的垃圾收起来倒进垃圾桶里，而两个女生站在黑板前，一个在擦黑板，另外一个把黑板上的小组计分表清空，并细心地把不清楚的地方用粉笔描了一下。我打量了一下周围的环境，黑板的上方和靠窗的墙上张贴着文明标语和课程表，靠近墙角的地方放着饮水机，每个窗台上都放着至少一盆植物，绿色的叶片迎着早晨的阳光，叶片上还残留着露水，焕发着无限的生命力。铃声响起，打破了安静，同学们纷纷从外面涌进教室。接着老师让同学们坐下、收心、休息，点名还在吵闹、说话的同学将手放在头上，有的课间踢球、跑闹大汗淋漓的，老师就让他趴在课桌上，练习平心静气。一般最多不超过 3 分钟。然后老师喊上课，全体同学起立，开始正式上课。

3. 利用预习来增进课堂教学效果

在 S 校也了解到老师们培养学生养成课前预习的好习惯，一旦学生

适应了这种方式,即变为了课堂中辅助教学的一种常规形式,对于这种"惯例"老师们的相关访谈如下:

  研究者:我觉得您在生字这块儿是完全交给学生去讲解,让后您来做纠正、强调和补充,您是否要求学生课下预习了呢?对学生预习的要求是什么?根据课堂的情况来看,您觉得学生预习的效果如何?
  Y老师:我们每开始一堂新课之前我都会让学生先在课下预习生字,包括字形、字音、字词、字义,还要求他们把生字放在课文中去读,把不理解的部分标出来,我觉得这样更能培养孩子一种学习的自主性。我觉得完成的还不错,达到了认字识字的目的。我看他们的解释、组词和认读都是挺到位的,而且我强调的地方他们能很快地反应过来,我补充的知识他们较能够理解。(访谈10-11-8)

Y老师非常注重预习,常常在课上执行"预习"的传统做法,结合预习来展开教学,具体做法他做了如下解释:

  Y老师:我们班学生就是有这个预习的要求。就是作业,预习课文。这方面我要求是三步预习,第一步干什么第二步干什么第三步干什么,学生都得提前给我准备好,然后在上课的时候……他们为什么有问题?就是他们在预习时候遇到的问题,有一些问题在课堂上解决了,还有一些在课堂上没解决,所以说最后又给了他们一个环节——提问,然后就给他们解答一下。
  研究者:那这个预习已经形成了一个模式了吗?
  Y老师:对,从我带他们就已经开始了。(访谈10-9-1)

当然老师执行预习的惯例,并不是结课时或留作业时的一种形式,而是真正想要和自己的课堂教学结合在一起。Y老师就做出了具体的解释:

  研究者:我听学生说您曾花了很长时间去为学生设计这个预习

的要求,那您是怎么把学生的预习和您的课堂教学结合在一起呢?

　　Y 老师:对,这个预习首先是培养他的一个学习习惯,因为温故而知新嘛,以前就有过这样的说法,然后这是六年级孩子,大了都有一定的学习方法和能力了,但是他还需要老师有个指导性的作用。我们班的预习已经一改再改了。第一次预习就是三遍读,"三步预习法",这是我自己发明的,就给他一个固定的东西,每次都这样。第二次有一个读文,直接解决字词,然后第一遍出声读,第二遍默读,默读然后自己对文章写理解、写批注、写质疑,完了第三个呢,就是说你要有自己的一个评价,就是这篇文章(预习的)一般、还行……然后家长有一个评价,然后老师有一个评价,就是学期刚开始我会坚持,但是以后估计没时间。其实如果孩子能形成这个习惯对他一生都受用。(访谈 10-9-1)

不仅 Y 老师是这样做的,我从 Z 老师那里也听说了同样的做法:

　　研究者:老师,刚才说到课前的预习,您一般给学生布置哪方面的任务呢?

　　Z 老师:首先,要求学生预习生字,预习生字是从两方面,首先是用两种查字法查字,第一个是拼音查字法,先知道这个字的大写字母是什么,第二个是部首查字法,让学生把部首及余下几笔写在课本上,这样学生了解了生字,然后在字的下面再组两个词,然后再写出两个形声字,这样在字音、字形方面就很深刻地了解这个字了,然后字义通过组词可以理解了。为了更好地区别、掌握这个字,再写两个形声字,我是这样要求学生预习的,这是关于字的方面。在篇章方面呢,要求学生在预习时首先把自然段标出来,对文章结构有一定了解,再就是在标的过程中把课文读一读,读熟,最起码得读的流利。(访谈 10-9-3)

4. 奖励机制的建立

　　小学生毕竟不同于中学生,老师们甚至要花更多的时间和心思,采用多元的策略来管理课堂。现在越来越多的老师从单纯的惩罚转向奖励的方式来评价学生。同时这种方式一旦形成一定的惯例，能够很好地保持课堂进程的流畅。例如下面的老师就采取设立"积分奖励"惯例进行评价：

> 研究者：您黑板上左边画的这些是什么？
> D老师：那是小组评分，一共有四个小组。
> 研究者：我听您上课的时候对某个同学说加一分，加两分？
> D老师：是对学生上课的发言、知识的掌握，还有声音等这些方面，我对他上课的状态的评价、表扬。表扬的比较多，重在鼓励。每一个学生都有一个记分评价本，他自己有个加分，还会给小组加分。如果扣分的话，他自己的分会被扣，他们小组也会被扣分。
> 研究者：上课是不是有专门的记分员？
> D老师：自己首先对自己记录，然后每组都有一名小组长，因为小组比较多，一竖排一个小组长，然后对自己小组的情况进行记录。然后班级有两个同学是总的记分员，把记分汇总后体现在积分台上。
> 研究者：积累到一定时间会不会有什么奖励呢？
> D老师：一个是调动积极性，同时也表扬、奖励。奖励一般都是我自己出钱给孩子买点本、笔，给孩子一定奖励，他们可能也有这些东西，但是意义不一样，是吧？调动孩子积极性，孩子自己首先有一种荣誉感，我自己增光了，我获得了多少荣誉了，而且我还给小组增光了，还培养了学生一种团结的意识。小组会加分，也会被扣分，被扣分的时候孩子们都义愤填膺的，那这样的话谁也不想给小组拖后腿。（访谈10-12-3）

同时检测学生的知识掌握程度也以鼓励性的评价方式取代以往口头总结的方法，其中Q老师评价学生常用的套路是这样的：

> 研究者：在本节课中，您怎么来检测学生的学习效果呢？怎么知道学生哪个地方听明白了，哪些地方没听明白？

Q 老师：我们每节课都是有反馈的，这节课讲完之后都有一个总结。总结的时候反馈一下学生对这个生字认识得怎么样了，通过"开火车"认字，小组评比认字，还有读课文每人接一句"开火车"来读看他接得准不准、快不快、流不流利就可以检测学生学得怎么样了。

研究者：也就是说您下课的时候采用的是一种检测性的而不是总结性的方式？

Q 老师：对，检测性的。然后检测之后，每节课都要对表现好的孩子进行鼓励。我们班就是自己画小红花，有的人就觉得你让他自己画，他肯定就画 100 朵，咱们就是用小人之心度君子之腹，他们其实都很诚实，我们班就是放手，比如我说今天表扬这些同学，每个人给自己画朵小红花，都很诚实，你表扬他，他就自己给自己画一朵，你没表扬他，他自己绝不会画的。（访谈 10-5-4）

5. 朗读习惯的养成

A 校老师带班采用小循环的方式，即避免了一个老师常年影响一批学生带来的负面影响。但是在这种小循环中经由师生一段时间的磨合还是容易形成教学的某些惯例，例如一个班级中师生习惯的朗读方式就如此，很多情况下，课上经常采用这种朗读惯例会取得良好的教学效果，但不同的老师会根据不同的情况做些许调整：

研究者：我发现一般老师让学生读课文都是采用分段朗读的方式，而您是让学生分句子来读，相比较来说会不会有点麻烦？您为什么会采用这种方式呢？

M 老师：我不觉得这种方式麻烦，因为我们班已经形成这种朗读的习惯了，这样就可以多一些孩子参与到读课文中，给更多学生一个发言的机会，每个人都能够表现，让大家去听听他读得怎么样，对学生也是一个检验。这样时间长了，就能够对孩子进行朗读能力的培养。而且我会对读得好的进行表扬，读得不好的进行纠正，但是很少去批评谁读得不好，这样大家都一起读一起纠正，就不会让学生觉得尴尬，消除学生在课堂上发言的紧张和为难情绪，使其更好地投入学习。

研究者：像这种成形的惯例，在您的课堂上多吗？

M老师：不能说很多吧，但现在我也摸索出了一些教学模式，而且从掌握上来说，对教材也比较熟悉，对孩子们也比较理解、比较熟悉，对他们心理的动态掌握比较好，所以课堂配合的时候就相得益彰了，孩子也喜欢接受你的课，他们也特别喜欢上你的课，有这种期盼，有这种动力，他们才能把这门课学好。我们的孩子们如果特别喜欢一位老师，他就会特别喜欢上这位老师的课。（访谈10-6-3）

"读"是小学语文学习中非常重要的组成部分，老师们在实际教学中摸索了分段朗读、分句子朗读、范读等形式。以下是一位老师执行范读的说明：

J老师：范读，就是让学生听老师读课文，看看有没有自己不认识的字，然后拿出笔来，在书上标注一下，第一遍听老师读就是把字音给弄准，老师范读完了，也给学生一定的时间去读文章，然后边读边想这个课文到底写了什么。

研究者：为什么先要范读啊？

J老师：因为有的孩子可能回家预习了，里面的生字都认识了，有的孩子可能预习的程度不够，或者说根本没预习，所以老师范读的时候，给他一些准备，比如说这里有一些字音比较难的，比如说"即使"，他们都爱读错的，还有这个"鸡舍"，它不是多音字嘛，在读的时候可以多关注这几个字。

研究者：就是说里面有一些字音读得不太准。

J老师：对，然后听了老师的范读呢，能够确定这个字我应该怎么读。

研究者：那就是说导入完了，先范读，是为了……

J老师：为了让大家都初步了解文章的内容，然后重点就是字音、字词。有两个目的，一个是让大家站在同一个水平线上，都对课文有了解，因为有的人了解，有的人不了解，另外也是为这节

课，讲课之前热热身，对吧？（访谈 10-7-5）

课堂执行的常用朗读套路还有以下形式：

  研究者：我看您的教案，第一遍是自由读，之后是点名读，这样做的目的是什么？
  J 老师：自由读第一遍带问题，读准字音，把句子读通顺，标自然段，这是他第一遍的任务，然后让老师来检查你们读得怎么样了，首先来问这篇课文共分几个自然段，说好了有四个，那好了，看大家都标得很准确，有没有标的不一样的，都一样说明大家都标对了，有不一样的那么我们就找同学一个自然段一个自然段地读，你看一看哪个自然段应该在哪个位置，然后一个同学读一个自然段。一是检查同学读的情况；二是检查他自然段标得准不准，应该标在哪儿，这是第一遍。第二遍请同学们再次自由读课文，圈出生字，圈生字的时候我们一般都是小组合作，有小组长领着大家来记这些字，你说说第一自然段你都圈了哪些生字，念什么，读一遍。然后第二个同学说……小组完成了，就坐好。等到最后一个小组结束后就开始反馈。（访谈 10-7-6）

  除了上述的课前、朗读、评价机制等老师们建立的惯例之外，一个老师一般都有属于自己固定的教学模式，这和个性特点有关，和教学风格有关。他们有自己偏好使用的流程，例如自创的"读、思、议、导"结合的教学方法，还有用心积累的小方法活跃课堂气氛，比如说"西红柿（西红氏）""苏东坡与佛印""南郭先生"等。本书不能一一列举，但是从上述老师们的做法可以看出，小学生的习惯养成和常规建立是较慢的，需要老师们更多的耐心和训练，不论是背诵诗歌、暖场的活动还是收心训练都要基于了解学生和为了学生的责任心，由最基础、最琐碎的小事教起，只有一定时间后才能形成默契，再待默契形成一段时间后才能形成自动化，这时老师要往更高的层面上进行调整和要求。因此，看似小小的常规和惯例，却倾注了老师那么多的耐心、爱心和责任心。

过分强调"以本为本"的预设会使得课堂变得沉闷、机械和程式化，缺乏生机和乐趣。但课堂教学毕竟是一个有目的有计划的活动，教师在课前必须对教学目的、教学任务有一个清晰的认识和理性的安排。因此，教学必须要有预设，不能放任自流，课堂更要有所控制。课堂教学中教师要决策哪些是必须有效控制、牢牢把握的教学方向，哪些是合理定位、准确实施的教学目标，哪些是科学安排的教学活动，哪些是需要限期完成的教学任务。这些都需要教师在课堂教学过程中随时思考、随时选择、随时判断，只有这样才能克服因随意性和盲目性而产生的低效甚至是无效的课堂教学，从而大面积有实效地提升教学质量，实现教育教学的基本目标。

第二节　基于预设的调整类：调整、变换预设的课堂教学决策

课堂教学是一个复杂的过程，不仅仅需要切实、恰如其分的执行，更多的时候需要变通，需要根据实际情境去分析问题、解决问题。新课程倡导"以学生为本、以学生的发展为本、尊重学生独特的认识、尊重学生的学习方式、尊重学生的情感需求……"这就需要教师在充分了解课堂、了解学生的基础上，根据课堂中学生学习的兴趣、状况，不断地对原有课堂教学计划适时、合理、灵活地调节和控制，以有效地实施课堂教学。这就不可避免地出现决策的活动。"课堂并非只是一个将课前计划原封不动实施的地方，而是需要教师根据学生学习情况和临时出现的问题随时进行调整。""教师在课堂上根据学生提出的问题安排下一步的教学，实际上就是放弃了'严格按既定计划执行'，而选择'改变教学计划'；教师决定组织一次讨论而不用轻车熟路地讲授，实际上就是选择了'改变自己的教学行为'而放弃'固守习惯'。"[①]

课堂需要控制，也需要变化。学生是一个个鲜活的生命体，他们并不是单纯地参加课堂教学活动，而是带着个体的知识、经历、经验和思

---

① 林培英：《课堂决策——中学教师课堂教学行为及案例透视》，高等教育出版社 2004 年版，前言。

考参与到课堂中,因此课堂才充满了非预期的变化,很多时候会超出教师的预设。课堂不可能完全按照事先的安排和计划按部就班地进行,即教师一定不能用"死"的教案来限制和支配"活"的学生。否则即会遏制学生在课堂上的思想和生命的活力,所以课堂教学不应拘泥于预先设定的固定不变的程式,而是要随时根据课堂的实际情况进行调节甚至变换。

(一)依据学生状况,随时转变策略

研究表明,学生的状况是教师课堂决策中最为重要的依据。课堂教学过程中随时需要根据学生的学习兴趣、学习的具体情况对原预设进行调整,通过教师对教学手段、方法、流程等的适时变化,来增进教学效果,达成教学任务。下面一节六年级课堂的实例折射出了这样的情况:

1. "沉默的'高年级课堂'"

【课堂实录片段10-9-27】

Y老师:那我想请问课文的倒数第二自然段是不是写了大峡谷的地貌和气势恢宏呢?是吗?

(面对全体学生提问后发现,举手的人很少,有两至三个学生回答"是",老师见此情况选择具体学生,以了解对此问题的掌握情况)

Y老师:赵美然你说。(学生没回答)

Y老师:动植物,那这(两段)没有动植物啊。(老师看到这种情况依旧想办法启发学生)

Y老师:从举手的学生中叫起一名回答。

(老师叫起一名男生找对了)

Y老师:你为什么找这句?

学生:因为这句前面写的是科罗拉多大峡谷风光奇绝,后面写了它游客众多。

Y老师:(老师提高了声音,想引起其他同学的注意)啊,上半句写的是风光,后半句写的是动植物。大家同意吗?

学生齐答:同意……(回答面仅占课堂一半)

(经过了面向全体提问和提问个别学生等轮番的引导，耽误了点课堂时间，但是老师终于引导学生说出了答案。所以老师得到了激励，接下来的决策仍旧是引导学生，通过个别带动全体)

Y老师：那你说这句话是什么句？

学生：过渡句。

Y老师：对，过渡句，起到一个承上启下的作用。(老师不再使用一问一答，转变策略)那举手我看看多少同学找到了这句话？(大部分同学都举手了)

Y老师：哦，多数同学找到了这句话。

与以往很多热闹的、紧凑的课堂相比，这一环节似乎有些沉闷了。和低年级、中年级课堂学生争先恐后回答问题的热烈场面相比，这些六年级的学生似乎变得沉默。但我与Y老师共处的日子发现他是一位态度认真、勤于钻研和深受班级学生爱戴的老师，况且这节课我们一起备课，在共同的教学设计中老师认真地进行了准备。但是这样的课堂我在A校期间也遇到过，因此引起了我的思考，由此我在课上记录下了这些：

【课堂观察10-9-27】

六年级学生在课堂上已经不像中低年级那样活跃，他们会隐藏自己的想法。但是这节课在老师的不断启发和带动下，学生的反应还是有一些变化的。在课堂阅读训练时，老师问"谁能用自己的话形容一下？"刚开始学生并不是很积极，纷纷低着头，逃避与老师的目光相接触，甚至有的同学把书本立起来盖住脸，老师一看到这种情况，眼中那抹期待的光亮立刻暗了一下，意识到这个问题的难度对学生来说有点大，老师转而调整了策略，他说"可以先照着课文读出这种感觉，然后一会儿我们再结合在阅读中的感受谈谈你的想法"，这样一来，已经有学生跃跃欲试了，我看到有几个比较活跃的学生把手举过了头顶，希望老师叫他起来回答问题。毕竟读要比自己说的难度低了很多，因此学生们愿意去表现和尝试。

但是老师并没有叫那些举手的学生，而是叫了两个学习成绩不太好的学生，我看到那两个同学没有怎么犹豫就站起来了，看来这个任务他们还是有把握的，两个同学完成了任务，虽然并不是很出色。别的同学认真地听着，有的还跟着轻轻地读起来。

晚上整理这节课的实录时我又记录下了下述文字，在我的思考基础上，课后与 Y 老师多进行几次访谈，深入了解一下他对此的看法和做法：

其实这段课堂教学是老师让找一个概括性的句子。我觉得对于六年级的学生来说，找一个概括性的句子是比较简单的。但是我看到老师第一次提问时举手的同学还不到一半，尤其是最右边靠墙的两排学生，除了一个学生外其余都没有举手，包括以前老师介绍的一个学习较优秀的学生。面对学生此种情况，老师似乎没有着急，没有生气，也没有觉得尴尬。（有两名听课者）好像心里有数似的，接下来将问题拆解、从面向全体学生提问转变为提问个别学生，我想老师是以点带面吧。我想这主要有两个原因：一是学生不想。学生基本人手一本教参，上面都写得很明确，都知道是哪一句话，觉得老师的问题多此一举。二是学生不愿。老师之所以不断转变提问策略，大概也是基于对本班学生的了解：这类问题在学生能力的范围之内，但是六年级学生的特点就是个性开始慢慢显现，社会性越来越显著。对老师不再像以前那样言听计从，而且自我意识的觉醒使他们课堂表现的欲望减弱。（田野日记10-9-28）

这些仅仅是我个人的猜度和思考，这种情况在下午的语文常规课上其实也有过多次出现，尤其是在高年级的课堂中，因此我在课后找到了 Y 老师进行了多次访谈，他对此情况解释了当时的决策过程：

研究者：我觉得课上的那个问题——概括段意您之前预设了吗？

Y 老师：哦，上课一开始就有这情况，可能说明文的文章学生就是不感兴趣。你说的就是在概括第二自然段段意的时候，孩子没有按照预期的设想，那就需要老师去引导了，另外有时候需要老师示范，如果说孩子感觉这个问题很难的时候，老师要用不同的方法去启发诱导。

研究者：可能您当时设想的是学生能够总结出来？

Y老师：对，我是这么想的。实际上学生总结得不完整。

研究者：那这个原因您觉得是什么呢？

Y老师：很简单的文字孩子是能概括出来的，因为这个概括段意吧是孩子的一种能力，但是这个东西我觉得就是……根据不同的情况吧，因为有的时候这个概括段意你不能说只找一个孩子，很多孩子大家七嘴八舌就能把这个段意叨出来，嗯，是这样。（课后访谈10-9-30）

研究者：那今天相对于六年级其他课有什么不同吗？

Y老师：六年级我看也就像今天这样了，我启发一点呢可能课堂氛围稍微好一点，我要是不启发或者是提问稍微难一点的话，一个是他怕答错，还有一个就是说不好意思等这些原因，但是跟低年级和中年级的课堂比，比不了。低中年级课堂都非常踊跃，都是"老师，我我我"，非常活跃。

研究者：现在主要是靠老师的引导。

Y老师：对，老师的引导作用。其实你看他们不说话，其实都明白怎么回事，我也想高年级的课堂你要让学生多思考，老师多引导，而不是被老师的思路牵着走。这样也挺好，他们其实也在思考，不一定都举手，不一定场面就很热闹……（访谈10-9-29）

研究者：为什么会出现这种情况，我看到学生发言并不积极，小学生不是都踊跃发言的吗？

Y老师：反正这三篇文章（指的是这一板块儿内的三篇）总的来说还是老师的引导作用比较大一点。另外一个根据这个年龄特点，六年级了嘛，孩子还是不是很喜欢回答问题，不是很善于表达自己的想法。但是课下你要跟他唠唠什么他说得都还挺好的，但课上孩子好像不太喜欢在众多人面前表现似的，但是我尽量还是给他们"说"的机会。因为我就是属于这种到六年级之后不按他们举手回答问题,可能稍微难一点的我会找举手的孩子,但是非常普遍的问题,或者说是一目了然的问题或者稍微动脑思考一下就能答出来的问题,我基本上是根据学生的反应来点的。但是课堂的氛围肯定不如以前好,就是孩子越大吧回答氛围就是感觉还是比较沉闷一点。

　　研究者:是小孩都变得爱面子了?

　　Y老师:对对对,就是这样,但我有点习惯了,不能像低年级时那样了,得转变方法。(访谈10-9-28)

　　Y老师的想法有一定的道理,随后也将我的思考记录下来:"这节课Y老师是经过了精心备课的,可能是我在前几天说,我记录他的一节课,Y老师从课前的备课、设计到课堂上,都十分的认真。整堂课老师的状态一直都十分饱满,因为是下午课,刚开始学生并不十分配合,再加上说明文的关系,内容有点沉闷。但是随着课堂的推进,Y老师的热情一直持续着,不断地启发学生,大面积提问不回答,就找喜欢回答的来带动,学生的热情似乎恢复一些。有时无论老师怎么启发诱导,学生还是启而不发,所以我在下课后多次问了这个问题。在老师看来,这跟课文的特点和学生的特点有关。"(田野日记10-9-29)

　　2. "对的就要坚持"

　　在研究过程中有的老师告诉我,老师也并不是什么问题都在课前能够确定下来,也并不是什么问题都能肯定正确答案。反而很多问题是在课堂师生互动中,老师依据学生的反应受到了启发,最终问题得到了解决。对此,T老师的例子就是针对课文中的一个"中心句"的问题,并不迷信教参,也不盲从于其他老师,而是依据自己的判断并结合学生的理解、反应,共同否定了教参的中心句。(因为学生也会看教参)这给予学生一个正确的价值观。

【课堂实录片段10-9-27-1】

　　T老师:谁能来说一说概括全文主要内容的是哪一句?

　　学生1:"大峡谷不仅风光奇绝,野生动物种类繁多,堪称一个庞大的野生动植物园。"

T老师：他找的是这一句，有没有人和他找的是不一样的？

（有学生举手）

T老师：（找个后面的女生）对，那你来解释一下你的理由。

学生2：因为这句话写了科罗拉多大峡谷的详细情况。

学生3：第一段写了大峡谷的位置，第二段写了大峡谷的气势恢宏。

T老师：那我想请问课文的倒数第二自然段是不是写了大峡谷的地貌和气势恢宏呢？是吗？

（学生回答"是"）

本来第一个问题应该是"谁来说说全文的中心句是哪一句"。在集体备课和其他老师的课堂处理中都是这样的，教参也是这样安排的。但是课堂上的处理中我却发现T老师将"找中心句"变成了"概括句"，他是这样叙述他的缘由的：

T老师：你比如说这个中心句，他们几个（同一组老师）都是按中心句处理的，但是我昨天在备课的时候就觉得它不是中心句。你说这句话它能是中心句嘛："大峡谷不仅风光奇绝，野生动物种类繁多，堪称一个庞大的野生动植物园。"其实我觉得它就是一个过渡句、总结句、概括句。但它绝不是中心句，因为中心句是揭示中心的，而这篇文章的中心是作者对大自然的热爱和赞叹，但是它这里没有体现，所以我认为它不是中心句。

研究者：对，我看上课的时候学生似乎也有这个疑问。你问他们是不是中心句时他们说什么的都有。

T老师：对，所以你看我一开始上课就让学生找中心句，但是问了几个学生一直觉得不是中心句。有的学生说参考书上是中心句。

研究者：可能他们是把这个总结句和这个中心句等同了。

T老师：嗯，可能是，但是我认为不应该等同，你说中心句必须得揭示中心，但是它也没揭示中心。但是这里也不能耽误太长时间，我也是与学生交流中最后确定，对，就是灵机一动改为了"概括句""总结句"。

研究者：所以您接下来说找"概况全文的句子"，用的词语是"概括……"

T老师：我没按中心句讲，我让他们找到概括全文主要内容的句子，然后体会这句话的作用。我一开始用的是这个（中心句），但是我今天跟学生一讨论，他们也认为不是中心句。

研究者：这个是您自己的想法？

T老师：也有学生的想法给我的启示，而且学生的想法也是对的，他们认为对的就要坚持。鼓励他们这样。对，然后我就把它改过来了。（课后访谈10-9-27）

课后访谈的时间很短，我想抓住老师应激性的想法，但T老师马上又进了班级组织下一节课和处理其他事宜了，但是对于课堂教学中他是如何考虑学生方面的想法，我又约了一次时间，以下是相关访谈：

研究者：我最近经常听到您说课堂中您做决策是根据这个教学需要……您在学生方面都是怎样考虑的？

T老师：学生方面吧一个就是有难度一点的问题，找学生掌握稍微好一点的，需要朗读好一点的时候，集中找那个朗读掌握的比较好的学生。那么这个字词啊，或者字词我们已经理解过了，字的读音、词的理解你就可以找一个中下等的孩子。已经理解过了，你就应该完全掌握了，就是说你必须得考虑孩子不同的层次、不同的差异，然后把这个问题针对性地提出来。如果你把所有的问题都给好孩子，你就没有照顾到全面，所以说还是应该照顾全面。

研究者：差异性？

T老师：对对对，一个是差异，一个是符合孩子的特点，这就需要老师多了解孩子。这样你才知道课堂上怎么处理。因为有的孩子比较适合朗读，有的孩子比较适合表达，有的孩子就比较适合倾听的，他不举手、不发言并不说明他没认真听课，没懂。因为你看我有的时候上课，在六年级不爱举手的，我会根据情况叫这样的孩

子,我觉得他倾听得很好,他也能说得很好。(访谈 10-9-28)

3. 根据学情,灵机一动

其实课堂是一个奇妙的情境,当这种情境激发了老师的灵感,学生给予老师一定的信息时,他们经常会根据情境临时改变原有的课前安排。事实证明,认真准备,决策合理,老师的这种"临场发挥"其实比预设的安排起到更好的效果,学生能够更好地接受知识。下面即是我对一节课老师的"临场发挥"的处理进行的课后访谈:

访谈者:为什么第五和第六自然段合起来讲,我看你备课时并没这么安排?

J老师:当时我就觉得第五和第六自然段可以稍微地合起来,可以两段一起学习。

访谈者:因为我觉得都是写乡村的一种整体的美,整体的风貌,就是从远处看它的那种美感。当然也有近处的,但是整体上是从远处去看,这应该是像一个风景画似的,然后把这个镜头又往后,就变成了第六自然段,就是更远了。

J老师:我想这么处理,但是不知学生有什么反应,就可以让学生说一说。学生说这两段其实是作者所看到的、体验到的一种美。我就接着问它究竟美在哪里,你觉得哪句话体现了小山村的美丽,然后学生很快就找到了,我觉得这时就没有必要再重复讲第六自然段。临时就把两段合并讲了。

访谈者:这点想的确实对,就像镜头拉伸,然后再往后就是更大的一个镜头,是这种感受。

J老师:比如说,在这个山上的一些房子、牛羊、清泉,还有离远看像珍珠,让学生结合课文用自己的话来说说,这个山村是怎么美的,这里面讲修辞,比如说比喻,像一颗珍珠,还有拟人。学生后来的造句挺好的,我觉得关注学生,以学生的学情来安排课堂教学,所以放弃了课前分开讲。其实我课前想得太啰唆了,一段一段讲,学生其实理解得比我想得好。(访谈 10-9-16)

同样的情况，同样依据学生的学情安排教学，临时课上调整、变化的不仅 J 老师一人，很多老师也是这样去做的。我在与老师们的交流中发现，其实新课改的理念已经深入"师心"，现在的课堂不再是凯洛夫的"按部就班"，老师们都随着教学内容和课堂情境随时调整教学，启发学生，依据学生学习的状态展开教学。下面的 M 老师就比较认同这样一种观点：

研究者：跟生活联系起来？我发现您比较喜欢联系以前学生学过的旧的知识点，然后联系生活实际。

M 老师：是的，因为我觉得完全依照书本去说，没什么意思，而且书本的知识有些家长就会告诉孩子了。如果在学校又教，就是在做重复性的东西，虽然可以起到巩固作用，但是扩展一些，孩子会觉得比较新奇、灵活，以后他考虑问题就不会有局限，还能想到书本以外的知识。而且每个孩子的思维角度都是不一样的，有的可能就想到吃方面的，或者其他的，跟孩子性格、喜好都不一样。

研究者：那你在备课时都想这些？

M 老师：孩子们在学的时候的一种状态，也会启发你用不同的方法去教，比如说，孩子比你想象的对知识掌握得好了，于是你就临时改变教学重点。

研究者：那就是说，这节课的目标主要就是，学会复韵母这几个，然后认读音，认字形，能够书写，然后根据情境让他对词语有个基本的认知，但他不一定会写。

M 老师：这些词不会写，但这些字有的孩子认识，有的孩子不认识。不认识就借助拼音去拼，还有的孩子既不认识字，又不会拼，就只能跟着会的同学读，形成一个大致的印象，不可能让所有孩子掌握的情况都一样。（访谈 10-10-22）

M 老师谈到"学生学的时候的一种状态"，这会启发她在课堂上进行灵活多样的调整、变化，激发很多灵感。尤其是依据不同课型和学生情况来不断调整，并没有固定的套路。一句话，根据学生掌握的情况，老师只要有大致思路即可，具体的细节和活动就需要随时调整。这里体现了老师的一种机智、一种变通。其后我又找到 M 老师进行相关的访谈：

> 研究者：您经常提到，得依据课的不同类型，看学生课上的状态？
>
> M 老师：我觉得，时间教得长了，预设就没那么多了，然后就根据经验、惯用的办法，随着课堂随时随地采用各种办法。看我没教过，我就根据我儿子，还有课堂上孩子的情况，教师和学生一起学习。
>
> 研究者：那您整个教学思路没有多大预设，随机调整的吗？
>
> M 老师：那不是，教学思路是，首先你要先教什么，教读、写，到语言情境去认读，然后又拓展，哪些字也是用到这些字母，大概是这个思路的。
>
> 研究者：那时间安排呢？
>
> M 老师：根据学生掌握的情况。再有一个自己班孩子的情况也不太一样，各异的。所以会针对自己班学生掌握得快慢，包括老师自己的教学风格啊，包括你自己对教学的一个体悟吧，比如，单韵母在书写上砸得很深了，那么在组合成复韵母的时候就可以重点强调认读。（访谈 10-10-18）

从上述访谈中我们可以看出 M 老师调整的依据，主要看自己学生的实际情况，而且尤其要关注孩子的差异性，这也是 M 老师制定和调整策略的主要依据。后续的交流中他多次提及了这一点：

> M 老师：再有一个，常年，他是教"一二年级⟷一二年级"这样走的，他比较有经验，比如说我教上一届学生的时候，有些地方孩子掌握起来不是很容易，他就会在这个地方多下点力度。你看，像我从来没讲过的，就得靠我自己的这种直觉。或者是我教完之后，才知道原来孩子这一块掌握得不是特别好。
>
> M 老师：对，因为你没教过嘛，那如果教过几轮下来的老师就会凭借原来的经验，知道在什么地方我加快点速度，在什么地方我

得放慢一点速度。然后才能让学生掌握得比较明白。孩子也不一样，有的孩子学前没东西，有的学前这些已经不是问题了，甚至二年级课本的汉字已经不是问题了。

研究者：基础都不一样。

M老师：对，所以这时候更关注弱的孩子，多去表现，而不是最好的孩子说完以后这事就解决了。

M老师：再有一个，高年级以阅读为主，然后文章浅一点、深一点，孩子大多认识这些字都能读明白。只不过是理解的深和浅的问题。所以你可以在课堂上引导着他，让他由浅入深。也可以让那些领悟深的同学去拽着他们走，但你现在却不能。

研究者：现在是从低处着手。

M老师：着眼点不一样。（访谈10-11-16）

4. 没完成任务也要考虑学情

小L老师告诉我一个重要的调整决策的原则，那就是并不为了完成既定计划而强行压制学生的生成，即使它可能导致你没能在课上完成既定的教学任务。下面的访谈就是一个例子：

研究者：在上这节课的时候，您觉得在教学过程中考虑到孩子，会临时调整您的计划吗？

小L老师：对，这个教案是我自己设计的，但就具体时间操作来说也许不一定能完成。可能在识字这块，有的孩子可能比较费劲，不像我预想的那么快，可能会耽误时间，再就是我提了问题孩子不一定能马上答出来，有时候就得讨论很长时间，包括标自然段，也许有时也会出现问题。

研究者：您能举一个例子吗？您当时是如何决定的？

小L老师：昨天的课我在预设的时候标自然段本来是件很小的事，有几个自然段，一共有5个或者4个，孩子一下就能答出来。但上节课我们班就有两个孩子较上劲了，他说4个，他说5个，耽误了很长时间，结果又把课文读了两遍，最后才分析出原来一共有5个，像这种问题可能每堂课都会出现。我上次课就是预计的能把识字完成，然后还能把课文读两遍，处理一下简单的问题，结果最后只把识字完成了，剩下的就只能在第二课时完成。

研究者：那么上节课呢？我发现咱们班进度慢了，您也是考虑到学生的关系吗？

小L老师：首先，第一节课结束我觉得应该有时间处理一下第一自然段的，但在找含有"虽然，但是"并用它来造句，孩子们感觉还是挺难的，所以那块浪费了一些时间。其次，就是识字这一块吧，我感觉我们班用的时间应该再少一些。但实际上我和其他老师也交流过，为啥我们班进度这么慢，实际上没有办法，我们班只能是一节课完成识字，一节课完成阅读。（访谈10-9-7）

5. 随时调控孩子的学习状态

课堂教学应该体现变通的思想，学生的接受程度、兴趣、关注点、状态随时可能都在发生变化。但是老师的调整并不是随机的，尤其是高效能的教师，在他的课堂有一只"看不见的手"，这就是老师的课堂教学观念。那么在课堂调整决策中关注孩子的学习状态，随时调控孩子的学习状态就是这只"看不见的手"：

研究者：这节课教授了这么多的字，学生能记住吗？

R老师：应该用生字卡片再重现一遍的，但我看到学生们预习得还挺充分的，现在的课堂教学就应该随时调控孩子的学习状态，比如表扬啊，一般不提倡批评，现在倡导的一种学习观就是关注孩子的学习状态，激发孩子学习积极性，像榜样作用、鼓励等。

研究者：也就是说在课堂中，老师要随时关注孩子的学习状态。

R老师：低年级关注孩子的学习状态还是很重要的，等到中高年级时就需要引导。

研究者：我觉得老师这一点做得挺好的，比如说老师让画圈圈出课本中的生字的时候，老师问了一下谁还没有完成，全班只有一个小男孩举起了手，你和全班孩子都来等他，还让这名学生的同桌帮助他。

　　R老师：对，必须得关注，我们关注学生也不是为了走形式，必须得根据当时的情境，让孩子学会。我们校长开会就给我们说不允许有被遗忘的学生，尤其是中等生，他也不淘气，学习上容易被忽略。但就整个低年级来说，被忽略的学生很少，他读一句就发一次言，等到高年级的时候可能就会多一些。现在就是这样，而且有的孩子虽然读得不准，但写得很好，就得从这方面来表扬他。（访谈10-11-23）

这点从另一位老师的访谈中也得到印证：

　　L老师：有的时候预设可能会真正起到一些作用，但课堂毕竟是机动的，孩子怎么答还重在教师的引导，有的时候不一定按照书本或者教案上的一字一句去讲。
　　研究者：您课堂上的一些变化是什么？
　　L老师：看孩子生字掌握情况如何，还有根据孩子们的朗读具体指导，而且我出示的这些词语有的很难，可能还会让孩子多认读几遍，这些都是有可能的，重点还是在学生，包括我们现在去学习，一些著名的全国教学名师他们都非常尊重孩子的学习状态，不完全依照教案，最重要的目的是让孩子学会。（访谈10-9-13）

（二）不断调整、变化的课堂提问

　　课堂教学一个很主要且有效的形式即是课堂提问。本书中的老师大多对所提问题进行大体的预设，而具体的提问形式、问题难度、问题排序等多半是在课堂实际情境中进行调整和变换的。例如把一个大问题拆分成具体的小问题，根据学生的反应和反馈降低问题难度，比如按问题的坡度进行排序、老师对所提问题进行进一步的解释，老师以引导性话语来包装所提问题等。不断调整、变化的课堂提问很多时候是在教学常规被打破时做出的调整，或由当时的情境生发出来的，体现的是一种变通和修改。

1. 根据学生反应，降低问题难度

【课堂实录片段 10-9-27-2】

  X 老师：那么看黑板，我把这句话写在了黑板上，我们一起来读一读。
  学生：师领读，生齐读（两遍）。
  X 老师：这里说大峡谷风光奇绝，这个词你是怎么理解的？
  学生：学生一片沉默。
  X 老师：（老师可能意识到了这个问题有点难度）接着说，这样吧，这个"奇"字你是怎么理解的？
  （很多学生举起手来）
  学生：我理解的是奇特的"奇"。
  X 老师：还有没有别的？
  学生：神奇的"奇"。
  X 老师：还有呢？你说。
  学生：奇异的"奇"……

  当 X 老师提出一个问题后，学生可能一下子不能理解，老师就要意识到使学生理解"风光奇绝"这个词需要转变策略，当时的临场决策是让学生谈自己对"奇"字的理解，从"奇"字突破，从而掌握整个重点词。可以看到，学生明显活跃多了，争着说自己对它的解释。课前与 X 老师共同备课时，通过课前分析确定这个词语是本课的重点，应该让学生自己来深入地理解，进而理解全文。但学生的理解和反应是老师基于对学生平时的了解猜度的，本以为这个词语很好突破，但是课上却发现高估了学生的接受能力，直接抛出问题有点操之过急。课堂实际的情况让 X 老师放弃了之前自己的决策，采取逐步推进的策略，先从其中一个关键的形容词着手，逐步引导学生去理解。接下来 X 老师继续以个别词语逐个击破的方法，使学生对其进行掌握。为了学生真正理解这个词，X 老师后续还使用了多个小策略，一环扣一环，使学生逐步深入地了解了"大峡谷的风光奇绝"的含义。

X老师：好，那合在一起怎么理解？

（还是没有学生回答，所以老师进行了下面的引导）

X老师：风光奇绝，就是风光特别的……独一无二，绝无仅有，对不对？

（学生少有人回答，课堂气氛有点沉闷）

X老师这时发现从个别词突破的方法还不能达到最好的理解效果，因此放弃了课前的预设，这里安排了让学生自己读文本，使其在文本交流中感受。

X老师：下面请大家快速地浏览一下课文，看一看课文从哪些方面写了大峡谷的风光奇绝。（重复了一遍要求）

X老师：我看很多同学看一眼就找到了。非常好。

（引导）

X老师：它在课文的哪一段？重点在这一段来找。这一大段又是从哪一方面来描写风光奇绝的呢？

X老师：好，谁来读一读课文的第二段？课文的第二部分。

（叫一个学生起来读。对其他学生又重申了之前的问题，可以圈一圈画一画）

（读完后叫一个男生和一个女生回答之前的问题，两人的回答均理解了文章的重点意思）

由于我和X老师一起进行的备课，对此段的处理研究者本人也有一定的设想，但是面对学生理解的困难，X老师的做法都是在当堂决策中进行调整和临时转变策略的，因此我在课后对X老师为什么这么决策的想法进行了访谈：

研究者：那您这节课的重点和难点在这个理解"风光奇绝"上？

X老师：对，作者是通过哪几方面来描写"风光奇绝"的，其实你去理解这个词，他是一个生成词语，不是固定词语，绝对是作者的一个生成，风光是一个词，但奇绝绝对不是一个词，拼加一起也不是一个词，但作者就没有更好的词语去表达它了，就把它拼到一起了。

研究者：造了一个词儿？

X老师：对，就造了一个词儿，通过让孩子去理解这个风光奇绝，去理解这篇课文。这个既是重点，我认为也是难点。就是理解，以这个为中心，然后穿插着（理解全文）。

研究者：我看您提出这个问题后，就是让大家谈谈对它的理解，学生好像一下子没有说出来？

X老师：我之前设想应该能答出来，之前这个单元也是这样讲的，可能我的问题不太具体。

研究者：后来我看到你把词拆开了？

X老师：对，我发现我这个问题只是给尖子生讲的，尖子生是可以掌握的，但是对于学习能力比较差的孩子他想不通，他也就是蜻蜓点水的一走而过，但是这样不行，必须得都掌握。我觉得应该是这样的。所以后面不断启发、引导，让他们慢慢理解，说出来，读出来。掌握最基本的。（访谈10-9-28）

2. 不同的情况，不同的评价

老师对于学生的评价在课堂提问策略中是非常重要的部分。但是老师的反馈是没法全部预设的，即使有所预设，学生的变化和课堂的变化使得这种预设经常起不到多大作用。因此课堂上老师根据课前的"心案"，在不同的情况，采取不同的评价，产生不同的效果。下面的三个评价，情况各有不同，因此老师临时调整决策，为自己所认定的相关教学目的服务：

【案例1："隆重"地表扬】

下午学生都困了，又赶上一节说明文的课文，老师提了几个问题，学生回答的积极性都不高。这时老师又叫了一个男同学，他读得非常好，老师在全班"隆重"地表扬了他，接着说"王翔宇读的非常好！感情非常的饱满，仿佛从他语言中看到了×××的风光，谁愿意和他比试一下？"一听到这个平时不怎么样的学生和他比试，学生们的好胜心被激发起来，我看到除了个别同学，同学们都举手了，争先恐后地把自己的手尽量伸到老师可以看到的范围之内，我旁边的女生很胖，一般不站起来回答问题，但是这个时候我注意到她在最后一排，几乎站了起来，目的就是想让老师叫她回答问题，可见学生们并不是不活跃，而是老师在评价中应结合问题的难度、课堂的气氛和学生学习兴趣做出合适的调整和选择。（田野日记10-9-28）

【案例2："叫一个从不回答问题的同学"】

研究者：我注意到您在提问时说了一句话，就是"叫一个从不回答问题的同学"。您当时是怎样想的呢？

F老师：我就是觉得应该让每个学生都有机会回答问题，因为课堂是面向全体学生的，老师的提问要顾及个别的学生，虽然这也挺难做到的，因为学生太多……我看那个学生平时很少回答问题，那个问题并不难，所以我就觉得应该提问他，他应该能够回答上来。这也给予了学生信心。（访谈10-9-1）

【案例3："并不是每个回答都需要评价"】

研究者：您让孩子根据收集到的资料来讲一讲维也纳的音乐家，我注意到有一个孩子他没看参考书，但是讲了贝多芬身残志坚、追求梦想的故事，但是您并没有给予过多的评价，您为什么这么处理呢？

Z老师：那个学生说得很好，但是据我所知，这个故事大部分学生都听过，所以我就没有特别地表扬他。这会给孩子传递一种信息，无论我怎么回答，即使说别人都说过的，老师一样表扬我。其实这是不对的，我鼓励孩子应该有自己的东西，就是和别人不一样的想法。你讲这样一个故事，那好，我就准备另外一个。另外课堂上时间有限，我不可能花很多时间去评价。反倒后面有一次在升国旗仪式的时候听过这个交响曲，我提了一下，让学生们回忆感受一下，有的学生回答得很好，很用心，我表扬了。

Z老师：目前我是这样想的。其实我以后还要找这名回答问题的同学课后唠唠，我也想想怎样做对。（访谈10-9-2）

（三）采取补救措施，避免课堂"遗憾"

课堂决策中不可避免出现失误甚至是遗憾。这可能是由于教学计划实施过程中主客观发生重大变化造成的，或者在课前预设时把握不准确，对学生了解不够充分，或者是课堂上与学生互动、交流中，反馈的信息发现课堂教学存在的"盲点"。这时就需要一种修正性的决策，在对原有决策的原因、环境、主客观条件等进行客观分析后，放弃或改变原有计划，采取补救措施，不留课堂遗憾。我们可以看看以下的课堂实录和访谈资料，从中可以看到老师们修正决策，进行补救性决策的不同想法：

1. 通过提问发现学生知识盲点

老师采用补救策略，调整预设很重要的原因之一即是通过课堂提问发现学生知识的盲点。通过提问的一问一答中可以考察和确认学生的掌握程度。例如J老师就谈到面对新接手的班级，在其预设中原本以为学生知道的知识点却存在空缺。此时稍微调整下原有计划，临时补充和渗透，并将其作为日后课堂决策的依据，接着在后续教学中不断着意渗透，直至学生完全掌握。下面的访谈就说明了老师的想法：

研究者：这个修辞学生原来学过吗？

J老师：没有。

研究者：那你这个实际上是语法的第一次渗透？

J老师：我估计可能有的孩子知道，因为我问过，有的孩子知道什么是比喻什么是拟人，但是从来没有系统地讲过。

访谈者：学生知道那个句子是比喻，但是他不知道什么是比喻，也不会使用。

J老师：对，所以还得讲，而且不能是拿出这个句子就给学生

讲这个是比喻，得经过几篇课文的渗透，然后才能够明白。（访谈10-9-2）

2. 通过课后测验来临时调整预设

其实课堂进行调整做出决策的根据除了观察学生的课堂反应外，课余的交流、课后的测验、与家长的沟通都能成为教师临时调整预设的出发点。这点我们可以从下面的访谈中得到印证：

> J老师：第四自然段，在这里要渗透一个排比句式，路面是用石头铺的，房子是用石头盖的等。我也是通过考试才知道孩子们以前没有学过排比句，讲到这儿我想应该再着重强调一下，弥补这个遗漏。
>
> 研究者：以前的课文里没有吗？
>
> J老师：我觉得肯定是有的，但是以前的老师可能没有渗透到。
>
> 访谈者：如果说，您没有通过考试或是其他方式知道孩子们原来不知道这个排比句，您就不会在这里渗透了，对吗？
>
> J老师：嗯，就一句话带过去就行了，比如说这句话使用了什么修辞方法。然后这一段还有一点就是动词的使用，比如砌、盖等，这几个词在生活中我们可能都说过，然后让孩子们分析一下这几个词可不可以换一下顺序，一换就乱套了，为什么不可以，然后再让孩子们说一说这几个动词用得好不好，好在什么地方，盖、砌、垒这几个动词有什么不同，然后分析一下这几个动词。（访谈10-9-16）

因为是新接手的班级，J老师认为开学初的这段期间非常忙碌，也是关键的阶段。老师除了完成既定教学计划之外，还要在较短的时间内充分掌握学生的学习程度和基本情况，随时需要因"查缺补漏"而不断调整预设。在课后我看到老师的教学反思中这样写到：

> 在描写山村是石头村时，作者运用了四个十分恰当的动词，在教学中，我采用了将动词对换，让学生思考可不可以，学生们通过自己的生活经验和对动词的理解，较好地表达出了不可以调换的原

因,体会到了动词运用的恰当性。本来想用一节课的时间学完课文,但是由于课上的实际情况,并没有讲完课文,但是还是很值得的,因为在课堂上根据学生的实际情况进行教学,随时调整自己的教学计划,不正体现了学生的主体性吗?课堂是学生的,就应该还给他们。(反思10-9-16)

3. 依据早自习的交流临时调整预设

今天上午的第一节要听M老师的《拼音复韵母ou》一课。集体备课和昨天M老师的个人备课我都参加了,因此对老师的安排和设计有了基本的了解,但是课上还是发现与老师处理不一样的地方。这些并不是生成的东西,而是老师基于预设临时改变了一些。对此,我十分想了解老师改变的原因,当提及这一问题,M老师认为是依据今天早自习发现学生的情况,从而将昨天的备课内容进行了调整。

研究者:这节课跟备课时很多安排是不一样……

M老师:有时上课也是根据情况,我在早自习时发现他们这块儿有点费劲了,今天课上就多用了一些时间。所以讲述新知识就有点匆忙了。

研究者:这样不就耽误新知识这块儿了?想过怎样处理匆忙后的补救?

M老师:刚才说讲新知识有点匆忙,那下节课会再强调,不会不管,就漏了,就像我今天讲新课时,反复地复习。复习、扩展、训练,又打下基础。

研究者:那这样循环,不就又要压缩新知识的时间吗?

M老师:那我就不新授课了。

研究者:不会影响到进度吗?

M老师:那我就根据重点和孩子接受情况进行压缩,松弛有度。

研究者:教学进度都是客观规定的,怎么保证质量呢?

M老师:只要进度完成,老师再根据学生情况进行调整、补充,比如,自习,额外对学生进行补课,就是这个原因了。(访谈

10-9-14）

（四）导入方式的多元尝试

其实老师们在课堂中并不愿意一成不变，他们在所能控制的范围内也喜欢新鲜和尝试，尤其是对自身专业发展有所规划、对教学富有责任感的老师总在寻求突破，寻求创新。同样的课堂导入，这一类的教师往往根据当时的情境和临场"灵感"尝试不同的方式，依据学生反馈的信息不断修正自己的课堂导入。

1. 新课改在"悄然"影响老师

实际上证明，新课改理念在一直悄然、潜在地影响着教师的教学。本研究发现导入和结课一般都是老师预设好的，是经过精心设计的。所以多半都是执行原计划即可完成教学任务。但这并不意味着没有老师愿意采用不同的策略安排导入，也会依据学生情况和情境产生不同的想法，调整导入的方法。J老师就谈到他以前的课堂和最近的课堂在处理同一篇课文时采取了不同的导入：

研究者：为什么临时改变了导入，我记得备课时好像不是这么导入的？

研究者：从"小"导入？

J老师：嗯，好像是从"小"导入的，就是题目中为什么说是"小小"的山村呢？然后同学们就猜了，可能是写的这个村子比较小，然后这个小，其实也体现了作者对山村的一种喜爱之情，然后我们就来看看这个课文中是如何体现这个山村是一个小山村的。

研究者：那你现在觉得这个方法比原来那个方法更好一些。

J老师：现在觉得实际上……

研究者：实际上更切合新课改一些。

J老师：对，让孩子们去说自己的一种感受比较好。（访谈10-9-16）

2. 预设不同备选方案，依情况随时决策

在我的研究伙伴中有一位S老师是一位不喜欢循规蹈矩的人。他喜欢不断尝试用新的方式打破自己以前的做法，课堂上的决策依据，最关注的是如何调动学生的学习兴趣和积极性，用最朴素的一点概括出他的行为：乐于思考教学。在与其交流中他谈到他最喜欢挑战自己，总是发掘新的方式给课堂带来不一样的东西。对于相对固定的导入，他常常在预设中准备不同的备选方案，实际教学中则依情况随时选择不同的导入方式。下面的访谈他清楚地说明了这一点：

研究者：我看你的导入是从了解作者开始的，这个跟你的预设是一样的吗？

S老师：有些不一样，我事先准备了几种。

研究者：这么导课，除了这种方式，别的方式是？

S老师：其中一个是问题引入：大家齐读课题《和时间赛跑》，谁能提几个问题？是谁和时间赛跑，怎么和时间赛跑，赛跑的结果怎么样？学生都能拿出来，十个八个题你把它们一归纳，就围绕这几个题，把题展开，从课文中找到答案，课文就顺着讲出来了。

研究者：比较这几种方法，你还是最后选择从介绍作者情况入手？

S老师：对，因为我不太喜欢老套的按部就班的方法，一般自己用过的方法就觉得不新鲜了，不想用了。另外，高年级学生，你给他们讲作者的情况，也是一个榜样的作用，渗透情感价值观……

研究者：您具体说说您临时调整的想法？

S老师：作者的生平、家庭情况、著作产量等，这不我们刚学过通过列数字来说明问题，新知识和旧知识都能串上，学生也便于理解。一百多部书足以说明，学生也都答出来了。我觉得这样呢，孩子的心灵多少还是有一点震动，哎呀，一百多部书，林清玄这位作家真了不起，他一定会这么想，所以我觉得这样比问问题的方式更好、更生动、更能吸引人，你说是不是？你说结合课题提出问题，你说谁提不出来？谁都能提出几个来。

研究者：是，还有你说的这样可以触动学生的心灵。还有您准备的另一种导入用中心句切入课题："假如你和时间赛跑就能成功"，刚开始就分析这个句子，导完课就分析这个句子。

S老师：对，这也可以，我也愿意这么讲，这么讲能吸引学生的兴趣，你要是平铺直叙，按照时间的顺序，他外公去世了，然后悲伤什么的……

研究者：基本上老师都会这么讲。

S老师：对，但是我觉得这么讲太枯燥无味了，调动不了学生的那根兴趣的神经。

研究者：你一开始就能打动他们。

S老师：对，这样的话我就抓住（学生的兴趣点）了。（访谈10-9-17）

（五）弹性安排教学进程

在备课的时候，老师们都会对课堂进程进行一定的安排，有的具体细致，有的制定大致框架。但是实际的课堂情境中发生什么都是可能的，老师的预想与实际情况往往产生差异，如果不弹性灵活地安排教学进程，合理调控教学时间，很可能导致一堂失败的教学。尤其当老师以学生为课堂决策考虑对象时，都会细心留意学生的反应，迅速诊断学生的表现，充分利用课堂信息，从而及时、合理地调控课堂教学进程。例如课堂时间的控制，教学环节的安排等无一不体现教师弹性安排教学进程的思想。

1. "多用了5分钟"

研究者：我注意到您上节课多用了5分钟吧？

X老师：多用了5分钟。

研究者：那您觉得这个时间安排上是不是？

X老师：时间安排上这个问题在哪儿呢？一个是孩子进教室，先背首古诗，已经有点耽误时间了。所以我认为这课吧，对孩子来说比较难一点，读起来挺拗口的感觉。

研究者：如果这多出来的5分钟，下节课时间比较紧或有其他老师来上课的话，您会怎么处理呢？这5分钟不可能不讲吧？

X老师：不可能不讲，因为这节课到结尾基本上完了，我不想戛然而止了，我不可能这样做。因为你看那天你听我的课，我还提前完成了5分钟，那我觉得有必要的我就得讲下去，即使是5分10分，你这不是说在这儿拖拉或者怎么的，如果说你讲完了，你就不应该生硬地再去加一些内容，那也没有意义。

研究者：下节课还是您的课是吧？那如果下节课不是您的课呢？

X老师：不是我的课，这节课我就不上了，就是检测回家留作业。我就不用这5分钟领着他做练习了。练习为啥领着他做，因为上课时发现学生出现有理解困难的地方，我可以领着他们把握一下。另外一个课后题，我也可以不领他们做了，因为课后题我在课堂上已经讲过了。比如这个古诗和《孟加拉风光》（课后阅读），古诗学生必须背下来，这个是积累，《孟加拉风光》其实完全可以让他们下去自己读。（访谈10-9-7）

我在研究中发现一部分老师对课堂进度的安排其实是比较自由和开放的态度，不太愿意受限于学校规定的那个安排。他们认为上课时间的长短以课堂任务是否完成为依据，以学生学习需要为中心。这一方面说明老师视课堂为体现专业主导的地方。但是拖堂现象是不被大多数学生所接受的，这从另一方面体现了老师对课堂主导权的控制。

2. "你不能拘泥于它，人是灵活的"

研究者：老师您是根据什么来分配一节课各个环节的时间？

S老师：具体的就是量化按分钟来计算，因为一节课40分钟，量化来说不能说就一分钟，如果学生要发言一分钟没说完能打断他吗？一般不能。但是作为教员一定要分清哪是重点，应该多说几句。哪是次要，你要少说点。学生要能说的话尽量让他说一点。

研究者：超时了怎么办呢？

S老师：超时那就下节课接着讲，再说一说。

研究者：每节课有每节课的教学任务啊，比如这节课必须得完成这些任务……

S老师：你不能拘泥于它，不能让它限制住你，人是灵活的，可能这节课我讲三课时半，下堂课我就讲两课时半。

研究者：哦，不行的话再通过下节课补？

S老师：对，再补一点。但是那节课不一定就三课时，我觉得像《落花生》就很简单。虽然含义很深刻，讲了很多做人的道理、人生观、价值观，但是毕竟篇幅很短小，要是安排三节课时就太多了。别的课我可以讲四课时啊，然后这个我就讲两课时。

研究者：或者你觉得其他课文多讲点儿能带给学生同一个思考，带给学生更多东西。

S老师：对。

研究者：自己做取舍，老师我觉得您自主性其实很强。

S老师：嗯，应该有一点自主性，不能说课课都是这样，但是根据某一篇文章或是学生的特点，根据他们的阅历、生活、经验，自己应该掌握、取舍。

研究者：所以说有个学生特别想回答，但下课了，那您继续让他说吗？

S老师：尽量让他说完，一定要让他说完，压堂一会儿也无所谓。给大家一个完整的印象。

研究者：那不会因为有这些事情发生就会影响您这节课的教学呢？

S老师：一般不会。自己会掌握。（访谈10-6-15）

（六）适时变换教学方法、灵活安排教学活动

在与教师们的访谈中发现，在预设阶段教学方法、教学活动的设计是老师们非常关注的部分，尤其是低年级的课堂教学中有趣、切实的小活动是非常受孩子们欢迎的，其课堂教学效果也是十分显著的。但是在具体实施的课堂中，这些预设的"方法"和"活动"很可能会变形、失效，这是需要教师根据孩子们的实际反应和具体情况适时变换、灵活安排的。从下面的几例访谈资料中就可以体会到这一点。

1．"由'读'调整为'写'"

这节课老师根据学生读错的情况，由"读"调整为"写"，加深学生印象，突破知识难点。

研究者：最后这块儿吧我也没听到下课铃，我为啥设计这个写呢？你让孩子读都能读，但有的会读错。你看第一个孩子就读错了，我还挺感谢他读错的，因为给了咱们一个机会……

研究者：提醒其他的学生。

L老师：对对对，点他一下，然后孩子也知道怎样读了。最后环节我给孩子写，其实写呢也是临时加进去的，因为不知道他会不会写，就按照这种顺序写，你读的顺序写，结果有的孩子上来就是"极乐世界"，完了什么什么……我后来一看错了又改过来了。我这后边都是随即又想上去的。因为这个对联，你看课后他要求背一背写一写，就是要求你背诵并默写，所以我就把它加上去了，就这样。（访谈11-5-4）

2. 过豆腐节

G老师曾经和我提起她的一堂课《豆腐颂》，对于豆腐同学们太熟悉了，老师在提问中发现自己预设的讲法学生根本不感兴趣，就索性即兴安排过豆腐节的环节。下面的资料就提及了这一临时安排的教学活动：

G老师：我就安排一个环节，至今学生还能提起来，所以我觉得当时的决定是对的。

研究者：您给我讲讲？

G老师：就是让学生起很多豆腐菜的名字，给你自己知道的豆腐菜起一个名字，例如，"荷塘月色"就是白菜豆腐上那个花，就是胡萝卜穿插做的一个菜。我就觉得讲这样的课堂能没兴趣吗？所以给你的感觉就是他学明白了。

研究者：通过这些来判断？

G老师：根据课堂上的表现状态、积极的程度，学生都积极、跃跃欲试，那你说他能没学明白吗？

研究者：我一示意学生他都懂，这样的一个状态，就是这一课的目的达到了？

G老师：然后你把基础知识好好练一练，之后怎么能没学好呢？

G老师：这个其实就是说，你上课的时候就应该有一种感觉，俗话说得好"跟着感觉走"，就是大家学得很主动、很积极，发言又很热烈，甚至在一个问题一个难点上还有争论。那你想想，这样的课堂，学生能不会吗？所以自我感觉学得很好，大家很爱学，还是讲课不错，学完了大家很高兴，都能说出那么多豆腐的名字。（访谈11-2-28）

3. "适合这节课的才是最好的"

老师们都能意识到适时变换教学方法、采取一些小活动会带来诸多好处，但是正如F老师告诉我的："适合这节课的才是最好的。"他丰富的教学精力使得她对于这个问题有自己的见解："其实教学方法多种多样，并不是每节课都是单一的。要依据教学情况选择适当的教学方法，适合这节课的才是最好的。比如说《喜爱音乐的白鲸》让学生更加了解白鲸对音乐的情有独钟，那么教学中我即兴安排采用小组谈论的形式进行。而对于《地震中的父与子》小组讨论则不可。比如说学习《长大后我就成了你》与音乐课整合，边学习歌曲，边学习课文，学生的领悟也会随着音乐有所提升。这样做的目的就是更好地达到教学目标。"（访谈10-7-2）当提及随机运用多种教学方法灵活穿插在教学过程中，他坚定地表达了自己的观点："例如说一般运用讨论法是这个问题并不是是非问题，而且通过各抒己见能够让大家产生思想碰撞，进而产生更深刻的理解和认识。遇到这样的情况我会让学生进行讨论。像《揠苗助长》中农夫在田里劳作了一天，回到家他会对儿子说些什么？通过大家的讨论，对于农夫那种愚蠢而又自作聪明地向家人炫耀的情形，学生描述得更加丰满了。"（访谈10-12-3）

课堂教学是一个动态的过程，教学任务的达成不可能完全按照原计划来进行，要保证教学目标的顺利实现，必须根据实际情况进行有效的调节。课堂上教师艺术地、有效地调整预设来推进教学过程，某种程度上就是不拘泥于先有设定的固定不变的程序，就是在处理线性与非线性的关系，就是在课堂教学过程中"根据学生学习兴趣、学习状况，对原有教学预设进行调整，即通过对教学手段、教学流程等的适机变更，来保证教学目标的达成和教学任务的完成"。[①]

第三节 超越预设的生成类：处理生成的课堂教学决策

所谓"生成"，首先从词义上说，是德文"Werden"的意译。从黑格尔的逻辑学范畴看意即发展和变化，《辞海》对"生成"的解释为"变易"。由于它是新课改所提倡的与预设相对应的一种创生、建构的教学观念。因而，课堂的"生成"是对"预设"的修正和补充，更是对"预设"的一种批判和超越。从赫尔巴特的"五步教学法"到苏联"五环节课堂教学法"再到系统教学设计观的引入，我国课堂教学因长久以来追求计划性、预设性和规定性，而受到后现代课程教学观的批判。随着新课改的深入人心，"生成"的概念逐渐融入课堂教学实践中，"生成"越来越成为我国教育界的共识："教师和学生是灵动的生命体，课堂教学是师生共同的生命价值实现历程，一个具有活力的课堂总是在动态中生成的，丰富而多变的教学情境中常会有预料不到的现象产生，要从生命高度用动态生成的观念重新认识课堂，焕发课堂教学的生命活力。"[②] 正如 A 小的 J 老师感受课堂中的生成所言："其实有的时候，你备课备出来的东西，跟课堂上不一定完全的匹配。因为你备课备出来的东西，毕竟是死的东西。而且是你老师一个人……就即使你有预设，你考虑到这么多人，这么多小孩儿。那回过头来，你真正在课堂实施过程当中，你面对的是活生生的一个一个的孩子，他们的想法你能够提前预设一些，但不能完全地把他们的想法复制。所以在课堂中我遇到的这个情形，可能在备课过程当中，这个可能就是我的一个教学目标，哎，我觉得这个很难，孩子们掌握不了，我把它定为一个教学难点。但是你在上课过程中，发现孩子对它很了解，它已经不是难点，那你就应该转移。在课堂上就是说……怎么说，语文教学，或者说语文老师对于课堂的把握程度，或者说这个一堂课好不好，好在哪儿，其实就是课堂

---

① 刘本武主编：《小学语文新课程教学法》，首都师范大学出版社 2010 年版，第 168 页。
② 叶澜：《让课堂焕发生命的活力》，《教育研究》1997 年第 9 期。

的一个随机性好不好。"（访谈 10-6-11）

可见，"生成表现在课前，是教师的'空白'意识，给教学活动留下发挥、拓展的时空；生成表现在课堂上，是师生教学活动离开或超越原有的思路和教案；表现在结果上，是学生获得非预期的发展"。[①] 所以，"生成"充分体现了教学过程的丰富性、开放性、灵活性、创造性和艺术性。但是关注"生成"并不是舍弃预设，没有预设的全面思考和周密设计，哪有课堂的动态生成和意义建构？所以"生成"是对预设提出的更高的要求，是超越预设的智慧和技巧。一位对课堂教学生成问题深有感触的 F 老师即认为：

  在预设过程当中你可能会想到，他这篇文章的结尾是属于开放式结尾，小孩儿他在描述过程当中或者是在讲解过程当中，它能够生成的有几点。我可能想到的是四点，或是四个结局或五个结局。但是回过头来真正在课堂上跟孩子互动反馈回来的信息要远远超出你的想象。就可能你想到的那个他不会说，因为老师他的这个认知水平跟小孩儿是不一样的，对，往往有时候孩子他的想法咱们想不到。有一些预设不到，但孩子能生成的，就是这样一些东西……（访谈 10-5-24）

实际上在教学世界里，生成与预设是交织、共存的。课堂上既要维护预设的科学性、概况性、确定性，又要关注学生思维的抽象性、复杂性、动态性。新课改下教师有责任不断地留意学生的变化、反应、状况，对此做出积极的反馈。教师有义务去面对、珍视学生的非预期的反应，适时、敏锐地捕捉教育资源和教育契机，合理、自如地应付教学过程中产生的这些"创生"。诚如苏霍姆林斯基说的"教育的技巧并不在于能预见到课堂的所有细节，而是在于根据当时的具体情况，巧妙地在学生不知不觉中做出相应的变动"。[②] 就如 W 老师认为的："现在对孩子、对文本的解读个性化更强一些，允许他有这样的个性化，只要他不

---

① 余文森：《论教学中的预设与生成》，《课程·教材·教法》2007 年第 5 期。
② ［苏］苏霍姆林斯基：《给教师的建议》，杜殿坤译，教育科学出版社 1984 年版，第 72 页。

违背道德的这个要求。他有自己的想法是很好的，而且在课堂上是鼓励这种想法，因为他的这种思维越活跃，他的开放性就越强，他的思考空间就越多。这样对尤其是……我感触最深的就是五年级的孩子，就三四年级的孩子可能不太大，你给他几个预设他基本上就能按照这个来进行。等到上五年级以后他的想法越来越多，你的预设已经不能够把他的想法涵盖住，到那个时候他迸发出的灵感，课堂上生成的东西特别多。"（访谈10-5-7）

既然生成是课堂教学中现实存在的，是新课程背景下教师应有的价值取向，教师就有责任捕捉、面对、处理好课堂中的生成，因此就体现出教师的决策意识和水平。A校的T老师就坚定地认为："老师在课堂当中对课堂的把握、对课堂的导向、对这些出现的情况十分重要。因为毕竟一堂课四十分钟它的容量是有限的，那你去给孩子这个发展的空间，但是还是要把孩子引到这个课堂中来。而且对于高年级老师他的这种知识储备，他的要求可能更高一些。就像一个比喻似的，你给孩子一瓢水，老师得掌握一桶水甚至更多。否则的话，你给他的时候，小孩儿他往往超出你的预设，要求老师要能够驾驭好。他在课堂上生成的那个东西，有的时候你想都想不到。"（访谈10-6-14）

小学语文的课堂中充斥着变化和动态，教师处理生成的课堂决策，可以选择"视而不见"执行原有计划，可以判断是否放弃预设来满足学生的需要。可以转化意外为创造，可以决定"在课堂上以学生有价值的、有创见的问题与想法等细节为契机，及时调整或改变预设的计划，遵循学生的学习问题展开教学而获得成功"。[①] 但是只有正确判断、合理选择和有效处理生成的课堂，教师才是真正意识上的学生学习的引导者、合作者和促进者，教学过程才是教师与学生互动的建构过程，教学活动才不再单向和封闭，而是学生作为主体参与到课堂教学活动中，才可以通过课堂教学使学生增强对幸福生活的感受，使教学成为增进教师和学生幸福生活的过程，并最终为个体人生的幸福奠定基础。

（一）不曾预约的精彩

叶澜教师指出："课堂应是向未知方向挺进的旅程，随时都有可能

---

① 罗祖兵：《生成性教学及其基本理念》，《课程·教材·教法》2006年版，第10页。

发现意外的通道和美丽的图景,而不是一切都必须遵循固定线路而没有激情的行程。"① 如若把我们的课堂教学比作一次旅程的话,如果你是知识丰富、充满智慧、思维灵动,又善于发现的好导游,学生都必定能和你一起享受到一次充满"精彩"和"意外"的旅程。的确如此,课堂不是一个封闭系统,新课改下的小学语文课堂更是一个具有偶然性、变化性、不可预测性、鲜活的过程。即便老师预设再充分也不可避免不曾"预约"的生成。这些"生成"看似突发的意外,却是课堂中不可多得的资源。如果老师以一种积极、合理的方式来处理,可能会给课堂带来意想不到的效果,演绎"不曾预约的精彩"。下面的访谈资料中老师们都谈到了"遭遇"不曾"预约"的课堂生成情况,从中我们可以窥见教师们面对"此情此景"所做出的课堂决策。

S老师:比如在教学《桂林山水甲天下》时,有的学生就说,老师,那儿根本没有写的那么美啊?

研究者:很多学生都去过桂林,所以现在的学生信息渠道比较多啊!

S老师:对,学生的信息来源很多,所以作为老师就更应该以别的方式来吸引学生的注意。

S老师:这时候我就会告诉他,在当时来看,中国的文化遗产,比如说九寨沟,那是现代人把他挖掘出来的,并进行了一些修缮,但桂林山水是在一九六几年写的,那个时候的人对桂林山水就有这样的热爱,祖国的大自然的美丽景致。在今天你看来肯定会有一些差距,但是毕竟只有这里才有象鼻山。每个地方都有它不同的景致,所以你应该用心去观察、体会、热爱。当别人问你去过桂林山水没有的时候,你说去过,并且能够描述出它的景致。

研究者:您这就是教学机智吧。

S老师:这可以说是一种教育机智、教育升华,或者是一种驾驭课堂的能力。我认为教师应该具备这种能力,既然学生已经提到了,那么老师就应该根据自身的阅历给学生进行解答。更重要的

---

① 叶澜:《让课堂焕发生命的活力》,《教育研究》1997年第9期。

是，通过解答对学生进行爱国教育，让其热爱祖国的大好河山，以及正确的价值观。特别是高年级学生，比如说桂林山水，即使是今天，它仍然是一个好地方，是旅游胜地，即使因为气候原因它可能受到一些影响，但仍然很美。

研究者：结合到事实的问题。（访谈10-7-2）

面对这种课堂教学中的生成，S老师视学生是学习的主人，新课改视课堂教学过程为师生积极互动、共同发展的过程，引导"非预期"转变为激发学生自豪感、热爱祖国的有利资源，让我们的课堂更多地呈现出一种开放与生成。同样的问题，不同的教师反应不同，但是他们都能及时"抓彩"随机应变，让课堂突破"意外"，上出"精彩"。L老师也谈到了他的经历："不，这种时候我是不会让他坐下的，因为他有的时候说的驴唇不对马嘴的，瞎说一气，根本不是你那个问题。要是我的话我肯定不会像他那样。我肯定会告诉他：这不恰恰揭示了文学和生活之间的差距吗？嗯，事实也是如此。一样的东西在不一样的人眼里，也许有不一样的感觉。让杜甫看见了就是什么'感时花溅泪，恨别鸟惊心'……这就是文学的特点在这，它就是对生活做艺术的处理。生活艺术化。它不是来源于生活，高于生活吗？所以我们要学习这篇课文作者的写作……你要这样引导他，告诉他一个正确的价值观。"（访谈10-5-6）

但是，我们应看到，应对某些孩子生成的问题，教师不能简单地用"顺水推舟"的方法，一味肯定学生的生成，在顺学的同时，更要注重导学，只有将"顺"和"导"有机结合起来，才能实现课堂效益的最优化。

F老师也告诉我这样一种精彩的意外："有一次我在教四年级的课《桂林山水甲天下》，那篇文章写得很美，其中有排比段，写桂林的水很静啊、很清啊、很绿啊，特别美。我就让孩子谈谈读了这段文字有什么感受。有的孩子就感受到桂林的山水很美，有的小孩儿感受到，我都想身临其境啦！那我们班就有一个小孩儿，他当时说的一段文字让我就特别吃惊，桂林的水静，静如什么；桂林的水清，清如什么；桂林的水绿，绿如什么。就是他把自己的感受放进去，仿佛又变成了一首小诗。

那个时候是四年级，那已经很厉害了，在当时我一听，哎呀，一下就把我给镇住了。这其实已经是一种创作了。我当时就孩子听完以后马上给他鼓掌。后来我说他的文章这个可能后边有署名，你把这几句话记下来，后边就署上你自己的名字，这就是一首很美的诗。学生特别高兴，后来学校的作品里还陆续有他的诗。就是受到激发，受到鼓励了！那是很有成就感的。还有就是教五年级的时候，教的是《论语》《论语四则》，其中就有几条就是小孩儿……因为我带孩子……我在四年级的时候带他们背过《弟子规》里边的一些内容，所以等到小孩儿五年级学这个《论语四则》，他就能够以类似于以诗解诗的方法，就是以他学过的《弟子规》中的一句去解释《论语》当中的一句。说得非常好，什么'见贤思齐，见不贤而内自省也'，这是《论语》中的诗句，他反过头来用《弟子规》中的一句同样的言论去解释这个，特别有意思。"（访谈10-6-3）

在不少的语文课堂中，往往存在着教师害怕"生成"，不敢生成，甚至处理策略不当的问题。在对生成资源进行有效利用的过程中，教师要提高课堂应变力，随时捕捉学生的疑问、想法、创见等精彩瞬间，因势利导，充分利用生成的资源，把师生的探索引向纵深，使课堂产生新的思维碰撞和交锋，从而有所拓展、有所创新。就像F老师讲到的："小孩儿挺讨人喜欢的，我也挺喜欢的。说实话，老师有的时候一些想法或者说一些做法，时间长了就会费尽，但是一批一批孩子永远是新的。他的那种想法永远是创新的，所以往往有的时候教同一篇文章，所得到的答案完全不一样。可能那个孩子说的'静如什么''清如什么'，我可能也会想到'静如……'引导他们去看这个排比句，很美。但往往可能就不是……小孩他也有诗意吧，写出这样的东西。其实反过来小孩儿也传递给老师一种信息，也让老师不断去改变自己的语言风格或者教法，对他们也是一种无形的……影响，就是教学相长吧。"（访谈10-6-3）"教学相长"的核心在于老师，因为学生的"学"是在教师的"教"的基础上进行的，而学生的"学"也在影响着教师的"教"。这次合理的决策是教师自身对日常教学经验的总结与提升，所以"以教助学，以学促教"，关键在于老师的态度，老师的判断和决定是什么。

不同的老师对于一堂成功的课定义各不相同，但有一点是肯定的，不能压抑学生的生成。既然生成无可避免，老师应该采取什么样的态度来对待，是直接忽视，是准确判断，迅速拿出解决方案，还是马上明确改正，或者巧妙化解……这才是更重要的。观察一位名师的课堂，我们会发现，课堂上最精彩的一幕往往不是他的预设师生配合得多么天衣无缝，而是出现生成时巧妙地化解和无声的教育。这从 J 老师的讲述中我们得以了解：有一篇文章……嗯，《病房里的故事》，就是一个小男孩儿，他得了绝症，另一个孩子是室友。那个孩子离窗户近一些，另一个离得远一些。离得近的那个每天给离窗户远的那个病人叙述春天来了，外面是什么样的，夏天、秋天是什么样的……在他的帮助下，那个病人的心中充满了温暖，充满了爱。所以他的病情一天天好转。而在这个窗边的孩子他最终死去了，当那个孩子搬到窗边的时候，外面其实就是一堵灰灰的墙，什么也没有。那回过头来，你怎样去看待每天为别人叙述的这个孩子？咱们成人觉得他很伟大，对吧？每天去为别人叙述，有的小孩儿就觉得他非常的愚蠢。你可以告诉他事实啊，你干吗每天去给他讲这些事情呢？这就是小孩儿的（想法）。我们可能在预设的时候……哎呀，把孩子之间的这种关爱、朋友之间的关爱传递给每一个人，或者把他这种伟大的付出传递下来。回过头来你想一想，孩子在课堂上说"老师我觉得他很愚蠢"，那遇到这样的事情怎么办？你是接着完成你那个目标——"好了你坐下吧，别的孩子你说说"，"啊，他很伟大"。那这节课也可能了事，但对于那个孩子来说，他永远意识不到我们的那个想法。倒不是说涉及对与错的问题，但是这涉及孩子道德观的问题。那这个时候你就不可能去研究原来的教学目标了，你也应该转换一下。好，别的孩子你听了他的想法，你有什么感受？就让他们同伴之间……互相影响。就不用老师说"你这么想是不对的"。老师一句"你这么想是不对的"，四五年级的孩子会说"你说我不对我就不对吗？我就这么想"。他可能不这么表现，你说完他可能不管。或者你经过这么一次，说"你这么说是不对的"，一下打击了他的课堂积极性……下次你再调动……下次我不举手说，省得你说我不对，甚至还在下面和同桌说。……所以这个想法就特别多。就这个课堂的生成性，这种临时的教学目标，其实太多不好，因为刚才我们提到，把握起来，有对的，但毕竟还是有错的。那怎样让他在这个过程中尽量避免错误的决定呢，或者说怎样让错误的决定尽量减少？那就是老师考虑的越全面，孩子他在课堂上所得到的东西越多，或者说你处理决策的成功率越大。（访谈10-7-10）

（二）"在朗读中生成，四两拨千斤"

小学语文课中的朗读是教学基本训练的内容，也是学生必须掌握的技能。但是老师通过朗读，可以起到多维的教学效果，下面的课堂实录片段中Y老师即是除了通过朗读，指导学生更好地感受课文内容，训练学生的朗读，还照顾和鼓励了不同情况的学生，激发了他们学习的兴趣和进取心。

1. 逐步递进的朗读指导

【课堂实录10-9-20】

Y老师：好，接下来谁来读一读？

（找了三个学生来读，除了最后一个同学读错一个字音，都读得很流畅）

Y老师：王成旭。（这位学生没有举手，他把这句话读了一遍）

Y老师：你读得很好，你为什么读得这么肯定呢？

学生：因为它雄伟的自然，斑斓的色彩没有……

（老师启发）

Y老师：没有可以……没有可以……和它……相比。

Y老师：所以你读得很肯定是吗？这就是你对它的理解，很好。还有谁来说？

学生：我对这句话的理解就是它的雄伟没有可以和它相比的。

Y老师：没有谁可以和它相比！所以你读读这句话，读出它的这种雄伟的气魄。

（这个学生整个句子都读得很平淡，没有起伏）

Y老师：嗯，你读得很好，但是结尾处有一点松，结尾应该是你情感的一个升华。

Y老师：好，谁还想读读这句话？读出大峡谷的这种雄伟。

Y老师：李玉。（这是一个女生，声音比较小，而且感情没有体现出来。)

　　Y老师：其实我觉得你应该把这个形容词怎么样？读的……重一点。对，所以才能让我们感受到大峡谷的雄伟以及恢宏。自己练习一下。

　　(经过老师的指导，同学们都想挑战一下，纷纷在下面大声地朗读起来。)

　　Y老师：来，这一次把两句话连起来。刘××你来读一下。(没有举手，老师随机点名。这位学生读的慷慨激昂，大气浑厚，非常好！)

　　Y老师：非常好，尤其是结尾他放慢了速度。(学生为他鼓掌)

　　Y老师：其他人还有谁想和他PK一下吗？张惠。(这位女同学也读得非常好，抑扬顿挫，感情十分到位。)

　　Y老师：读得好不好？非常好，给她掌声鼓励。(学生为她鼓掌)

　　Y老师：还有没有其他学生想要跟她比一比的？

　　(经过了同学们之前的练习，这两个读得非常好的学生示范，以及老师的激励，大家都很踊跃地举起了手，想要试一试。后来的同学读的有很大的进步，感情体现得比较到位，更注意语速和节奏了。)

　　Y老师：张雨薇读的和张惠读的你们发现有什么不同吗？就是张雨薇读的时候把声音发散出去了，而张惠是把音拢到了自己的嘴里，就是由丹田发声，把音拢在这了，不碎。

　　(以两个女同学为例，给学生进行发音的指导)

　　Y老师：大家可以练一下，重峦叠嶂……预备，起……(同学们读得越来越好，越来越有气势。这与老师在课堂上一步一步地指导是分不开的。)

　　课后与Y老师访谈中她提到：朗读和口语表达是他们班孩子比较弱的地方，这从最初老师让大家谈谈自己对句子的理解和有感情朗读，却一直没有人举手就可看出来。所以老师在知道本班学生有这两个特点的情况下，鼓励孩子起来尝试并且在这个过程中给予必要的朗读指导。课后我通过询问班里的其他同学知道，第一个学生的成绩在班里的程度属于中下等。他虽然没有举手，但是老师认为他应该有自己的感觉。据Y老师所说，让他先朗读，然后再自己表达，降低了难度，而且在他读得不尽如人意的时候，仍然给他肯定的评价，这是基于学生实际水平的一种鼓励，同时也是对后面学生的一种暗示，鼓励他们勇敢地表达自己的观点。这无疑是对后续的学生起到了鼓励的作用。其间决定选择后面两个学生是因为这两个学生是班里朗读能力非常强的学生，能够为学生们起到榜样示范的作用。由此可见，老师随机选择学生的决策照顾到了提问的层次性和全面性，考虑到了学生的实际水平状况、不同学生的特点、学生的学习心理。

2. 通过不同方式的朗读理解课文

在课堂教学不顺畅、学生产生理解障碍的时候，老师不直接告之其答案，而是通过让学生反复朗读来感受课文内容，这是临场决策后我询问Z老师的访谈情况：

　　研究者：您第一次让学生总结很顺利，第二次好像不容易，所以您让学生集体读了一遍课文，这是您临时做出的决定吗？

　　Z老师：其实这一段比第一段难概括，因为它涉及和包含的方面比较多，学生可能照顾不到那么多的方面，所以说来说去都只是他的一小部分，不全面。但是我也没有预期要学生一下就能够概括出来，如果这样的话，老师在课堂上的作用怎么体现呢？所以我让学生自由读、分句读、把内容反馈出来，这个部分体现老师的主导作用，这是必须要有的。后面就是想在我的引导下，让学生先发散然后再从课文内容中总结出段意。而且再读一遍，学生肯定会有更多的理解。

　　研究者：学生总结概括文段是从后往前的，最后才是前几自然段，其中有什么特别之处吗？

　　Z老师：其实我是跟着学生的思路走的，因为他们一上来就总结的是第4、5自然段，因为那一部分总结起来比较简单。然后前面的几个自然段比较散，不太容易总结，我就想学生先集中后分散也不错，而且他总结了后面的，又多读了几遍课文，肯定到头来对

前面的会理解更深刻，再概括起来也比较容易。（访谈 10-9-20）

3. 用朗读维持课堂纪律

从下述的访谈中我们还可以了解到朗读还可以处理临下课的"黑色几分钟"，产生维持课堂纪律、集中学生注意力的教学作用。

　　研究者：我发现讲到第四十分钟的时候，后面的学生纪律就不太好了，是因为快到中午了还是？
　　S 老师：第一，可能因为饿了；第二，可能学习的兴奋点过去了，该知道的也都知道了，老师讲得也都差不多了，感觉到要下课了，所以他们就有点要"行动"起来了。
　　研究者：但是我觉得您最后的设计，让他们读那首诗，就强迫地把他们抓回来。
　　S 老师：给他那首诗我就是让他们再高一点，再拔起来，一起读诗有点新颖，画龙点睛，是吧？
　　研究者：我就觉得您这样设计挺好的。最后朗读的那个东西，您说是以前在这里念书的学生写的名言。
　　S 老师：对啊，原来教学生写的。
　　研究者：那不是您积累的？
　　S 老师：不是，别的老师上课，写的文章里面有，我就积累了，拿来给学生用了。
　　研究者：嗯，效果挺好的。
　　S 老师：我就拿来给学生用用，知道知道。
　　研究者：您除了用这个吸引学生的注意力，进入一个高潮，一般到快下课的时候，您还用什么方法？
　　S 老师：齐读课文。
　　研究者：还有呢？
　　S 老师：让他们把板书读一读，记下来，让他们动笔。反正得动起来，不能干坐在那。（访谈 10-10-18）

课堂是需要纪律的，对于快下课的时候，学生的头脑会"提前下课"这种情况，S 老师的策略是让学生们有事情做，要么读（动嘴），要么写（动手），这样他们的注意力会"被迫"集中在课堂上。

（三）驾驭情境，适时生成

师生共同完成四字组词

【课堂实录 10-9-27-4】

　　Y 老师：面对此情此景，真的觉得语言是苍白的，所有的形容词作者也倾泻而出：七彩——缤纷、扑朔——迷离、变幻——莫测、气象——万千、目不——暇接、美不——胜收、流连——忘返、鬼斧——神工。

　　（这一环节是师生合作来说四字词语，老师说前两个字，学生接后两个字，刚开始一两个学生反应不是很大，后面都很顺畅，老师说的学生都能整齐地接上。老师这个设计一方面是检验学生对本课四字词语的理解和掌握；另一方面由于快要下课，需要用这种方式扩大课堂参与，吸引学生注意）

　　Y 老师：谁还有没有更好的词语？

　　学生：独一无二、举世无双……

　　Y 老师：还有没有？看来作者把所有的好词都用上了，在没有更好的词了。

　　Y 老师：大家一起来把这句话读一下。

　　学生：齐读。（下课铃声响）

对于这样一个师生配合共同组词的片段，课后我询问了老师这么决策的原因：

　　研究者：老师您在快结束的时候那段排比句，是学生一起完成的，和您之前的设计不同，这个临时想到的方法为什么这么做呢？

　　Y 老师：其实这个课，如果再有时间的话，我就是按照我的教案走了。但是今天这节课没有时间了，我就是临时生成了我们共同来完成最后这一部分。

研究者：我看到您最后跟孩子合作的那块儿，真的是课堂的一个高潮，但是您事先怎么知道您说的学生一定能够接起来呢？

Y老师：这个就是潜移默化的结果了，因为这个课堂平时就是这么训练的，为什么会那样，就是说这个老师和孩子有一种默契感，另外一个呢也是因为快下课了，如果你再拓展一些东西或生化一些东西，可能孩子的心已经不在这儿了。所以说必须得抓住他这个注意力，所以就是老师和孩子互动，他的心才能够再留在课堂上。要不然他肯定被外面的声音吸引走了。就必须得抓住他，这话我就故意没说，然后让他去接，有一个聪明孩子接上了，其他孩子就都顺过来了。

研究者：可以说，您觉得这个决策是明智的？

Y老师：其实这一部分还应该再找孩子读，就第四自然段四字成语非常多那一部分，因为是读的一个训练，还应该找孩子读，去体会大自然的鬼斧神工，去体会大峡谷的美，多找孩子读，但是这个结尾呢，课堂没时间了，我就说我们两个一起去完成这个读的训练，但是这样读的效果吧，有好处也有缺点，起码说你不知道每个孩子的这个程度，因为大家都在一起嘛，你也不知道他的语感啊、他的停句啊、他的感情啊，你都把握不到。所以说这两个都有利弊吧。（访谈10-9-27）

这一环节的师生合作是老师在课堂上随机生成的，一方面是在课堂快结束的时候作为一个小的课堂检验，看看学生对四字成语的掌握程度；另一方面也是锻炼学生朗读和表达能力的机会。但是由于时间问题，老师采取了师生合作的方式，老师说四字成语的前两个字，学生接后两个字。结果证明效果很好，把学生被下课铃引走的注意力再次集中到课堂上，体现了师生的默契。但是集体的合作掩盖了个体的不足，该环节的检验作用大打折扣，学生的掌握情况和表现并没有原来教学设计中的安排显得效果那么清楚。

（四）巧妙引入不同的方法

1. 训练学生表达的方法

Z老师：用一些话提示他，要他补充，让他完整地将句子表达出来。

  Z老师：这也算所谓的一个经验，比如说我刚接到一个班，这个班不爱发言，这时候老师跟他说，给他一个提示语、一个开头，然后你接着老师的话往下说，这样第一是调动他的积极性，第二是训练他的思维，第三是语言组织能力，第四是让他跟着老师的思路走。

  研究者：那会不会抑制他自己的思路啊？

  Z老师：因为他自己说不出来啊，那他要是能说出来就好了。他就是说出两句就不吱声了。

  研究者：那我明白了，你为了让他说话，你不能让他不吱声。

  Z老师：对啊，所以我为了让他说话，就对他说什么什么。

  研究者：这也和您刚接这个班有关系，可能时间长了，您训练出来了，就容易得多。

  Z老师：嗯，相对来说就少了，这也算基于学生所做的判断，一个应急的策略吧。（访谈10-11-5）

  上述访谈中其实涉及提问的艺术。学生其实是可发展的，老师需要根据学生和班级的不同特点采取相应的方法启发他们思考和回答，Z老师就用了补充的方法，他提示学生按照完整的思路将答案完整地表述出来，而不是老师一人将答案全盘托出，这样做显然有很多益处。

2. 增添文本内容，促成"水到渠成"

  课堂上的教学方式是多种多样的，有显性的也有隐性的，老师对学生课堂生成的随机反应更能体现出老师对待教学的思考和他的教育理念。所以在观察一个教师的课堂时，细节有时比精心设计的教学环节更有价值。

  研究者：您课上让学生补充课文中没有的两小段话，作为课文结尾，您为什么这么做呢？

  L老师：我觉得补上小段文字是有意义的，它让整篇课文更圆满，算是一个结局似的，而且符合我们平时讲故事时的开始、过程、结果的逻辑顺序。这样这个故事发展就"水到渠成"了。

L老师：另一方面也可能是为了留白，目的是让学生自己去想象故事的发展和结局，或者鼓励学生自己去查找课外相关资料，培养他们自己主动学习的习惯和能力。

　　研究者：增添这个，需要考虑什么问题吗？

　　L老师：考虑到难度的问题，因为二年级的学生的识字量和阅读量是有限度的，特别是在一堂课中，更是有明确的要求和标准，不能给学生很大的压力和负担。（访谈10-11-26）

3. 小笑话是调节课堂的法宝

我们的小学语文课堂其实是缺乏笑声的，也缺乏由此引导的幽默的老师。其实幽默的笑话，结合语文相关知识，结合历史知识，是蕴含着奇妙的教学效果和教育作用的。F老师曾经告诉我他的做法和经验：

> 我当时就告诉他们，他们做得好，就给他们讲一些小笑话，比如当时想起以前看过的这个西红柿的笑话。其实跟语文学科也都是有一些关系的，不是无关的那种笑话。比如说古代的这个姓氏是很特别的，你看这个南郭先生，他为什么叫南郭呀？因为他就住在他们那个地区的，那个城的南侧。这时他也不做小动作了，我接着讲，以前的城就称为"郭"。以前就没有很明确的姓氏，所以就称他为"南郭先生"。小孩儿一听特别有趣，一会儿你要认真听我还给你们讲类似的。哎他一下兴趣来了。对，他就马上被吸引到这上面。或者说以前的姓氏很有意思，就"西门吹雪"，他姓"西门"，还有就是古代的女子一般都冠夫姓，比如说丈夫姓李，你姓王，你就称为"李王氏"，没有确切的名字。那如果她的丈夫姓"西"，他姓"洪"呢？西洪氏（西红柿），就像这些都是跟学科有点关系的，还很有趣的，就都（把学生）吸引到课堂之上了。所以你看小孩儿他在课堂上这种……表面上嘻嘻哈哈，其实回过头来他静下心来想一想，这些语文的东西也是一些有趣的知识。他就觉得语文太有意思了，原来语文课堂上还能学到这么多有意思的事儿，所以自然而然就吸引过来了。（访谈10-7-6）

讲笑话的当堂决策体现了一个教师灵活而有趣的教学机智。这是由长期的教学经验和学识积累而来的，建立在对学生学习特点和兴趣的充分了解的基础上，老师有比较深厚的教学功底才能够把这种方法运用的得心应手。"会玩才能会学"，教育的目的不是把孩子培养成一个个只知道埋头计算、整天苦思冥想的知识的奴隶，而应该做学习的主人。学习是为了丰富我们的智慧，增加人生的乐趣。因此能够寓教于乐，把无形的知识藏于有形的游戏或活动之中，让学生既能体验到快乐，又能获得知识上的充实和提高，老师的临时生成的决策其实可以承载很多。

（五）评价学生的智慧：行动永远比语言响亮

新课改中对于评价体系的改革是一个重点。现在的课堂上基本上每个老师都知道要多对学生进行发展性、鼓励性评价，发挥正面、积极评价对于学生的促进作用。但落实到具体的行动上，我们看到很多老师在课堂上把"你真棒""你真聪明""你说的真好"放在嘴边。课堂上毫不吝啬地奖励给每一个学生，然而这种放之四海而皆准的表扬，这种毫无新意的鼓励是不足以满足学生自我实现的需要的。因为学生觉得每个人都有的东西，就等于无。这种浮于表面的评价不仅不能让学生体会到被重视、被认可，时间长了，反而会产生一种被敷衍、被轻视的心理疲劳，产生效果可想而知。因此，下述访谈中老师就采取了不一样的做法：

研究者：遇到这个情况，你都是给学生特别正面的评价？

F老师：对，鼓励他们去做。其实在这个过程中有的小孩儿他运用的不是很恰当，他可能觉得我认为他们俩是很对应的，那这个时候我不是过多地去考虑他说得对不对，因为他能够尝试着去用，就已经成功地迈出了一步，就已经很了不起了。他的思维的这种发展或者他能够想到这种方法我觉得非常好，我都鼓励他们去做。然后我想起我教案里有小便签纸，都很可爱，各种各样的形状，他这个写得好的，我把它写下来，我就粘到我自己的书上，写上他的名字。所以小孩儿就觉得特别有吸引力，而且特别有成就感。

研究者：哦，我的话都被老师采纳了，都被老师放到书中了。

F老师：对呀，都贴到我的书中。而且我说，当我教下一批孩子，我翻开这本书的时候里边就有你的想法，所以他们特别开心。

研究者：我觉得这比"你说得真好"这种简单的语言评价跟鼓励要……

F老师：对对，更有成就感。（访谈10-6-3）

根据马斯洛的需要层次理论，每个人都有自我实现的需要。学习也是如此，需要得到认可，看到成效，才会有继续下去的动力。对于小学生来说，他们自我认识能力和判断能力不足，学习的成效主要通过老师的评价反馈来体现。因此，老师的评价对学生的学习显得十分重要。F老师的方法之所以得到学生喜爱，在于他的做法真正让学生体会到了成功，获得了认可，自我实现的需求获得了极大满足，但是每次重复使用仍然会产生负面教育功能，因此老师在进行课堂评价学生时应灵活应对，急中生智。事后我访谈年长的Z老师，他认同F老师的做法的同时还向我介绍了自己的一些经验：

Z老师：低年级孩子总的有一个特点，不能讲总的，有些学生学得快，忘得快。也有的是，学得慢，一旦记住了，就记得很牢，掌握不一样。从整个教学上，低年级识字是重点，但是阅读也不能忽略。

Z老师：一年级刚开始那拼音也是挺重要的。就是在教学过程当中，一个是要调动学生的积极性，再一个就是教学方法。

研究者：调动学生的积极性，怎么调动？用语言？

Z老师：不能光用语言……是从方法上，采用各种不同的方法，能够让他有兴趣的。

研究者：有兴趣？我看你给回答好的孩子贴贴纸。（笑脸的小贴纸）

Z老师：小组评分，个人批评表扬，表扬，给些吃的：能量棒、小糖块，还有巧克力。低年级学生需要一些外在的刺激激发积极性。

Z老师：我要假装生气，他们呢就怕了。

研究者：您这是糖果加大棒啊。

Z 老师：得这样，光表扬不行，光批评也不行。孩子是表扬、夸出来的。（访谈 10-6-4）

（六）不能避免的遗憾

其实课堂决策不可能像课前预设的决策有充分的时间、条件来准备、来验证，往往决策也就是那么一瞬间。这样经常会留下一些失误或者遗憾。不少老师感叹，课堂教学是一种遗憾的艺术，"非常完美""尽善尽美"的课堂往往可望而不可即。N 老师的一次课堂中出现生成但没有被解决、没有处理好的决策，从而留下了遗憾。课后，我就此访谈了 N 老师，他也很坦诚地承认了自己的遗憾：

研究者：刚才在课堂中"谜"字您也不知道？

N 老师："谜"字我也整蒙了，迷宫应该是走之旁的迷，谜语就应该是带言字旁的谜。所以我当时确定不了，但是字词还没处理完，我就过去了……所以课堂是生成的，有许多随机应变的东西，有的时候可能也会出一些错误，像迷宫的谜应该是这个迷，但也是我后来才反应过来的。一般情况下，我们班小孩儿遇到问题是首先自己查字典，因为你看这个"禅"到底是什么意思，咱们平时好像明白，但是用自己的话语解释不出来什么意思。所以说即使……其实我也不明白（笑），就赶紧查字典，一查字典，啊，就是思索什么的。这个就是得靠老师还有一些应急性在里面。（访谈 10-6-24）

事后我与 Y 老师商量遇到此类情况的策略，他结合自己的教学经验告诉我：

因为现在课堂变化的东西特别多，一次"师"字部首，有学生提出了疑问。在我印象中像'帅'部首都是一竖一撇。但既然孩子提出来了，因为他们手里有一本通，而且他们有过预习，查过偏旁，不查偏旁，预习任务就完不成。而且我们班那个男孩总爱提不同的意见，他挺聪明的，他只要提出了，肯定有点依据，所以我就

让学生当堂查一下字典核对一下。(访谈 10-6-25)

课堂上 Y 老师抓住生成,让学生当堂就查字典核对,完成了识字任务,我觉得老师这样很认真、坦诚且可贵。课堂教学多少会留有遗憾,何况是临时生成而出现的一些问题,我们不能对老师求全责备。其实看到自己没有把握好,没有处理好的决策,有的老师感触不深,但更多的老师心里其实是难过的。年轻的 G 老师就在一次课后反思中记录她的遗憾:

> 我自己觉得失败了。其实语文教学中就会出现这样的情况,就是这堂课你有遗憾。如果这节课没有结束,可能在下堂课之间,再重新补救。但有的时候,就是已经晚了,没有办法补救。你上到第一课时还好,第二第三课时还可以补救。但是有时就是已经结束了,已经完结了,回过头来我还想:带着孩子再把这篇文章梳理一下。即使你做了,效果也不好。因为毕竟小孩儿对新的东西是非常喜欢的,就像小孩儿为什么不喜欢期末复习,平时授新课的时候,他都很开心地去做。一到期末复习的时候,他就不那么用心去做,或者有时候听课状态很懒散。因为他接触新的东西很新,回过头来这个东西已经讲完,你想再把这些内容重新给他,他就会说"老师,这上过了,不是?"就不会去听,上课效果也不好。课堂当中还是会存在一些遗憾。只能是在下一节遇到同类型的课弥补了。就想以前像这样的情况我出错过,这次我就知道怎么去处理了。课后的反思总结就很重要了。(G 教师反思日记 10-3-3)

其实把握生成、驾驭生成、合理决策对于老师们是个逐渐积累的过程。一位老师就结合他的经历向我娓娓道来:

> 我感觉我在上一二年级,上青蓝工程备课的时候,我一个字一个字地写,包括我现在上课的时候,我也……就是……要上公开课啦,我也会把每个字都写下来,甚至于我说每一句话我都给他写下来。但是一二年级你就按照你说的那句话,他就像一个框子一样,

就把你框到里面。你要是……孩子多说一句话，或者是（说的）跟你这个背离的，当时我的想法就是，得马上把他拽回来，你出我这框了，你出去了，我已经把握不了你了，赶紧……你回过头来，你看这个相册，或者那个小孩儿，可能是说那个句子，或者那个词语我了解到了什么什么，他就把这个东西给扩展开了，或者他的这种思维方式把它重新加工了……那我的想法就是赶紧把他拽回来，要不然脱离了，脱离我这个原本的框子了，我就控制不住了。但是回过头来，你等到……随着教龄长一些，随机性要好一些，但也不能完全把握。就现在可能孩子突然迸发出一个想法，"老师我就想……"，他说"哦"……你会珍视他的想法，并不是说想马上"你坐下吧！"或者说"啊，我知道了，回过头来我们再看这个"。不会去特别生硬地马上把他拽回来，或者把他的那种思维方式强硬地拉回到你的教学过程中，然后会考虑，他是这种想法，我们能不能变换一种教学方法，或者在课堂中又重新生成一个教学目标，就像我刚才提到的，这个难点已经不是难点，而孩子认为那个才是不会的，你能不能在这个过程中……其实这个是非常难的。其实他这个瞬间的决定，你看这么短的时间……这个随机性可能会出现两个情况：最终你这个随机性确定的是正确的，就是小孩儿最终却是按照他这个想法，包括我们与学生之间的这种交流过程当中，他确实跟着这个想法去组织教学，也完成了这个教学目标。回过头来，重点难点突破了，平时这种你重新设定的目标确实设定对了，那小孩儿在这个过程中，他的收获是非常大的。也回过头来，你根据他的这个想法，也是一瞬间做的决定，也有不成功的时候，不成功的时候往往就让小孩儿一堂课下来，似乎这个问题没有解决，似乎这堂课我们也学了很多，也做了很多，但是我们就……你一堂课不管做什么，还是说一些什么，表达一些什么，你都是得围绕这个目标去进行，这是一个前提。回过头来小孩儿确实有一些收获，但是不明显，或者这个目标根本就没有实现，也会有这种情况。那个时候，你上完一堂课，坐在这仔细回味，觉得这堂课失败了。（访谈10-5-25）

课堂上随机生成的决策有利有弊，效果不一，运用得灵活恰当就是教育机智，而失败的决策留下遗憾，给学生传递的第一印象就已很难再去改正。因此老师要结合以往的经验进行判断，谨慎地决策。教师既不能以自我为重心，也不能被学生牵着鼻子走，更不能为了盲目表现课堂的随机性、灵活性而准备不足贸然决策，最终戕害的恰恰是学生。

从课程实施的角度看，美国学者辛德尔（J. Snyder）将课程实施归纳为三种基本取向，即"忠实取向""相互调试"与"课程创生取向"。"课程创生取向"认为"真正的课程是教师与学生联合创造的教育经验，课程实施的本质是在具体教育情境中创生新的教育经验的过程。既有的课程计划只是供这个经验创生过程选择的工具而已"。[①] 因此，在这种视域下，在预设实施的过程中教师基于对学生的了解，基于对课堂教学的掌握，依据具体的课堂情境创造性地做出选择和处理，这不仅是一种教师在实践状态中教育机智的体现，更是在这个处理创生的过程中教师赋予文本实践意义，实现个体超越性的发展价值。正是因为如此，在课堂这个特殊的空间之域中，充斥着大量的、丰富的、复杂的能量、信息，这本身即蕴藏着生成；而课堂教学的主体和事物在时间之流中不断发生着变化、发展，这又孕育了生成，因此教师需要根据场域中的信息、情境主动地应对，因此教师处理生成的课堂决策的核心在于创造。

第四节　预设之外的突发类：解决突发、意外的课堂教学决策

新课改下的课堂教学是动态的、非线性和生成的。课堂活动的变化性，学生思维的多样性，小学语文教学自身的特点都会给课堂带来越来越多的突发事件和意外干扰。与此同时，我们也更加关注老师面临意外事件的处理方式，更加重视教师决策背后的依据和原因。对于课堂意外事件的突发，老师首先要敏锐、快速地判断，考量哪些是积极的、正面的、有价值的，哪些是负面的、消极的、教育价值不高的；而哪些又是

[①] Snyder, J., Bolin, F. & Zumwalt, K. Curriculum Implementation. 转引自张华《课程与教学论》，上海教育出版社2003年版，第336—341页。

需要马上处理的，哪些是可以延时处理的。最终选择一个方案来解决。本研究中处理和解决课堂突发事件的决策是不同于前面的生成决策的。这里提及的"意外"无关乎课堂教学内容的生成，而是着眼于课堂教学管理中的违纪性决策，倾向于无关预设的"意外事件"。但是作为课堂教学中的重要组成部分，这一类决策合理与否将直接影响课堂教学的进程、氛围、效果等。因此本研究认为借鉴和处理意外事件的决策也是课堂教学决策的一部分，但是与紧密结合教学内容的生成决策是有所不同的。因此本书希望展现个案小学中老师们应对课堂意外的决策过程，和他们探讨当时的决策原因，而并不着意于评价决策孰是孰非。

（一）大自然演奏的"小插曲"

L 老师：正上着课，外边下冰雹了，就都出来了。
研究者：下冰雹学生就都出来。
L 老师：当然了。一下冰雹打得呼啦响，谁还能听你讲课啊？
L 老师：那就看一会儿呗。
L 老师：那你不让他看咋整啊？
研究者：那不耽误课堂时间吗？
L 老师：耽误课堂时间也没办法呀！
研究者：那你这课堂任务完不成啊。
L 老师：完不成下节课再完成呗。
研究者：那万一这是这一单元最后一节课呢？
L 老师：那就再找时间，延长点课下时间。
L 老师：不愿意也没招啊，突发事件嘛，你就得突发处理。事急从权。
研究者：还莫不如让他看一会儿。要不你说别看了别看了……
L 老师：你说他也不听啊。大家都往外看。再说了你就让他看一会儿，看看就看呗，多新奇的事儿啊，我也觉得新奇。
研究者：就是有的时候应该顺应这种情况？
L 老师：很多时候吧，我今天开家长会时就说，就一个主题就是我们要从常识的角度去看问题。有很多时候在我们的生活当中，更多的时候是忽略了常识。比如你刚才的这个事儿，那耽误课堂时间怎么办哪?你怎么让他跑去看哪?这实际上是违背常识的。常识是什么?人受到一个新奇东西刺激的时候,他注意力会注意到它。这是常识。

研究者:就应该让他吸引,就应该让他看。

L老师:那你想这个时候,即使你让他不看了,他的心也在外面。

研究者:他也听不进去。

L老师:对,这不是常识吗?你为什么要违背常识去做事情呢?(访谈10-6-28)

对课堂突发事件的处理也是教师课堂教学决策的一个方面,并且能够反映出教师的学生观和教学观。通过L老师所举的例子,可以看出他非常重视课堂组织性,认为好的课堂秩序和紧凑的教学时间安排是保证课堂教学有效进行的重要手段,尽管方式难免有些简单,但也反映了他对所有学生、对课堂教学、对学生学习时间的负责和尊重。但是李老师也不是一味地只知道抓住课堂教学,他能够灵活有效地利用生活契机,让孩子们不仅仅局限于课堂知识,而是去大自然中寻找和体验真实的生活,这对丰富学生的感性体验和文学素材都是很有帮助的。同样的问题,很多老师有了这样的意外事件的经历,他们或多或少采用的是近似的处理决策方案,其中一位老师即谈到:

除非是暴雨啊,这自然现象让学生看看也无妨,比如大家都在上课,外面雪花突然下得很大很大,你不让他们看,他们心也不在这儿,那就停下来,看五分钟,看完再回来。(访谈10-6-7)

另一位老师认为"突然下雨了,我都觉得挺刺激的,那好了,大家都去看吧,然后看完之后再回来。(笑)我会让他们去看。那你的课讲不完了,课讲不完你就是硬拽着他回来,他也不会回来看书"。听到这样一个情况,F老师也很愿意和我分享她的经历:

正上课,突然飞来了一只蜜蜂。原本认真听讲的学生顿时溜了神，我的慷慨激昂也顿时烟消云散。感觉十分气愤，想发火，又琢磨一下，也不关学生什么事。于是放弃了教学内容，让孩子们观察这只蜜蜂。其实有舍才有得，这节课教学内容我没有完成，但是我收到了一篇篇生动的随堂日记，《突如其来的蜜蜂》《嗡嗡嗡，小蜜蜂》。现在回想起来，还觉得这么做特别值得。（访谈10-6-7）

对课堂意外事件和突发状况的处理也是课堂教学决策的重要组成部分。虽然它并不是与教学内容直接相关，但是却直接影响教学进度、教学方式甚至教学效果。通过上述例子，我们发现尽管大部分的教师都非常注重课堂的组织性，认为良好、有序的课堂教学秩序，紧凑、顺利的教学进度推进是一堂好课的保障，但这并不与课堂的生成，与决策艺术相冲突。课堂的意外事件是不可避免的，尤其是小学的课堂，但关键的问题是面对意外和突发情况，老师们应该怎样处理，老师们选择的方法、价值取向、实施的方式其实都是一门艺术，是课堂的艺术、教育的艺术。

（二）课堂纪律的处理决策
1. "把这个影响降到最低"

【课堂观察笔记10-6-15】

这节课课堂上有一些意外的状况，在老师让大家概括自然段的时候，有两个同学一直在打闹，老师多次用眼光警告也没有用，于是老师让他俩站在课堂上，但是并没有多说什么，具体是什么原因没有跟同学们说，讲课继续进行。我想老师是把事情最小化，降低对其他学生的影响。下课后老师才找他们谈话，让他们认识到自己的错误。

【课后访谈10-6-15】

访谈者：课堂上有两个学生，您让他俩站起来是为什么？
Y老师：他俩在课堂打架。他俩已经打起来了，我已经瞅他俩好几眼了，特意强调他俩，结果他俩还在那打，那没办法，你俩就站着吧。

访谈者：嗯，我有注意到。第一次您用眼神。

Y老师：第一次我用眼神警示他们，而且我在说话的时候特意看着他俩说，旨在就是说你俩赶紧给我停了，赶紧往我这儿来，但是他俩还在那闹，还不收敛，那下课我就必须找他俩了，就因为一支笔打起来了。

访谈者：那您对这样的情况是怎么看的呢？

Y老师：反正我这个就是比较真实的课堂，因为你也不是领导，就是领导在，该批评也得批评，如果你一味地去迁就他，你这个课堂一定会乱，所以说我觉得吧课堂就是这样，平时就是这样。另外，适当的惩罚我觉得对学生是有效果的，因为你起码得让他知道他课堂上应该干什么，作为学生你的天职是什么，就是再碰到这个事儿，你怎么解决，如果你每次都这样的话，就语文课你这样，其他课保不准还会这样，所以说我觉得这个适当的惩罚还是有必要的。

有两个同学在课堂上打闹，在这种情况下，老师采用了"冷处理"的方法，尽量不把事情扩大。因为这节课的任务还是比较重的，稍微耽误一点时间就可能会导致教学任务完不成，而且学生的注意力会被吸引过去，而不是集中在老师的问题上，影响课堂的秩序和效率。

研究者：那一般什么情况下，您才会对孩子惩罚呢？

Y老师：肯定是他影响了我的课堂秩序，如果一个眼神他能够回归到课堂中那就大事化小小事化了，如果影响到周围的同学，影响到老师讲课的秩序，那我肯定……因为你这个课堂如果去批评学生肯定会影响学生思想的迁移，他关注到这儿了，他就不关注你讲课了。这两个孩子打闹可能周围的孩子都没有发现，但是周围的孩子已经受他们影响了，所以我就让他们站起来了。我也没具体怎么说你俩怎么了，干什么了……

研究者：冷处理。

Y老师：对，把这个影响降到最低，也不让其他的孩子怎么

样，但是他俩还受到一定的惩罚。（访谈 10-6-15）

在 A 校及辅助调查的几所小学的教师办公室已经无数次看到课后教师处理课上情况的例子。如果将其总结来说，很多策略都是糖果加大棒政策，最后问题解决完学生或者是很高兴或者是很无奈抑或是流着眼泪返回教室。旁听了无数次这样的"课间教育"，我发现每个老师处理问题的原则和模式都不尽相同，有的看似普通却达致高超的境界，有的看似热闹却收效甚微，有的意味深长学生却实难领情，有的雷厉风行学生只有乖乖受命的份儿……

2."天大的事儿以后再说"

S 老师多次强调了课堂情绪的重要性，处理意外的一贯做法的原则就是不影响学生情绪，不影响教师自身情绪，也不影响班级情绪。

  S 老师：这个也是一个老师的认识，你就记住一条，上课不可以批评学生。开板就上课，很多事情，以后再处理。你要一批评学生绝对影响情绪。

  研究者：也会影响课堂的氛围，影响其他的学生。

  S 老师：对，天大的事儿以后再说，这四十分钟我就一气呵成地下来。

  研究者：那中间出现点意外呢？

  S 老师：那我也会这样，"把嘴闭上，下课再说"，也会这样。

  研究者：有的老师曾经遇到过，有学生他突然间就跑出去了，或者突然哭了。如果您遇到的话，您会怎样处理呢？

  S 老师：下课再说。

  研究者：先把他安抚好，先哄过来。

  S 老师：对，先安抚好。

  S 老师：应该是这样的。像我最近这十年八年的，就不批评学生，上课"开板就唱"，一气呵成地上下来，学生也学得积极主动，学习的效率比较高，收获也很大。时间很紧凑，我个人感觉是这样。最近十几年就这样。有的时候学生下课打架，我先去上课，上完课了再处理。要是在过去，我就会说"为啥呀，咋回事啊"，你得问,现在我不这么说。好多年了我都这样,下课的时候处理,再上课就没有心情了,先处理不对,我就这样了。现在比以前好多了。(访谈 10-6-11)

邵老师认为老师的个人情绪应该尽量少影响到课堂,许多事情应该在上完课之后处理,以便保证老师的上课心情、学生的注意力和班级的气氛不受干扰。

3. "既不要拔高,也不要放纵"

【教师日记 10-10-28】

今天我回班正要上课,看见王××同学站在那儿,一副不知所措的样子,我一扫班级,几个学生也是这样。我心想,指不定又捣蛋了。原来课间王××同学玩儿弹力球把门玻璃打碎了,所以他站那儿不知所措,都傻眼了。我说赶紧先扫了吧!这还得上课呢,其余问题课下再说吧。他也在一旁忙乎着。课后另一位老师说我:你可管管你们班学生吧,都啥样了?!当时我没有说话,啥样啊?他并不是故意的啊,谁没有失手犯错的时候啊,看他的样子我知道他已经知道错了,我就没有必要再说什么了。所以我当时只告诉他这块玻璃要赔偿,别的什么也没说。我敢肯定他以后再玩儿的时候一定会注意的。我想这个例子已经能够说明我的观点了,既不要拔高,也不要放纵。假如我按照那位老师的意见去处理,我想决不会有什么好的效果,甚至可能有副作用,还有什么方法能比自己教育自己的效果要好呢?

(三)"好孩子"出现了问题

【课堂观察记录 10-6-7】

老师:非常好!那么同学们,在第二自然段主要向我们讲了什么?

老师：王蓓。

（这个自然段主要是叙述性的，不需要什么感情色彩，但是这个女生声音有点小，而且读得很快，导致中间有三处发音不清，一次字音错误。老师纠正字音，"蚁穴"特别强调了一下，带领全班读了两遍。）

老师：（评价）你读的我不满意！

（老师以课堂提问的方式把她叫了起来，她的回答并不好，我看到全班同学的目光集中在她身上，老师直接给了她一个负面的评价"你读的我不满意！"全班的学生都看着那个女生，她低着头慢慢地坐下。接下来她不看课外书了，但是却也一直没有抬头看老师和回答问题，一个人默默地低头看课本，这是一个自尊心比较强的女孩子，又是成绩比较好的学生，因此这件事一定会对她的内心有所触动。在之前的情况下，即使是学生读得不太好，老师也是抱着一种鼓励的态度，并且给予一定的纠正和指导，但是对于这个女生，老师只是直接给了一句负面的评价，而且明显带有一定的感情色彩。老师对这个女生的态度为什么是这样？为什么给予这样的评价？老师希望这样的评价能够对这个学生起到一种什么样的作用？课后老师在访谈说到，这个女孩是一个非常优秀的学生，平时在班里表现也很好，学习成绩在班里一直很好，不管是在同学们还是在老师的心目中都是"好学生"，可是今天上课明显在跑神儿，没有认真听老师讲课，所以老师把她叫起来回答问题。老师认为对于一个好的学生来说，有了错误就一定要指出来，因为她会产生一种羞愧的心理，以后一定能够改正。如果换作是一个主动性差的学生，老师可能就会采取鼓励的方法。所以方法的选择跟学生的程度有关，与老师对学生的了解有关。）

我认为当时老师的做法是刻意的，处理得也过于简单、"粗糙"，并没有过多的语言。但是明显触及了女孩的自尊心。这个课堂决策孰是孰非，我课后找到老师了解相关情况：

研究者：今天有一个女生，读得不是很好，您就给了一句评价说"你读的我不满意"。

小L老师：嗯，因为她是一个非常好的孩子，我为啥叫她就是她本身已经在溜号了，所以我就叫她了，叫她以后读得磕磕巴巴，我们班这个课文你看，昨天写了一遍，前两天预习了两遍，已经预习两次了，也就是孩子读文已经不下三遍到五遍了，所以我……因为这个好孩子我必须明确告诉她"你读的我不满意"，我觉得你应该能读得更好。

研究者：她平时表现都是非常优秀的？

小L老师：非常优秀的孩子，所以我才给她这个评价。

小L老师：因为这孩子非常好，我觉得她应该表达得非常好的，她应该给我一个非常满意的……因为她以往的课堂（表现）也是不错的，但今天她在溜号。

研究者：那您觉得今天这句评价对她今后会产生什么影响呢？

小L老师：我觉得肯定会产生影响，肯定对她是一个触动。第一个，这么多人，第二个，还有人听课，这个课后我还得找她谈谈。因为好孩子咱必须时刻关注她，就即使她上课没有在举手，没有怎么样，但是从她的眼神你能看出是一种互动的关系，如果她没有这种互动，她的心思就到别处去了，我课堂上就肯定会给你一个暗示，你的这个行为已经引起我的关注了。

研究者：那如果今天这个是一个平时表现不是很好的学生，您会……

小L老师：那我可能就会鼓励他……对，你今天读得很有进步，你就得根据不同的学生、不同的差异、不同的特点，就是这样的。（访谈10-6-7）

"好孩子"是我注意到老师在描述学生时，经常会有意无意提到的一个本土概念。老师对好孩子的定义是什么，大体是指学习成绩不错，平时表现优秀，课堂上注意认真听讲，作业按时完成，不惹事不捣乱的孩子。上述访谈中小L老师流露出对这类学生实质上更为严格的要求，她在课堂上对这类学生的评价不单单是看课堂表现，还暗含着对学生以往表现的肯定以及对未来的期许。这种期许使得她不容许"好孩子"

犯错，一旦做出违背好孩子的事情，老师的条件反射就是压制和改正过来。反倒在其他孩子身上就比较宽松，比对待那些没有那么"好"的孩子时更真实，也可以说是更宽容。

　　课堂中的意外事件和突发情况是根本无法预料的，但这并不表明处理和解决的当堂决策是缺乏依据的。其实无论怎样判断和选择去进行解决，它的逻辑起点是学生的发展，它的逻辑终点还是学生的发展，这两点之间是一个动态发展的过程。把握这个核心，意外的课堂教学会变得更加和谐、活泼、高效。

第三章　小学语文课堂教学决策运行的基本过程

决定问题，需要智慧，贯彻执行时则需要耐心。

—— ［古希腊］Homēros（荷马）

随着研究的推进，特别是在结合教师的课堂观察、访谈和相关资料的分析基础上，我们发现课堂教学决策作为一种教学实践活动，也有其产生、发展和结束的超线性过程。而且课堂教学中的决策是作为一个多层面的复杂过程而存在的。它不是教师的判断、决定与学生表现的机械相加，也不是教师与学生行为的简单堆砌，而是一种本质上由一定的组成要素、基本环节和运作准则等相互联系、相互作用，共同组成的一个特殊的决策运行过程。

随着研究的深入，本书认为课堂教学决策运行的基本过程不仅是十分复杂的，而且是有着一定的内在普遍性的。首先，课堂教学决策运行过程的正常运作是依靠五个基本组成要素实现的。它们是课堂教学决策运行过程的有机体。在静态意义上，它们构成了运行过程的一种决策框架结构，使课堂教学决策的运作过程中的主客体各司其职、正常运转。在动态意义上，课堂教学决策运行过程的基本要素体现了决策活动运行过程中各种要素、基本内容之间的相互依存、相互支持和相互制约的状态和方式。其次，课堂教学决策运行过程借助一定的基本环节的运转来实现。这些基本环节并不是线性的传递和递进，而是一个循环往复的"决策回路"。课堂教学决策需要借助这种动态的、循环的内在运动结构来确定基本组成要素的内在连接方式和呈现一定的运行程序，确定基本的决策常规状态，建立相应的决策行为模式。但是这个基本决策环节只是研究者对于个案学校具体学科的一般性的总结和归纳，并不代表 A

小学语文课堂教学决策的所有情况。事实上在实际的课堂教学中，老师们的决策可能符合其中的一个步骤或几个步骤。最后，本研究还发现课堂教学决策的运行过程需要一定的准则来规约其"运作"，把握基本的决策运行关系，这将最大限度地保障课堂教学决策科学、合理地实施。

因此，本书认为这个运行过程的内部并不是一个个简单的环节叠加和线性程序的运作。相反，它是由一项基本要素构成的，又由循环回路的动态环节相互作用而形成特殊的运行过程，在具体的课堂教学情境中发生作用，产生效果。我们还认为这个过程是一个在内外变化和交互信息刺激作用下，不断持续推进的非线性运作的过程，因此 A 校语文的课堂教学决策应该具有超越一般普遍性、形式化特质的，带着个体烙印的，活跃在复杂的课堂情境中的运行过程。由此本章内容的立论重点是通过对个案小学语文课堂教学决策行为和活动的基本要素的总结、一般运作步骤的说明及其运行中合理性准则的提炼，将之看作一个多因素、多层面、动态性、统一的决策过程。决策运行过程框架如图 3-1 所示。

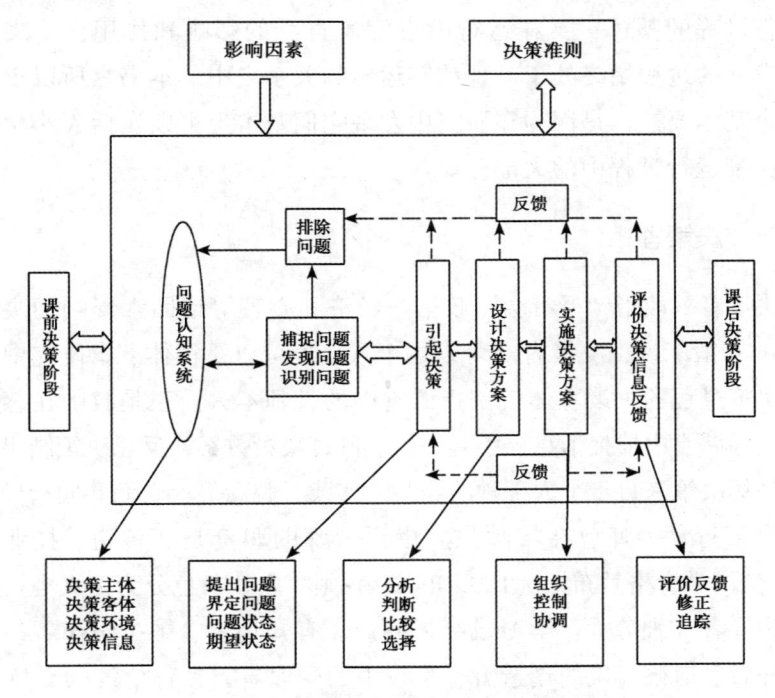

图 3-1　课堂教学决策运行过程的框架

第一节　课堂教学决策运行过程的基本要素

考察基本要素，即是着眼于整体与要素之间的相互关系来综合看待研究对象——课堂教学决策问题。这是因为如果将课堂教学决策运行过程的整体分解为若干基本的运行组成要素，从这些基本的要素及其相互关系可以揭示课堂教学决策的特点和规律。这既是一种以系统论的观点来看待它的基本构成要素，也是一种以系统论的思想来研究课堂教学决策的运行过程。从系统论的观点来把握课堂教学决策过程的基本要素，是因为系统是一切事物的存在方式之一，也是系统论创立者贝塔朗菲认为的相互依存、相互制约、相互作用的诸要素的复合体。这说明课堂教学决策过程的正常运作首先以一定的要素为基础，并且这些基本的元素组成合理有序的内在相关结构。其次，也说明课堂教学决策过程是作为这种基本要素的集合体而系统存在的。这些基本要素整合为课堂教学决策运行过程的整体，又在运行中发挥着自身的影响和作用，使决策发生、发展的过程始终处于一种动态运转的关系之中。本书之所以提出下述五个基本要素，是因为在研究中发现它们基本上可以囊括 A 小学课堂教学决策运行过程中的大部分要素。

一　决策者

决策者一般指"受社会、政治、经济和心理等诸因素影响的决策主体"[①]，一般来说，决策者既可以是个人，也可以是群体。本研究中课堂教学决策过程的决策主体就是指课堂中的教师本人。正是教师在感受课堂、主导课堂中捕捉信息、引起决策、制订决策方案、反思决策结果。教师的临场决策来自于个人种种的经验、实践、观念等，它们共同指导着教师的决策行动。韩愈在《师说》中说教师的职责是"传道、授业、解惑"；美国学者格兰布斯（J. D. Grambs）则将教师角色分为两大类：一是学习指导者（细分为：学习成绩评判者、有知识者、维护纪律者、学生所信任者、道德气氛的创造者、学校中的受雇者、教育传统的支持者）；

[①] 赵新泉、彭勇行：《管理决策分析》（第二版），科学出版社 2008 年版，第 5 页。

二是文化传播者（可细分为：文化的守护者、青年人楷模、理想主义者、思想界先锋、有文化教养者、社区事务参与者、社区中的陌生人、社会公仆）①。这首先意味着教师作为课堂教学决策者的要求是复杂和多元的。教师是成人文化的代表，是社会道德的维护者，是学生行为规范的楷模。因此教师在课堂做决策的时候就要依据社会、道德和科学的准则有目的地评判，而不是毫无根据地施加影响。其次，教师决策的重要性和合理性还要受到教师本人特质的制约。例如亚罗利梅克和福斯特（Jarolimek &Foster）的研究就发现教师决策的有效性应表现在其自身的六个方面：①了解自己对学生的职责；②为学生提供大量的学习机会；③可以有效地管理班级；④善于调整自己的教学以利于学习者明白自己学习的阶段性目标；⑤明白对于不同年龄的学生应当采用不同的方法；⑥能为学生提供支持性的学习环境。② 最后，教师作为课堂的决策主体必须是专业的权威，容不得一点儿马虎和迟疑。如果教师在其所教学科方面不具备应有的专业知识和专业技能，那么便不能充分诊断学生学习遇到的困难，不能选择最合适的做法来满足学生的求知，从而丧失课堂教学决策的专业权威。

二 决策对象

决策对象是课堂教学决策运行过程的决策客体，也是决策制定时非常关键的依据。决策对象一般分为两种：一种是受教对象，即学生本人；另一种是课堂的事件或状况，教师进行决策是为解决课堂中出现的问题或状况。但是不管决策对象是学生还是事件，教师决策对象的出发点和归宿都是为了学生。课堂教学要通过教学内容，以一定的教学手段将人类的认识成果有效地传递给学生。因此本书认为课堂教学决策的对象是学习者，不管决策的直接对象或间接发起者都是学生，正确认识决策对象的特点和情况有助于更好地进行决策，促进学生的发展。这即意味着一方面，决策者在制定决策时要充分了解学生的心理特点和认知特点，确定策略时必须要符合学生的年龄特点、接受能力和思维方式；另一方面，决策者在决策

---

① 厉以宁主编：《西方教育社会学文选》，台湾五南图书出版公司1992年版，第629—639页。转引自马和民《新编教育社会学》，华东师范大学出版社2006年版，第102页。

② ［美］约翰·麦金太尔、玛丽·约翰·奥黑尔：《教师角色》，中国轻工业出版社2002年版，第291页（有删减）。

时还要考虑到必须能够通过决策行动方案提升和促进学生的发展，不能仅仅满足于追随学生的认识水平，还要引领其水平和能力得到不断的提升。具体来说，不同年龄阶段小学生的心理发展特征是不同的：第一，思维方式从具体形象思维过渡到以抽象思维为主，抽象逻辑思维逐渐发展；第二，活动的主动性和自觉性增强；第三，社会化和个性化水平不断提高，掌握基本的道德准则和形成了一定的道德行为习惯。[①]

同时我们也要意识到课堂教学决策的对象是人，是一个有着个性特征和独立意识的复杂的、多变的人，一切将学生看作完全受决策者决定因变数的认识是错误的。"世界上没有两片相同的叶子"，学习者也是如此，每一位学习者都是独特的个体，他们不仅在认知水平和认知方式上存在差异，在人格和学习风格上也存在差异。教育过程中客体的变化虽然是在受到主体的干预和影响下引起的，但是最终的教育效果是要通过客体自身的矛盾运动而实现的。因此，课堂教学决策的影响不能简单地施加在学生身上，而要在决策中充分了解决策的对象，将决策目的和效果纳入到学生的主观世界中。

三　决策行动方案

决策行动方案指"实现决策目标所采取的具体措施和手段"。其实通过与 S 校老师的访谈了解到，虽然课堂教学决策是一瞬间的决定，但是老师们或者头脑中已储备了或者临场可以设计多个行动方案进行优选。但是老师们最终使用的是当时他有意识或无意识认定的最熟悉、最习惯、最合理或最优化的决策行动方案。其实，决策行动方案存在于每个决策者的头脑中，无论决策问题大小、时间长短都会自觉不自觉地运用一系列对应的决策方案。决策行动方案的具体内容取决于决策者的临场判断和决定，也取决于时间和具体情境，不管决策者当时是否清楚地意识到或者没有意识到。决策专家 Russo 等认为一个高水平的决策者主要的工作就是"创造、选择和管理自己的决策框架"。[②] 这个潜在于教师头脑中的"决策行动方案"的形成受到多种因素的影响和制约。但

[①] 郭成：《课堂教学设计》，人民教育出版社 2006 年版，第 84 页。

[②] Russo, J. E.、安宝生、徐联仓：《决策行为分析》，北京师范大学出版社 1998 年版，第 40 页。

最终教师会根据实际课堂的状况设计并拟定行动方案,并选择当时其认定的最合理的一种来实施。

四 决策环境

任何运行过程的实质都是一种开放的系统。系统与周围环境的相互作用而形成的动态环境同样是课堂教学决策运行过程中的重要要素。环境对人的发展的影响是一个古老的命题。环境(Environment)通常泛指:"生物有机体生存空间内各种条件的总和。具体说,它是有机体外部可以进入有机体的反应系统,直接影响到生命活动的物质、能量和信息的总和。"[①]决策环境是教师课堂教学决策中客观存在的各种状态。虽然决策环境是潜在的,但对于教师做出决策的影响是不容忽视的。这首先是因为教师的决策通常都是在具体的问题解决过程中体现出来的,因此具有情境依赖性、背景丰富性等特征。其次,决策环境是决策活动的客观条件的综合,是由决策者、决策资料、决策事件、决策对象等共同营造的特定体系,它既为教师决策提供了前提条件,对制订决策方案产生影响,而且从外部特征和具体情境上把决策活动导向不同的境界。因此充分认识到决策环境的基本情况和重要性对提高决策水平和决策效果非常具有现实意义。

决策环境通常是指课堂教学的物理环境和心理环境,也指由决策的人、物和事件等所有的环境因素构成的"决策场"。其中,课堂教学的物理环境是教学中有形的、静态的硬环境。它包括教室、教学设施、班级规模、座位编排情况和自然条件。环境心理学曾指出,声音、光线、色彩、温度和气味可直接影响教师和学生的身心活动,引起教师和学生不同的生理感受,提供给教师不同的决策依据。这些结合成一个固定的"场",以一种外部特征的形式在影响着教师的决策。而心理环境是课堂教学中无形的、动态的软环境部分,一般指师生关系、交往状态、教学气氛、群体规范、班风和社会信息等。由物理环境和心理环境等共同编织的"决策场"是教师决策依据的现实信息提供者,同时教师也从这里得到决策效果的反馈信息,更可以通过调节或改变决策环境来实现决策行动方案。

[①] 鲁洁主编、吴康宁副主编:《教育社会学》,人民教育出版社2007年版,第275页。

五 决策准则

根据教学过程的基本规律，教师作为课堂教学决策的主导者，其主导作用必须是正确的，才能根据对决策对象的了解去创造条件，做出正确的选择。因此，不论是有意识的决策还是无意识的决策都是基于一定的认识、看法、依据或原则。这些准则在左右着教师的判断和选择，有的是明确的、有的是模糊的、有的是外显的、有的是不可意会的，但都为教师提供支撑和指导。这种指导越丰富、越协调、越厚重，教师的决策意图越明确、越合理、越科学。决策准则对于课堂决策的价值和意义不言而喻，因此在决策运行机制中也占据着重要的地位。本书将之作为一个单独的部分集中阐述，在合理性依据中具体阐述。

第二节 课堂教学决策运行过程的基本步骤

从 A 校决策活动及其思考的大量访谈中发现，课堂中老师们做出决策虽然看似是一个瞬间的决定，一个短时间内应急的选择，无论老师们自身是否能够明确意识到，但这实质上是一个经过思考、通过判断、选择策略等步骤后才实施行动的过程。前面的研究已经揭示，从整体上看，课堂教学决策是一个统一的动态的有机体，所以这一部分研究的重点是：通过考察教师的课堂教学决策活动在实际的课堂教学情境中是怎样运行、发展的，以及它在实际运作过程中内部因素与外部因素交互作用的状况，各要素在各环节、步骤或者是阶段的作用和效果，来探寻 A 校语文课堂教学决策运作的基本过程。

本书通过日常的课堂观察和现实课堂决策案例的剖析认为，课堂教学决策的运行过程是一个动态系统的反馈过程，并不仅仅指在课堂上关键抉择时刻"拍板"的瞬间动作。相反的是，它是由一些相互连贯的科学的决策步骤、环节或阶段组成的客观程序。这个程序存在一定内在的逻辑关系，虽然并不能确切反映一切语文课堂教学决策分析和实施过程的内在本质和基本规律，但是可以说，本研究所论及的基本步骤是 A 校课堂教学决策运作过程的可视化描述，是特殊性和逻辑性的统一，是连续性和阶段性的统一。某种程度上为更加结构化、系统化、合理化的科学课堂决策提供了现实的依据,以此为基点来观照一般意义上的课堂教学决策基本运作过程。那么究竟这些连贯的决策步骤、环节或阶段的呈现形式是怎样的,是否可将其归纳为一系列的具体步骤,将之提炼为一定的可操作性的程序。下面的例子是我在 A 校听取的一节语文常规课片段,从中我们似乎可以发现一些隐含的内在线索,它指示我们去探索课堂教学决策的基本过程。

【课堂教学片断 10-9-27】

Y 老师:同学们,假如你想去大峡谷游览,你想以哪种方式呢?课文的最后一自然段告诉我们都可以怎样去。你能不能以导游的口吻,让大家听了你的介绍都想去体验一下大峡谷的神奇呢?

学生:(具体活动描述略)

(课堂观察记录:学生练习之后以导游的口吻读最后一自然段,因为这一段主要是排比句,所以学生读起来比较有气势,情绪饱满激昂,语调和语速富有节奏变化,像是在读一段导游词。这个安排属于综合运用,对学生的口语表达能力要求较高。)

学生:(学生集体读)漫游峡谷,我们不禁被大峡谷奇绝的风光,繁多的野生动植物深深地吸引,并由衷地发出慨叹:的确是太美了!这真是一个举世无双的自然奇观,今后我们有机会一定要或鸟瞰雄姿,或探险漫游,或冲激流险滩,或夜宿谷底,尽情地感受大自然的神奇风光!

Y 老师:这节课我们就上到这儿。下课!

其实预设和生成不可能完全一致,但是老师可以根据课堂实际,放弃教案的设计,随机想出的方法引导学生按照教学的内在思路走。这位老师要做的是,不仅使课堂尽量引导在教学任务之内,还要取得一定的教学效果,可以说这个临场生成的小活动效果还是很好的。我记录下了当时的情景:

【课堂观察 10-9-27】

这节课课堂活跃的高潮是当导游环节的设计，这时已经临近下课，同学们明显有些心不在焉，老师提问了几个问题，学生都不愿回答。课堂有点沉闷，这时我也有些饿了，似乎闻到了教室外面的饭菜香味儿。但是老师设计的这个环节一下子就把学生的注意力吸引了过来，同学们急忙举手的、独自在下面模仿导游口吻读起来的、还有和同桌讨论怎么读的，我听到旁边一个学生对同桌说"人家导游有导游词，这个得先加一段介绍……"。课堂变得热闹起来，被老师叫起来的学生不管是读得好的、不好的，都引得同学们鼓掌或欢笑。学生和老师的情绪挺高涨，接下来一连串的教学进行得很顺利，即使在已经下了课的情况下，同学们依然把注意力集中在课堂上，我看到铃声响了以后老师把窗户关上，其他两个同学也仿照老师把自己身边的窗户关了起来，这说明学生们愿意继续留在课堂上，窗外的游戏、玩耍、午餐此时都抵不过老师课堂上的吸引力。

【田野日志 10-9-27】

课堂是一个富于变化的奇妙空间，上午最后一节课临下课前老师的决定有着多重作用，不仅要考虑完成既定的教学任务，还要维持课堂纪律，更要顾及教学效果。如果教师为追求"顺利、圆满"完成预定的进程而一味抢时间赶教案，生硬施教而少有"点缀"，课堂则平淡无奇，学生溜号，上课味同嚼蜡。在这个课堂教学片段里，Y老师放弃事先设计好的结课方式，在下课前的"黑色三分钟"临时生成"小导游活动"，以任务型的活动驱动、引领课堂，从而完成了教学任务，使学生感受到大峡谷的神奇和旅游的妙处。

这是一次临场决策的教学机智，我很想了解老师这样决策的想法。于是我对老师就此问题展开了进一步的访谈，从中我们看出，一个看似简单的临时的安排，看似短瞬的一个决定，老师却思考了很多，酝酿了"几番"：

研究者："当导游"环节的思路是怎么来的呢？

Y老师：这个吧就是我上课时忽然觉得，这怎么这么像导游词儿呢？然后你看可以乘直升飞机，可以乘毛驴，我一边组织教学一边盘算：我就安排四个学生，你准备坐飞机这段，但是你必须拓展，因为我们孩子以前经历过这方面的训练，"大家好！我是来自××旅行社的×××，今天我向大家推荐一处旅游景点……如果您想去可以乘我们团的直升飞机，那么如果你乘直升飞机会怎么样呢？你可以鸟瞰它的雄姿等"，让孩子去生发。（第一次决策：完成教学任务与事先考虑到课前组织纪律的要求引起决策；由于教师的灵感和以往经验进行生成；一边进行教学一边在酝酿）

Y老师：但这个必须得找表达能力强的，但是后来我为什么没有这样做呢？因为课堂剩的时间不多，我又一想，如果我按照这个方式去结尾肯定没有这个时间，因为在重点这块儿你肯定要耽误很多时间，这块儿你首先得让孩子准备，第二你还得让他很流利地去表达。（第二次决策：修改第一次的决策方案，根据课堂教学时间的实际情况进行调整。此时还为酝酿与审度阶段）

Y老师：然后四个孩子说起来呢至少得5分钟到10分钟，虽然孩子能够得到锻炼，但是对整篇课文来讲我觉得还是有点偏了，所以最后我又改了一下，改成就是你以导游的口吻来读这一自然段，让听者听了以后去那里参观。（第三次决策：在前两次决策基础上，依据学生情况和课堂情况对决策方案进行第三次的调整和修改）

研究者：我觉得这个活动安排得很好，您觉得怎么样呢？

Y老师：我也是当时一下子想起来的，觉得忽然这么改，不知行不行。看学生倒是挺高兴的，我就满意了。

研究者：这么说您觉得这以后可以作为一个经验？

Y老师：也不能这么说，毕竟是临时改的，以后还得不断验证。当然了，我自己也挺高兴的，觉得这个尝试以后备课时能用上。

Y老师：这不是光顾着和你聊呢，回去我还得想想，怎么能更好，今天这个有点仓促了……（访谈10-9-27）

从这个例子不难发现，短短的几分钟甚至一瞬间，老师要急中生智想办法，做出决策。但这并不意味着决策只是想个办法出来解决当前课堂问题或教学问题。这个看似"拍板"的过程中，教师实质上在发散思路，不断进行审视、度量、判断、选择。"当小导游"的临时决策取得了很好的效果：一是锻炼了学生的朗读能力，二是锻炼了学生的运用和表达能力，三是有效利用了课前"黑色三分钟"，将学生的注意力再次集中到课堂，集中到教学内容上。一个简单的小安排能够让课堂瞬间活跃起来。通过与老师的访谈，我们发现决策期间他并不是毫无根据的一时兴起，通过三次的修改和调整，最后老师只采用了"简化版"。虽然略显遗憾，如果拓展开来也是不错的教学活动，但Y老师并没有硬性生成，这主要考虑到最后课堂所剩时间不足，还基于对本班学生基本情况的了解，学生现有阶段的能力不足以应付最初的和第二次的决策方案：对本班学生表达能力要求有点高；教学内容偏离目标，不太符合整篇文章的主题。这节课仅是研究者在"田野"中采撷的普通一课，但是Y老师的决策却并不普通。在这节课基础上结合其他研究资料，在其中更发现了一条内含的非线性决策思路：

1. 引起决策（事件、问题、现象、状况）：决策点⟷2. 具体决策：决策方案、决策依据（表层、浅像的）＆决策准则（表象后深层的）＆影响因素（外显或内隐的）⟷3. 实施与行动⟷4. 决策效果评价、信息反馈进入循环系统中。

这是基于A校多节课堂观察和访谈记录整理后，发现的现实的课堂教学决策运作过程的模式图，它描绘了老师们课堂上做决策来解决教学问题的基本过程。根据个案研究的进一步发现、总结与提炼，我试图将课堂教学决策的运行过程划分为四个基本的步骤或一般阶段，分别界定为：引起决策、拟定决策方案、实施决策方案、评价效果与信息反馈，由此构成了全部完整的基本的运作过程。需要指出的是，首先这仅是个案研究的一种归纳、总结和提炼，是研究者研究过程中试图寻找教师活动内在线索的一种探索，这个基本步骤仅是一定范围、一定层面的浓缩和总结；其次，在实际的课堂中，这个决策基本步骤会随着问题的性质不同、决策目的的调整、现实情况和决策者的偏好而有所不同。根据不同的情况具体的步骤会有所差异，而且在运行过程中还要根据现实情况做省略、合并、交叉等调整和变化，可能忽略、跳跃、合并其中几个步骤，也可能完整实施全部步骤。最后，本书论及的运作过程并不是线性的推进，而是几个步骤循环往复的"决策回路"①。这四个步骤构成了运行过程的循环环路，不断与外部交流信息、交互影响。一个决策的完成往往是后续决策的依据甚至是另一个开始，同时也是一个教师自身的内在"决策环路"。教师的决策在修正和调试中也在不断进行着评价与反思，这些都会作为教师再次决策的经验和依据。

一 引起决策

引起决策是教师进行课堂教学决策的起始步骤，所有的课堂教学决策都是为了解决课堂特定的问题或状况而发起的，引起决策更是为了缩小或排除决策对象的现实状况和期望状态之间的差距。本研究发现通常引起教师决策的有两种情况：一种是由外部引起的决策，即教师是被动地处理课堂中突发的事件或意外的状况而需要做出决策，解决问题。即课堂上出现了问题或情况，教师在被动的情况下被迫地使教师发起决策，解决问题。这是一种教师事先没有预料到的，而课堂本身发展生成的或暴露出的，并迫使教师承认并解决的决策情况。另一种是由决策主体，即教师主动地感知课堂，对课堂现状、教学情况及发展进程进行主动的监控与检查，从而引起的决策。这是教师进行教学活动的同时主动监控课堂的情况，也是我们提倡的教师主动地捕捉问题、发现问题和识别问题。

（一）第一类——被动引发决策

通常情况下被动引起教师决策的有下面三种情况。一是由学生引起的决策来解决状况；二是由教师自身出现错误引起的决策来弥补问题；三是由环境（非人为）引起状况，老师被动处理的决策。例如，我们

---

① 决策理论专家 Moody 在《Decision Making: Proven Methods for Better Decisions》中提出"决策回路"（Decision Loop）的概念，其将一般决策问题及其解决过程看作是一个"回路"。这种观点也是传统决策过程的简化描述。本研究中发现 S 校语文教师的课堂决策也是一个不断循环和反馈信息的"决策回路"，是对穆迪决策回路的拓展。在课堂这个非线性的动态系统中教师决策的各个阶段形成了一个可以不断循环、递进甚至超越的"环路"。

在第四章第四部分探讨的课堂突发事件和意外状况中，天气的变化、自然的现象等都会干扰正常的课堂教学，引发教学决策。具体分析来看，从下面的例子中我们可以看出被动引起决策的基本情况：

1. 由学生引起的被动决策

（1）学生主动提出问题

在 A 小学的听课中我发现有一种引起教师来决策的情况是由学生主动地提问。在 A 小学的尊重学生、崇尚个性化的大氛围影响下，有的学生想到什么课堂上直接就问老师。课后我与学生交流中，他们告诉我其实他们提问也是"看情况"。有的老师注重课堂秩序和教师主导，久而久之那么他们就不会主动发问；而有的老师鼓励和顺势解决他们的"突发奇想"，他们就会变得愿意主动思考问题，喜欢发问。但是这也是控制在一定合理的范围内的。

> J 老师：有的学生特别棒，能把孩子提出的问题都解答了。
>
> 研究者：那这样不会占用你整个的上课时间吗？因为你已经安排好什么时间讲什么内容……学生这样一谈开了，不就占用您的时间了吗？
>
> J 老师：时间有的时候是会被占用，但我觉得还是有必要，既然已经提出来了，不能不管啊，如果时间被占用了，没讲完，那就下节课接着再讲。或者是遇到这样的问题后，你可以在哪部分详讲，哪部分略讲。我认为老师应该在每节课上都留出一定的时间作为机动时间，否则会影响上课的效果。（访谈 10-11-22）

就此问题 X 老师就告诉我：

> 老师事先不可能准备那么多，但是上课的时候孩子给你提出来了，而且我也不懂。但是有些孩子就会继续问为什么，这时候我就会说，有没有其他的同学知道这个问题的，这样一般就能解答了。因为现在有的孩子在涉及某方面的东西时懂得特别多，比如关于计算机的一些东西，现在的一些课文描写了许多关于宇宙等的一些说明文，老师不会的，有一些学生就能解答。

另外一位 Z 老师也谈到了类似的经历：

  研究者：我记得课上×××问，老师的"师"，他的部首是一竖一撇。如果是我的话，我肯定就说部首就是一竖一撇，你们回去自己查，但您当时让学生当堂就去查字典核对，您这样的处理，当时是怎样想的？

  Z 老师：因为现在变化的东西特别多，在我印象中像"帅"部首都是一竖一撇。但既然孩子提出来了，因为他们手里有一本通，而且他们有过预习，查过偏旁，不查偏旁，预习任务就完不成。而且我们班那个男孩总爱提不同的意见，他挺聪明的，他只要提出了肯定有点依据，所以我就让学生当堂查一下字典核对一下。

  Z 老师：出现问题就要解决，后面的可以放在下节课再讲。出现了问题一定要解决，比如说卡壳了，那下面的就不要再讲了，先把这个讲清楚了、大家都会了，然后再继续。（访谈 10-11-8）

（2）学生引发的课堂教学管理

小学生天性好动，且未形成稳定的心智和自律性，因此课堂教学决策有很多是由"多动、多变"的学生引起的决策。

【田野日记 10-9-3】

  课堂上发生了一个小插曲，一个孩子因为不守课堂纪律被老师罚站两分钟。那个被处罚的小学生在站了一会后，老师便让他坐下了。孩子可能安静了两三分钟后又控制不住了，开始左顾右看。之后老师就再也没有管他，按照既定的教学计划教学。从整个课堂来说，刚开始上课的前十分钟孩子们的注意力还是很集中的，后来随着时间的推移，孩子们的注意力明显不集中了。当然大部分的孩子还是能保持一个很好的坐姿，并能积极主动地与老师互动。也有相当一部分孩子按捺不住了，开始东看看、西瞅瞅。有的孩子甚至在座位上前后晃动，有的孩子与同桌小声交流着什么。X 老师在授课的过程中，尽管也在不时地提醒孩子注意坐姿、注意听讲，整顿课堂秩序。但很多孩子依然是我行我素，对老师的要求置若罔闻。课后 X 老师说，二年级孩子注意力不集中这是一个很常见的现象，而且每节课都会出现。特别是在理解课文的时候，讲解的时间稍微长一些，孩子的思维就开始跟不上了，就开始动了。X 老师说尤其这个班的孩子好动的特别多，而且他们是不由自主的，是习惯性的，不是说是故意的。老师对这种现象也表示无能为力，只能是停几秒钟整顿好课堂秩序后继续上课。

事后我与 X 老师对这一问题交流过几次，其中一次他是这样表达当时的想法的：

研究者：遇到这样的情况，您觉得怎样处理比较有效？

X 老师：常常有这样的现象，尤其是两节课连上。第二节课如果正常处理的话就是读读课文就写字了，写字的分量较大一些。因为这节课主要是把整个的过程展现一下，课文处理的时间稍微长一些，一到处理课文的时候有些孩子思路跟不上，他就开始动了，如果让孩子识字写字的话情况还会好些，这是普遍现象。理解课文的时候是宽泛的、活跃的，有些孩子不活跃，他就有可能跟不上，就在那儿玩自己的了，这是一个共性问题，也是课堂上需要我们探讨的问题。我们班孩子好动的特别多，而且他们是不由自主的，是习惯性的，不是说我是故意的。今天坐在你们旁边的那个男孩表现算是不错的了，以前每节课小手不知摆弄多少遍了，不由自主、不受自己控制的，如果你让他不要摆弄东西，他会觉得老别扭了。

研究者：在课堂上出现了这种情况，那目前来说你的方法只能是……

X 老师：只能停，整顿好课堂秩序之后再继续。（访谈 10-9-6）

2. 由教师引起的被动决策

被动引发教师决策的除了环境因素和学生因素外，其中教师自身出现了教学失误或状况，同样会引发教师被动地去解决问题。下面的一个教师就谈到：

  X 老师：比如说在课堂上写错别字，有的孩子不敢说，有的孩子敢说；刚开始做老师的时候还会注错音，学生马上就给你指出来。
  研究者：您怎么办，会不会影响教师威信？
  X 老师：不会，马上回过头来运用些机智。我就说老师是故意写错的，看看哪个孩子能发现。
  研究者：但是这样低年级的孩子可以相信，那要是高年级的孩子能信吗？
  X 老师：要是高年级的孩子就只能承认了。我觉得这种解决方式比瞒过去更有效，因为四年级的孩子就已经有了自己的见解。其实教时间长了就没事了，主要是新老师刚接班要树立威信只能这样做，给自己辩解，到后来就可以直接说了，比如说这个字我就不会，你们可以自己去查字典，但是这种问题要尽量少发生。
  X 老师：因为每个孩子都有一本字典，我让每个孩子都准备字典了，中国的汉字太复杂了，肯定会有那种时候突然冒出一个你不认识的，自己动手查查字典，老师先不能直接告诉你。（访谈 10-6-2）

（二）第二类——主动引发决策

  引起决策的另一种情况是经由教师主动地感知课堂，主动、积极地监控课堂教学与不时反省自身的教学情况，从而自主发动决策，以使得课堂教学取得更好的效果。下面几个例子就充分说明了 A 小学的老师们能够在一定程度上主动检查自己的教学情况，不断地主动发现问题，引发决策及时排除问题。

1. 教师主动识别的决策——趁学生读错的机会纠正

  Z 老师：谁能来说一说这一句？
  Z 老师：叫一名举手的同学起来回答。（一名女生）

学生：风光慑（shi……）人。（该女生读错了字"慑"）

（老师在黑板上标出拼音）

Z老师：请她重新读一遍。

Z老师：带领全班学生读字音、读文中的词"风光慑人"。

（进一步解释）

Z老师：这个慑是竖心旁，表示由心而发，使人害怕，比如说威慑、慑服等。（课堂实录10-9-1）

这是Z老师课堂上随机补充的，因为字词本应该在第一课时解决，但是这一课老师发现这个词上一节遗漏了，所以趁学生读错的机会进行纠正和讲解。看出Z老师教学是比较严谨的，在不打乱原有课堂节奏的情况下弥补了缺憾，并且用了复读、结文识字、释义、拓展组词等方法帮助学生去识记。对此，我意识到课堂决策中有些时候是要主动发现问题并及时而巧妙地弥补知识漏洞，因此，我与Z老师约定了后续的访谈：

Z老师：你说今天这个"慑"，就是我在第一课时没有解决掉的一个问题，因为孩子在这儿出现问题了，我认为他不应该出现问题，结果他出现问题了，那我就得拿出来。

研究者：您再强调一下。

Z老师：对，哪个生字的字音需要注意，老师心里必须有数，所以在孩子读错的时候这个字音必须得拿出来。然后领孩子强化，第一课时主要写了三个字，这三个字非常容易出错，然后我就在课堂上讲完之后又让他们写了一遍，然后就是区别字，这个字和哪个字需要区别一下，换个部首啊，换个偏旁啊，需要区别一下，这个老师也得心里有数。另外一个哪一个是多音字，孩子在读的时候容易出错，也需要强调，然后就是词语的理解。

研究者：哦，在学生容易错的地方多强调。

Z老师：对，甚至可以有的时候就得领着孩子去查字典，找意思，一起去学习。然后领着他们比较，换换偏旁换换部首，组成那个字，然后一顿认。（访谈10-9-1）

2. 教师主动引导学生疏通知识——"索性让他用肢体表演出来"

【课堂实录 10-9-17】

M 老师：那 a、e 都有吗？

学生：有，没有（学生不停摆手）

M 老师：到底有没有？

学生：有。

M 老师：××，你一直在用做动作表达意思，来给大家看看。不要着急，你表演出来。

学生：a、e 它们没有在一起。

M 老师：它俩根本就没有在一起的时候。

学生：啊……

M 老师：它俩根本就不再一起，明白了吗？那就是说，没有 a 的时候，有 e 就标在上面。

M 老师组织学生背拼音口诀时发现一个学生在"调皮"，后发现他是无法表达清楚自己的想法以动作引起老师的注意，因此 M 老师索性让他上来用肢体语言表达，不仅组织了课堂纪律还起到了很好的教学效果。我对此做法询问了老师当时决定这样做的想法：

研究者：哦，有一个同学用肢体语言表演了一下？

M 老师：其实那不是我想让他这么做，是他语言跟不上思维，所以就特别着急地在比画。

研究者：那时间那么紧迫了，还把他单独……

M 老师：就当时而言，就只有他知道不可以，其他孩子在那瞎蒙，只有他会，可是，他语言又表达不出来，所以让他到上面比画，就会加深同学们印象，他自己也疏通了知识。（访谈 10-9-17）

面对和处理课堂上学生的生成，需要老师根据自己的教学经验、课堂状况、学生实际、随机体验……综合地进行选择判断。但是面对超出课堂之外的生成，其实最好的方法是"疏"而不是"堵"，在学生原有的生成基础上，引导他们向与本节课有关联的地方靠拢。

3. 教师主动识别的决策——通过读课文发现学生阅读的不足之处

  研究者：我注意到您在让学生分段读课文的时候他们读得并不是很理想，然后您让他们坐下练习读然后重新来读，这个情况是您课堂临时决定的吗？

  H老师：其实这个我之前没有想到，就是在课堂上讲到那儿随机想到的。其实我知道我们班学生的不足就是在阅读这块儿，所以我之前对他们有范读，但是可能上节课过了，这节课他们又不熟练了，所以我就临时决定让他们再练练，虽然有点费时间，但是他们再站起来能够读得更好。

  研究者：我发现您第一次让学生总结很顺利，第二次好像不容易，您又让学生集体读了一遍课文，这个也是您临时做出的决定吗？学生的表现跟您的预期有什么不同？

  H老师：其实这一段比第一段难概括，因为它涉及和包含的方面比较多，学生可能照顾不到那么多的方面，所以说来说去都只是他的一小部分，不全面。但是我也没有预期要学生一下就能够概括出来，如果这样的话，老师在课堂上的作用怎么体现呢？所以我让学生自由读、分句读、把内容反馈出来，这个部分体现老师的主导作用，这是必须要有的。后面就是想在我的引导下，让学生先发散然后再从课文内容中总结出段意。而且再读一遍，学生肯定会有更多的理解。

  H老师：其实我还是跟着学生的思路走的，因为他们一上来就总结的是第4、第5自然段，因为那一部分总结起来比较简单。然后前面的几个自然段比较散，不太容易总结，我就想学生先集中后分散也不错，而且他总结了后面的，又多读了几遍课文，肯定到头来对前面的会理解得更深刻，再概括起来比较容易。（访谈10-10-18）

4. 教师主动识别的决策——采用各种方式来引起学生兴趣
  我的研究伙伴F老师是一名三年级的班主任，他认为按照皮亚杰的认知发展阶段论，三年级小学生有其自己的认知发展程度和学习特点。因为三年级的小学生大部分处于具体形象思维阶段，理解力、注意力都很有限，因此采用比较灵活的教育方式，如讲解的过程中使用一些教具，或者带领他们做做游戏等引起学生注意，让他们对学习感兴趣，进而产生有意义学习的心向，激发学习动机。以下是 F 老师与我的对话：

  研究者：这个问题您怎么看呢？
  F 老师：我感觉这个……多种多样，有的孩子他是属于比较淘气的，另一部分就是从一、二年级他的学习习惯就没有形成，他没有这个概念就是我上课应该很专注地、认真地听老师讲课。所以在面对这些孩子的时候我还是多采用合作学习，有的时候让他做一些……
  F 老师：有的时候搞一些小活动能引起他的兴趣。
  F 老师：让他很感兴趣这样在教学过程中的专注度就更高一些。
  F 老师：但是不能是固定的用那些纪律式的，比如必须得坐好，必须得……
  F 老师：这些规定都不管用，你规定他坐好，他上课就这样……这样左右晃。（访谈 10-7-1）

除此之外，F 老师经常提到的一句话："换一种方法。"也是教师课堂调整时有用的参考。同样的内容，不同的学生，不同的策略，下面的访谈就做了全面的分析：

  F 老师：对，在这个文章当中，你去体会这个字为什么要用它呀？那你还不能问孩子："这块儿你为什么用这个呀？为什么用'贴'呀？什么远处的青山上贴着一副……，他怎么不用住啊？"那小孩儿……我们班有个孩子，答个阅读题，三年级答阅读题，问的是：这段文字当中的哪个字，用得好不好，为什么？他答"我不知道"。就写三个字放在那儿。就是说要是在课堂上你这么去引导，那小孩儿他就很茫然，贴就贴吧，贴也是在那儿，住也是在那儿，对不对？那你就得给他换一种方法。你去读，让他在这个过程中……

F老师：对，让他反复地去读，在读的过程当中，他内心可能有……但是说不出来。你问他明白了吗？他说明白了。其实这就是一种方法，好，你明白了就可以了。那你明白了你能不能试着说一说？你明白什么了？

F老师：啊，对。他说："老师，你看他用'贴'是不是像画一样？一般用画才说贴呀，或者说镶啊，你看是不是像画儿一样，像镶上了富丽堂皇的金边儿，哎，老师我就想着相框那边儿金光闪闪的，很漂亮。"对呀，哎，你真聪明。这不就学会了方法吗？这个字词他就学会了。就三四年级很难把握。（访谈10-8-30）

不论教师主动地还是被动地进行课堂教学决策，教师都要经由"问题认知系统"来识别问题，进而分析问题或意外事件。这是一种认知心理学的信息加工和联结主义取向，因为引起教师决策的思维过程是教师对信息进行接收、加工和处理的过程，也是发生在以某种方式组织起来的神经样态的网络系统的认知事件的操作结果。即引起教师进行决策的"问题认知系统"是一个信息处理中心。教师从课堂环境中或被动地接受、获得信息，或主动地选择、吸收课堂环境的信息，与其记忆中原有的信息交织、共同作用，从而识别、确认当前的状况是否为一个问题，是否成为一个需要决策的问题。如果中枢加工器决定加工系统来发挥作用，识别为需要通过系统决策来解决当前的问题，就利用反应系统，控制着教师的信息加工系统的输出，对问题的刺激做出相应的反应活动，进入决策过程的下一步环节。反之，如果"问题认知系统"认为当前的课堂状况或事件不需解决，即马上排除问题，解除决策，还是按部就班、按照计划安排课堂活动。但这并不意味着在决策过程的初始阶段才涉及排除问题，放弃决策，而是在决策的整个进程中教师需要不断地监控决策的进程，随时根据信息的反馈来决定进一步决策还是放弃当前的决策。

因此，确认问题和界定问题性质是引起决策这一阶段的关键所在。教师在发现问题后应准确地界定问题的性质如何。这就涉及教师是否需要排除这个问题以及通过问题或事件的性质来设计决策的方案，因此准确定位问题的性质是教师课堂决策质量高低的重要保证。教师只有真正了解学生、熟悉课堂的实际情况，才能准确定位问题的性质、特点、范围、条件和背景，才能发现实际情况与计划、期望要求的差距，才能抓住决策的关键，才能进一步分析问题，在错综复杂的课堂环境中找准问题的症结所在，突破设计解决方案的主要矛盾，进而更好地进行决策，解决课堂问题。

引起课堂教学决策的最终目的是解决问题，更好地进行教学。在这个阶段中应注意几个问题：

（1）教师应该主动地发现问题、捕捉问题，使课堂监控真正落到实处，而一旦被动地引发决策也要沉着、冷静，如果可以运用效果好的常规策略来解决就不需复杂的判断和选择的决策过程，因为留给教师决策的课堂时间毕竟是有限的，不能为了决策而决策；

（2）引起决策的问题往往不是需要教师解决单一的问题，很多时候引起教师决策的是多个因素或多个问题，这时教师要尽力抓获主要矛盾，但同时不要忽略次要矛盾；

（3）在识别问题、确认事件性质的时候教师要切忌主观臆断，而要尽量收集更多的课堂信息，以学生为中心进行诊断，不然很容易得出不符合客观事实的结论。

二　拟定决策方案

拟定决策方案即是"寻找解决问题、实现目标的方法和途径"。"决策者应在客观环境及自身条件的允许下，根据决策目标及收集整理的相关信息，尽可能地拟定出多个可行的备选方案。"[①] 因此，这一阶段由两个环节构成：一是确定决策目标，这是教师拟定决策方案最终所期望达到的解决问题的状态，它是设计、选择、评估方案的基准和指示器。二是选择方案，即我们通常意义上所说的"拍板"。只有正确地分析和选择了最优化、最合理的方案才能保障决策的有效性，避免决策实施的盲目性。由于课堂决策有时间和环境的限制，决策过程可能并不完全按照上述两个环节

---

① 郭立夫、李北伟主编：《决策理论与方法》，高等教育出版社2008年版，第13页。

依次推进，拟订方案过程也可能只是临时策略的一种短暂表现形式，但富有经验的老师还是能够在短暂的时间里周到地考虑方案的设计。何况本研究中部分老师也提到，需决策的课堂问题也分为轻重缓急的类型。如果有的问题是属于十分急迫的需要马上拿出决策方案来解决的，上述环节即需要省略，或者需要在短时间马上决策并处理掉才能进行正常的课堂教学；而有的问题或状况可能并不需要马上决策也并不影响正常的课堂进程，老师或者需要移交到课后解决，或者一边在维持和推进正常教学进程同时一边思索并拟定决策的方案，伺机解决。经研究发现，有的拟定决策方案的过程可能是瞬间的决断——本研究称为"即时决策"，这体现了教师的临场机智水平；也有的可能是经过一定时间（课堂的有限时间内）的酝酿、观望、权衡最后拿出方案——本研究称为"延迟决策"，这反映了教师经过缜密、慎重的思考，运用"延迟的艺术"。我们可以从下述例子中具体发现老师拟定决策办法，制订方案时的所思所想：

1. 即时决策情况下拟订方案

（1）临时想出的决策方案

学生是有差异性的，一个班级、一个个体、不同的情境可能情况都会有所不同。因此在课堂提问方式的转变决策中，许多做法并没有固定的套路和通用的策略，只能靠老师临场的判断，可以说老师们也是在不断地摸索和总结不同的提问方式。以下的访谈中 N 老师即是在很用心地一步步摸索训练学生积极思考和培养他们感情的方法，这些方法是其在实施中不断摸索出来的心得。

【课堂实录 10-9-27】

Y 老师：这些资料上面写的是什么？

学生：写了大峡谷的形成和雄伟壮观。有人说在太空看地球，唯一能看到的就是美国的科罗拉多大峡谷。

Y 老师：那么这段运用了什么样的说明方法？

学生纷纷回答：列数字。

Y 老师：谁能来读一读列数字的部分？

Y 老师：那么老师想问一问大家谁能告诉我 1.6 公里是多少

米呢？

学生：一千六百米。

Y老师：那么咱们的这个操场一圈儿有二百米的话，那么有几个这个操场呢？八圈这个操场这样，对不对？是不是这样？

Y老师：再往下看，说谷底宽度为762米，那么相当于多少圈操场？师生一起算了算，差不多三圈半操场。

Y老师：然后说最宽的地方有多少？师生一起换算有二万九千米。

Y老师：用这种列数字的方法，你感觉有什么好处呢？

（经过了前面的铺垫，学生发言比较踊跃）

学生：说明了大峡谷的雄伟壮观。

学生：表达出大峡谷大得吓人。

Y老师：（老师做引导和补充）一方面他让读者感觉有说服力，对不对？（学生答：对）另一方面更具体地告诉我们大峡谷的一些自然情况。

Y老师：（老师总结）所以说列数字是一种非常好的说明的方法。

Y老师：（老师把黑板上的白纸向下移一行）那么谁来读一读这一句话？

老师通过长度单位的换算，与学生熟悉的操场的对比，让学生感受列数字说明的好处。像做一个小游戏似的，让学生参与进来，课堂气氛一度比较活跃，而且形象具体，避免了学生接触数字时产生的枯燥感和陌生感，使学生能比较立体地感受到大峡谷的形态特征。老师的这个设计思路是什么，是怎么想到的？课后访谈Y老师时，他对自己的当堂决策进行了说明：

研究者：我注意可能让任何一个老师去讲数字都是挺头疼的一件事，但是您使用那个操场来对比？……

Y老师：对，因为我对这个数字吧也不是很……但是我觉得孩子最熟悉的就是操场了，他们跑一圈这操场多大呀。

研究者：形象呀。

　　Y老师：对呀，所以我当时就想到了操场。还有我以前有一次问过我们的数学老师，我说你告诉我这操场一圈能有多少，"200米吧"，我怕讲错了，我对数字可迟钝了。

　　研究者：那您这个灵感是怎么来的呢？

　　Y老师：因为之前就讲过长度单位这样的课文，当时以操场为例，你说咱也不知道啊，咱也没量过啊，所以我就习惯以操场为例，而且孩子也熟悉操场。

　　研究者：哦，这是您以前方法的迁移……

　　Y老师：啊，以前也用过但是得结合孩子最熟悉的去引导他们。（访谈10-9-28）

　　怎样让学生感受到列数字的好处，如果当时没有恰当的词语去概括，学生会不容易体会。但是Y老师以前讲过长度单位的课文，以操场为例，把公里换算成学生更加熟悉的千米和米，感觉更具体，用学生最熟悉的操场为例，把米数换算成圈数，感觉更加直观。这种决策可以有所借鉴。

　　（2）调动曾经储备的经验与惯例

　　经过一段时间或一定年头的教学，教师总会积累一些好的做法和惯例。它们在合适的情况下执行后就是课堂的亮点。下面的师生互动的合作学习就表明了这一点：

　　　　研究者：老师，您当时使用一个环节，就是让学生小组合作，一块来完成圈生字的任务，您设计这一环节的目的是什么？孩子们的感受如何？

　　　　X老师：因为原来我们班圈生字是自己圈的，这学期开始我们才采取了合作的方式。当时自己圈的时候，一些差生圈得特别慢而且圈不准，等到讲课的时候他还在那儿圈，有的同学一节课他就在那儿圈生字，后来我想如果采用小组合作方式，小组长带着大家共同来圈的话可能会好一些，可能现在还不能达到每个小组的每个人都圈得很快很准，但每一次在圈生字的时候大家都是这么互助合作的，就能把一些差生给带起来，起码他能圈得比原来要全一些、准一些。

研究者：您这一环节的主要目的就是让比较好的学生带动起相对来说比较差的学生来？

X老师：对，带动他，而且还能经常考一考他，原来我们读课文的时候、小组合作的时候就是四个人每个人读一句，但这节课的课文稍微长一些，所以就没让学生小组合作来读，因为如果小组读，读的时间会很长。

研究者：老师，当时小组合作的时候您的要求是什么？

X老师：因为每次小组合作的时候我都会说要求，所以这一次就没说。要求就是组长带着大家圈生字，一边圈一边读，大家要说每一个自然段你是在哪儿找到这个字的，然后每个人读三遍。

X老师：得根据课的具体内容来确定采用什么方法教学。比如如果是汉字家园，全都是生字，根本不用圈生字，生字全在课本上，这个我们就可以在小组合作的时候让大家说一说用什么方法来记住这些生字。这种课全是识字，可以让学生合作说一说识字方法，但如果是课文比较长的话，只能让学生自己说一说识字方法。

（访谈10-9-7）

X老师通过长时间的摸索对班级学生有了一定了解，也形成了课堂师生互动教学的一些基本形式，其中在适合的情况下调动小组合作的"储备"就会起到良好的课堂教学效果。而且X老师除了运用惯例的做法——小组合作圈生字这一环节时还针对课堂实际情况考虑到了让好学生帮助稍差一点的学生一块圈完生字，同时更考虑到具体教学内容，考虑到时间因素。

研究者：您在最后的时候让学生用"之所以……是因为……"去说话，为什么这么设计呢？

X老师：因为语文讲究字词句段篇章嘛，这就是一个句子的训练点。因为说明文文章里边很少有训练点，但是老师你就得去挖掘，因为你不去挖掘的话孩子只是停留在这个说明方法上，停留在这个自然情况上，那么语文就失去功能了。语文首先就是培养语文素养嘛，所以还得从这个字词句方面，让孩子运用和表达。（访谈10-6-14）

另外，作为课堂教学决策的重要部分——课堂提问时教师也有一些基本的模式和想法，这也是其瞬间决策时有意或不经意调用的：

研究者：比如说学这些生字的时候，您提问学生时都考虑哪些方面呢？

T老师：简单一点的问题就让平时学习不是特别主动的、有一定困难的学生来回答，相对来说，有点难度的，就叫一些好孩子。而且尽量照顾到大多数，一个班四十多个人，但是，如果他总是回答不了问题的话，他就会被淡忘，他自己就变成隐形的了，你也看不见我，我也看不见你，我也不用想，我也不用听，在那儿一待一节课什么也没干，什么也没做，什么也没想，那老师在提问题的时候要想到这一遍哪些同学回答过了，下一遍就要提问不同的孩子，最起码一节课每一人至少提问一遍。

研究者：我发现，你们班也有那种被忽略的孩子，比如说×××？

T老师：有，你要知道一节课有的孩子觉得他说完一遍，他发完言了，他的任务就完成了，就可以不听了，他可能就不动脑了，有这样的孩子。因为孩子毕竟好动，现在二年级的孩子注意力集中时间最长为20分钟。有的孩子你看着他坐得挺稳当的，其实他不一定在想什么。（访谈10-11-8）

在课堂导入中，教师也会临场生成一些新的方案，但是经过几次访谈发现S老师其实惯于使用一些常用的做法，例如我发现一节课他运用的是上节课所学的课文来导入。虽然与教案的设置不同，是临时做的调整，但是这样的调整却是S老师惯性思维下的一种"调整模式"：

我们这一板块儿讲的都是建筑物，它们之间的内容是有联系的，而且我用旧课导入能够起到复习旧知、唤醒旧知的作用，让学生产生一种成就感，全情地投入新课，就是起到一个承上启下、复习的作用。（访谈10-9-8）

2. 延迟决策情况下拟订方案

其实课堂教学出现了问题，除了迅速判断，及时拿出方案来尽快解决之外，有时候教师也会采用冷处理或延迟的策略。研究证明，只有当教学非常不顺利或者教师确认当前情况已经影响到课堂教学甚至课堂状况已经超出教师容忍的限度时，教师才会制定办法去解决。因此在特殊的情况下，教师不会那么轻易做决策，反而会等一等、盘算一下，权衡甚至审度一下才会处理。例如下面的例子：

研究者：课堂上那两个学生您让他站起来是为什么？

X老师：他俩在课堂打架。他俩已经打起来了，我已经瞅他俩好几眼了，特意强调他俩，我想暂时不能影响其他同学。（第一个方案）完了他俩还在那打，那没办法，就让他俩站着吧。（最终方案）

研究者：嗯，我注意到。第一次您用眼神提醒了他们一下。

X老师：对。第一次我用眼神警示他们，而且我在说话的时候特意看着他俩说，旨在就是说你俩赶紧给我停了，赶紧往我这儿来，但是他俩还在那闹，还不收敛，那我就必须给他俩点颜色看看，就让他俩站起来，要不就影响别人了。（第二个方案）下课我找他俩了，就因为一支笔打起来了。（第三个方案）

X老师：如果你一味地去迁就他，你这个课堂一定会乱，我认为课堂就是这样，平时就是这样。另外，适当的惩罚我觉得对学生是有效果的，因为你起码得让他知道他课堂上应该干什么，作为学生，你的天职是什么，就是再碰到这个事儿，你怎么解决，如果你每次都这样的话，就语文课你这样，其他课保不准还会这样，所以说我觉得这个适当的惩罚还是有必要的。（访谈10-11-24）

这节课有两个同学在课堂上打闹，老师先是示意他们，当没有效果时就采用让他俩站在课堂上，但是并没有多说什么，讲课继续进行。在这种情况下，老师采用了"冷处理"的方法，尽量不把事情扩大。因为这节课的任务还是比较重的，稍微耽误一点时间就可能会导致教学任务无法完成，而且学生的注意力会被吸引过去，而不是集中在老师的问题上，影响课堂的秩序和效率。X老师多次强调了课堂秩序的重要性，对学生的惩罚以扰乱课堂秩序、影响到他人为底线，认为一个良好的课堂秩序是保障课堂效果和效率的重要条件。

从上述的例子可以看出，拟定决策方案的首要环节，即是只有先明确要达成的目标，决策方案的拟定才有根据。目标可以看作决策方案拟定的逻辑开端。目标还决定着方案的选择。教师在处理问题时尤其是富有经验的教师经常会储备一些应急解决的方案，但最终被选择的方案往往是教师认为可以最有效地解决问题、最大限度地达成期望目标的方案。我们认为决策过程从全局上看是一个循环往复的"决策环路"，从某一阶段的各个小环节上也是决策主体与决策客体在决策环境中不断搜索信息、评估信息、循环往复直到找到最佳方案，合理地解决问题的动态反馈过程。这个环节不仅仅是简单地对各种方法和策略的取舍，而是将相互关联的项目加以匹配和互补结合，使之形成一个联系、结合、流动、运转的动态系统，使它们从不同角度和不同层面为解决课堂的实际问题发挥作用。在这个拟定决策方案的过程中同样需要注意下述一些问题：

（1）这一阶段是决策过程的重中之重，对决策者的要求是最高的。不同的决策者由于其自身的素质、背景、能力等的差异会拟定不同倾向、不同水平、不同层面的决策方案，而实施不同的方案导致的结果极有可能天差地别。

（2）选择最佳的决策行动方案需要坚持一定的标准，它通常表现为决策主体对问题性质的看法、对决策问题的评估、对决策实现目标的期望。一般来说，这种标准有"最佳""满意""合理""最优""可行"等表述，都是教师对决策方案效果寄予的一种美好期许。

（3）如果教师在设计决策方案时能够有足够的课堂时间和条件，其实并不需要急迫地实施决策方案，可以尝试采用"重头思考"的方式来提高决策方案的有效性。决策主体需重新考虑决策动机、决策依据、决策目标、决策后果等。经过这样一个"冷处理",最终确定下来的决策方案会更为准确、成熟、全面。

三 实施决策方案

拟定决策行动方案之后就要马上进入实施阶段,我们拟定的解决方法是否合理,制订的方案是否有效果都要在实际执行中得到检验。实践是检验真理的唯一标准。无论事先的考虑多么周全、酝酿过程多么细致、设计环节多么缜密,这个拟定方案的过程终究属于主观假设的范畴,不论其拟定的论证过程多么科学、严密,在付诸实施之前,在取得教学效果之前都不能宣布其为百分之百的正确。这是因为人们对客观事物的认识总需要一个由浅入深、由表及里的过程,教师更是如此,教师对于事情的真理性程度说到底仍旧是一个实践性的过程,不论教师经验多么丰富都不能将任何课堂问题在主观认识的范围内得以解决。我们还要承认,教师并不是万能的,教师对课堂上万事万物的认识是有局限性的,这决定了教师事先多么完美的假设和拟定的决策计划都会存在一定的差距,而且这种差距是应该存在的。何况事物是不断发展变化的,课堂环境变幻莫测,学生自有的多变特质,任何一个看似完美的决策行动方案在具体实施过程中都会不免出现一些预料不到的新问题、新情况。因此决策方案的拟定阶段还是停留在理论的层面、思维的运动,其可行性最终还是要经受课堂实践的检验,换句话说,无论是执行预设、临时调整还是临场生成,只有将决策方案付诸实施阶段,在实践中检验才能确定决策方案的可行性程度。

从实效性角度看,实施决策方案阶段的另一个意义在于,实施方案的过程中如果情况发生了变化,教师获取了更多的新信息,教师就不能一成不变地固守计划,而是要灵活监控,机动地组织和协调既定的决策方案,及时反馈信息,及时进行必要的修正,对"决策方案"进行"决策"。这就涉及"追踪决策"。[①] 制订出决策方案并将之实施并不意

[①] 本研究借用了决策理论中"追踪决策"的概念,意指教师是在决策行动方案实施过程中,当发现自己刚才的决策出现问题,没有起到解决问题的效果,抑或是课堂主客观情况发生变化甚至是出现新情况时,对原决策方案所作出的一种补救性的修正或开展新的决策,再次载入决策过程循环中进行检验。

味着决策的完成，反而这一阶段最重要的是针对课堂的问题和状况进行追踪和控制，当发现决策遗憾、决策盲点、决策失误、决策失效或者是"计划不如变化快"时一定要及时组织、调整，在最短的时间内调整、修正原有决策或者是组织新的决策。S老师曾经告诉我课堂不可能没有遗憾，有的老师碍于种种原因而"拖"过去，也有的老师善于总结问题，及时评价，一旦发现问题即要机智补救或坦白不隐瞒，坦诚向学生说明问题，这反而得到课堂上的权威和信赖。

  研究者：您觉得课后反思的作用在于？会给您的决策有所帮助吗？

  S老师：我觉得还是……其实一篇课文吧，切入点有很多，得看你把它放到哪儿，你不可能面面俱到，给学生都讲明白，它毕竟还有课时的要求和安排。但是你作为老师就应该根据教学目标抓住重点，把这个讲明白了，也就差不多了。但是往往会一节课下来觉得，哎呀，这句话挺好的，我怎么没说呢，我有时候有这种感觉。

  研究者：那你下节课会用上。

  S老师：唉，下节课或者利用课后我会给他们补上。

  研究者：怎么处理呢，直接讲还是……

  S老师：唉，我可能跟学生说，老师上课的时候这个地方忽略了，大家应该怎么怎么样，我回去说。

  研究者：有的时候下次上课会用上，给自己提个醒？

  S老师：对。是很重要，因为你没做好嘛。就得……（访谈10-6-6）

  可见，实施决策方案中既然不免要进行"追踪决策"，这就要注意其四个基本的特质：①

  （1）回溯分析。即从原决策方案的起点开始，按照决策程序和决策环境逐步做出客观分析，查找决策失误点及其原因，以便及时修正，迫使追踪决策建立在原有决策的基础上。

---

① 赵新泉、彭勇行：《管理决策分析》（第二版），科学出版社2008年版，第11页。

（2）非零起点。它是指追踪决策是在原有决策实施的过程中发生的。由于原有拟定的决策方案在实施过程中，会随着课堂条件、环境、信息的变化，随着教师和学生的变化，随着时间和教学进程的推移，这都会使得追踪决策产生的时间点和情境点已经不是原来的那个"点"，因此追踪决策一定要充分注意进程的推移对决策过程的影响。

（3）双重优化。双重优化是指一则追踪决策要在新方案中进一步择优，要使新修正的方案优于原有决策方案，不然追踪决策的价值不复存在；另外在拟定新方案或进行修正过程中要使追踪决策的预期执行效果优于原有方案的可能执行效果。

（4）心理效应。这是指既然教师已经发现了原有决策的失误，与其懊悔和遗憾，不如尽快收拾心情，调整状态，尽量消除失误造成的心理压力，在学生不察觉的情况下急中生智，因势利导，再次以积极的心态做出新的决策来解决课堂出现的状况，保证追踪决策的顺利进行。

教师在实施决策方案阶段进行"追踪决策"的意义并不在于为了修正而追踪，而是使课堂的每一个判断和选择都最为接近实际情况，都能真正起到最好的效果，都要避免个人能力水平以及主观因素的影响而干扰课堂良好的教学效果。总之，实施决策阶段要坚持客观性、灵活性和全面性的原则，以真正起到课堂教学决策增进课堂教学的实用价值，更好地指导教师的行动，让教师少走弯路，减少失误，做课堂明智的决策者。

四 评价效果、信息反馈

评价决策的效果是将审视的眼光直接指向了教师决策成果的本身，更是将决策过程视为一个信息反馈的循环系统。评价决策效果，进行信息反馈这一阶段既是整个决策过程的最后一个审核和评估的环节，也是再次决策、引起新的决策的起始环节。也就是说不论是进行决策前，还是在执行决策中，抑或是一个完整的决策过程进行到最后的阶段都不免涉及评价，而这个评价也会成为一个新的信息储备起来，再次进入整个决策信息系统。即本研究认为整个决策过程的每个环节其实都贯穿着总结、评价与不断的反馈信息，只不过有的情况是整体的、系统的、集中的评估和反馈，而更多的时候是局部的、零散的反馈和评价。这是教师不再满足于现有阶段的成果而做出的拓展，也是决策认识过程中表现出来的一种审慎而自觉的"不满"和"质疑"。在这个评价和反馈的过程中，教师要进行深入的思考、谨慎的分析，根据不断反馈的课堂教学结果随时进行调整和修正，多次循环往复，直到教师认定其完成了预期的目标，认定学生得到了确实的发展，评价方可终止，信息不必进入新的系统中进行再次循环。在 A 校的语文课堂教学后，我多次与教师进行了访谈，从中我们可以看到在评价决策效果的反思与总结的阶段，其实也是为再次决策做准备的时候，更是不断储备信息，循环信息，修正想法，从而使教师的决策臻于完美的过程。

"反思与总结留作再次决策的储备之用"

研究者：您上完这两节课之后，对自己的这节课有什么想法？

T老师：我觉得我们孩子好动一些，在课堂调控方面有待加强，第一节课他们可能感觉很新鲜的，识字记忆力很集中，但分析课文这块，有待调整。这篇课文在识字方面能带到目标的，但是朗读方面做得不够，因为时间关系吧，我留意到这些，以后会着重训练的。我下课后都会想一想，晚上也会想一想，这样下次我会"有的放矢"了。

研究者：您这样一个反思总结，都总结哪些方面呢？

T老师：第一个是总结教学效果，看孩子学得怎么样；第二个是总结学生的学习状态，第三个是反思教学方法，看教学方法是否合理，是不是讲得很顺，因为一节好课，讲下来是很顺的，自己讲完了也非常高兴、舒畅。比如说第一节课识字还是比较顺的，第二课时孩子分析起来就有点困难，找句子找的也费劲，读句子也费劲。什么原因呢，就是这阵子朗读、阅读训练弱。（访谈10-11-8）

其实教师进行评价与反思的过程，除了自己进行反思之外，他们还会寻求与同伴交流、请教专业人士等方法进行自我评价，而这个评价的过程本身即为再次决策做出了准备。例如新手教师小 L 就告诉我：

课后我回想，第一节课结束我觉得应该有时间处理一下第一自然段的，但在找含有"虽然，但是"的句子那块浪费了一些时间，用它来造句，孩子们感觉还是挺难的。这块处理得不好，下次我还得想个别的办法讲。再次，就是识字这一块吧，我感觉我们班用的时间应该再少一些。但实际上今天的进度和平时是一样的，我和其他老师也交流过，为啥我们班进度这么慢，实际上没有办法，我们班只能是一节课完成识字，一节课完成阅读。（访谈10-9-17）

　　教师不断对决策效果进行监控和评价，随时将信息反馈到决策运行系统中，这使得决策运行过程中不论进行到任何一个阶段都可以在大的决策运行体系中做出小的决策。例如在四个基本循环的步骤中不断审视和丰富信息，对决策问题进行深入认识，一旦发现新的情况，随时识别情况的性质，或排除掉问题，或继续运行，决策运行过程完全可以中断、跳跃或减少步骤，而这完全取决于教师对课堂信息的判断和审度。这种通过反思、评价和反馈的决策效果，有的时候在课堂上即可显现，教师即可及时意识到并采取调控措施，但教师反映有的时候到课后，事后一段时间才能意识到甚至领悟到，因此这种评价效果和信息反馈其实是有一个延迟周期的。曾经有教师告诉我一旦出现这种情况，他在课堂上会尽快做出反应，如果评价结果没有得到落实，虽然心里颇为遗憾或难过，好在语文学科本身所具有的渗透性和灵活性让教师可以采取课后或下次课上将反馈的信息和评价的效果进行弥补。

第三节　课堂教学决策运行过程的合理性准则

　　"曾有人这样质疑我：'你对合理性的论证是什么？'——这是一个毫无意义的质疑，因为'论证'（argument）这个概念本身就预设了合理性标准。因为一个以论证、推理等形式出现'捍卫'观念已经预设了合理性的约束，因而再来要求这种捍卫是毫无意义的。合理性约束是普遍的，它被嵌入到心灵和语言的结构之中，特别是被嵌入到意向性和言语行动的结构之中。正如我在本书中尝试所做的那样,一个人可以描述合理性约束是如何运作的,也可以批评其他的此类描述,但合理性自身既不需要也不容许对它的论证,因为所有的思想和语言,进而所有的论证都预设了合理性。一个人可理解地就其展开争辩的是某种具体的合理性理论,而不是合理性本身。"①

——约翰·塞尔:《行动的合理性》序

决策的本质是"选择"。教师所做的决策一定是其最终选定的决策方案,何况课堂教学进行决策并不仅仅为了"做决策",而要通过决策解决实际问题,产生效果。因此,这就涉及评价课堂决策效果的问题。具体来说:老师们做决策的判定依据是什么?老师决策过程中是否遵循着一定的"准则"或"标准"来进行判断和选择行动方案?老师又是通过什么来评价自己所做出的决策的效果?如果有的话,这些"依据""准则"或是"标准"都可能是哪些内容?因此,这就涉及两个问题:一是教师课堂临时决策时应该有所依据,即老师根据这些"判定依据"会最终选择一个策略来解决问题;二是教师决策的水平有高下之分,不同决策方案产生的效果也会有所不同,这些"准则"可以从某种程度上衡量教师决策的效果。

但是研究者从实际个案学校老师的访谈和课例分析中发现,由于课堂主客观条件的限制和各种因素的制约,教师往往不可能短时间内提出多个备择方案,而只能针对关键问题进行决策,集中解决主要矛盾。而且教学效果是一个短期和长期效果交互作用的结果,课堂上一时的短期评判结果并不能代表后期的效应,后续的教育教学效果其实更为复杂、更隐秘。因此,这说明并不能以一定的"判定标准""依据"或"准则"来绝对地衡量教师决策产生的效果、作用。在 A 校的老师们交流中也经常可以感受到,其实老师们都在结合自己的知识、经验和认识,尽可能地综合考虑各种因素,合情合理合宜地产生判断、做出选择。但课堂教学决策的决策主体是教师,每一个分析和判定都是由教师发出

---

① John Searle, "Introduction" in Rationality in Action, The MIT Press, 2003. ch. 1.

的，这难免不带有主观性，况且决策的水平和质量在很大程度上还取决于教师自身的素质，如知识、能力、心理和偏好等。另外，制定决策中还要受到环境、学生、社会等多种因素影响，这使得我们还需从某种层面、某种水平上来提出相应的判定依据、评价准则来衡量教师的课堂教学决策。

普适性的决策理论指出，对于合理化的决策方案的评价和分析标准一般有"最优选择标准""满意选择标准"和"可行选择标准"。最理想的是做出"最优"的决策，退而求其次"满意"的决策也会保证决策的质量和课堂的教学效果，而"可行"是最次之的，也是最基本的，这三种尚属教师认定的合格的决策标准。个案学校和辅助性调研学校 N 小学、F 小学的老师们曾经"不约而同"地告诉我，其实他们在选定采用某种决策来临场解决问题时，根本没有那么多时间来考虑哪个"最优"、哪个基本"可行"。反之，他们纷纷表示过以"合格""满意""合情合理"等本土概念的词汇为代表的一种标准更符合他们的实际情况，也是他们在真实课堂情境中较为现实的决策依据。倾听这些来自一线的声音，经过整理和分析这些真实的想法，本研究认为个案小学课堂教学决策呈现出一种明显的特质，也是运作过程中很重要的一点，就是其决策过程中蕴藏着一定的"决策准则"。综合来看，它不是课堂决策的最佳或最优的标准，而是一种合理性准则在指导着教师的决策。

一 合理性的内涵分析

合理性（rationality）最早是一个重要的哲学概念，合理性问题也是一个西方哲学和社会学研究的主要问题。从古希腊的本体论哲学、中世纪的宗教哲学至近代的认识论哲学、现代的科技哲学及后现代文化，合理性问题一直是其研究的重要问题之一。社会学自从哲学中分离之日起，合理性也成为其基本问题之一。除此之外，在很多相关学科中，围绕合理性及其与之相关的有理性（reasonableness）、非理性问题的研究成果也十分深刻而丰富。对合理性问题理解的关键在于对合理性概念的理解，明确了合理性的内涵，自然也就明晰了合理与否的标准。

对于合理性内涵的理解，首先要从"理性"的分析开始。因此回溯

"理性"概念的发展与演变,将是认识合理性的重要基础。在西方社会思想中,尤其是近代的契约论、自由主义、科学精神等基本理念的形成都是凭借理性的支撑而发展起来的。可以说,"理性"的概念占据着核心的地位。"理性"源于古希腊思想中的两个核心概念:"逻各斯"(Logos)和"努斯"(Nous)。"逻各斯"在希腊语中本意为"话语",后转化为规律、公式、分寸之意,并由此发展出"逻辑"一词,这是作为普遍的法则、规范的理性;"努斯"本是"灵魂"的意思,属于高级的、完全超越物质性和感性的灵魂,即"理性灵魂",这是作为个体向上超越的精神能力的理性。因此,"理性"不仅是一种高级的认识能力,而且是一种客观的宇宙法则。① 其后,"理性"的概念在苏格拉底、柏拉图和亚里士多德的哲学中,获得了较为明确的形式,这时尚属于古典主义的"理性"。苏格拉通过运用发难和批判流行观念的辩证术,将人们的认识引向对事物本质的寻求;柏拉图认为,现实事物都是"理念"(eidos)的模本,而善的"理念"是所有一切事物都共同追求的最高目标;而亚里士多德作为古希腊"理性"传统的系统阐述者,他曾明确提出:"人是理性的动物。"他认为"理性"指人类高于感性的理智的能力,是超越感性事物之上进行判断、推理的有效工具,它是由权衡、平衡、期望和判断等此类性质的功能组成。

因此,理性的作用就在于支配、控制、协调所有决定人类行为的因素。理性为人类所独有,它是灵魂中较高、较优的部分,操修"理性"而运用思想正是人生至高的目的。近代哲学围绕理性作用的成果也很丰厚。休谟认为:"理性不但是而且应该只是感情的奴隶,除了为感情服务和服从感情以外,绝不能自称有任何其他职能。"② 笛卡尔将理性比作"自然之光",通过理性直觉可以得到不证自明的真理,而演绎理性的方法可以获得科学知识的途径。后继者莱布尼茨、斯宾诺莎等提出"理性就是自由",从理性中寻找人类道德追求的来源,认为人正是凭借理性才得以超越机械世界的制约,实现意志的自由。后来的康德、黑

---

① 北京大学外国哲学史教研室编译:《西方哲学原著选读》(上卷),商务印书馆1999年版,第39、40页。
② [英]阿伦·布洛克:《西方人文主义传统》,董乐山译,三联书店1998年版,第94页。

格尔终结了自然理性观,到自我意识中去考察理性的来历。康德通过对理性的纯粹思维状态(pure reason)、实践应用状态(practice reason)和整体超越状态(judge reason)分析得出理性不仅是法则,它还是人的自由本性,它不仅提供工具性手段,而且追求完美与超越。由此,康德确立了人在理性中的主体性地位。① 黑格尔更进一步勾勒了一个"大写的理性"形象。这集中体现在黑格尔的《精神现象学》和《法哲学原理》两部著作中。黑格尔的"理性"之内涵有两层含义:一是与"精神现象"或"意识形态"是同义语的"理性";二是历史发展中涉及许多道德伦理问题的"理性"。② 在黑格尔看来,"理性"表现为一种历史的、辩证的方法。黑格尔的理性概念具有特殊的批判性,这种"自我否定性"表现为概念的运动原则,即概念辩证法。③

合理性问题是在理性的反思和批判中提出的。但是合理性问题的实质,并不是对理性的简单批判和否定,其真正目的在于消除理性的绝对性和至高无上性,恢复对理性的正确理解,使理性问题回到其应有的合理地位。在哲学和社会学的视野中,合理性一直是认知科学、行动哲学、心灵哲学、科学哲学、政治哲学、伦理学、社会学等众多学科的重要难题之一。哈贝马斯在《交往行为理论》开篇即指出:"意见和行为的合理性是哲学研究的传统主题。"④ 美国哲学家拉里·劳丹(Lauran. L)也曾强调:"二十世纪哲学最棘手的问题之一是合理性问题。"⑤ 西方哲学和社会学对合理性的探讨源远流长,历史上众多哲学家、思想家都提出过对合理性的看法和理解,他们编辑了一部厚实的《牛津合理性手册》,收集了多个领域的专家学者就合理性问题的论文,因此合理性是一个内涵丰富的问题。

合理性的基本含义首先是由社会的合理化议题得到界说和进一步展

---

① 姚德薇:《近代西方社会思想中"理性"概念的发展与演变》,《淮北煤炭师范学院学报》(哲学社会科学版)2010年第6期。
② 陈爱华:《黑格尔理性概念的自我否定性》,《江苏社会科学》2010年第5期。
③ [德]黑格尔:《精神现象学·译者导言》(上卷),贺麟等译,商务印书馆1996年版,第7、21、31页。
④ [德]哈贝马斯:《交往行为理论》(第一卷),曹卫东译,上海人民出版社2004年版,第1页。
⑤ [美]拉里·劳丹:《进步及其问题》,刘新民译,华夏出版社1999年版,第122页。

开的。社会的合理化论题在18世纪的历史哲学中已有所涉及,并被19世纪的社会进化论所吸取与改造。早在社会学创始人孟德斯鸠和孔德时期即对社会生活和社会现象的本质和规律问题进行合理性的探讨。其后诸多哲学家的理论都对合理性问题有所论述。"例如逻辑实证主义代表石里克(Schlick, M.)、卡尔纳普(Carnap, R.)提出以'证实''确证'为基本概念的经验证实的合理性理论;艾耶尔(Ayer, A. J.)在其《语言、真理与逻辑》中讨论了价值判断的合理性问题;卡尔·波普尔(Popper, K.)在其早期代表作《研究的逻辑》中提出以'可证伪性'为核心的一整套科学合理性理论;哈贝马斯(Haberms, J.)在《交往行动理论》一书中提出以'交往'为基础的社会合理性理论;普特南《理性、真理与历史》一书的重要思想是对合理性的两种观念之批判以及对合理性与'真'之间关系的探讨;劳丹的《进步及其问题》则围绕合理性与进步之关系探讨科学的本性;罗尔斯(Rawls, J.)在《正义论》《作为公平的正义》中,提出了关于合理性与有理性的独到理论……"[①] 而真正使合理性的论题得到广泛而深入讨论的主要是马克思的历史唯物主义、韦伯的社会理论、米德的社会心理学、帕森斯的社会结构理论和哈贝马斯的交往行为理论。

在马克思的思想论述中,合理性被称为"实践的合理性"。它是以马克思主义哲学的实践唯物主义观点,从实践人类学的角度来阐释实践合理性的问题的。合理性及其在历史理性化进程中的各种发展和展现是德国社会学家马克斯·韦伯(M. Weber)最核心的主题。虽然韦伯并未对合理性的概念作明确的界定和说明,但其宗教社会学、法律社会学、政治社会学等一系列著作都是围绕或涉及了合理性问题。韦伯关于"合理化"的研究较为全面地表明了西方社会学所理解的"合理性"的基本含义。

韦伯认为"社会行为"是微观社会学的关键概念,分析其中蕴含的合理性意蕴,说明合理性是客观的和包含价值的。"社会行为由下列条件来决定:第一,目的合乎理性。即通过对外界事物的情况和其他人的

---

① 陈常燊:《戴维森的合理性理论研究》,博士学位论文,中国社会科学院研究生院,2010年。

举止的期待,并利用这种期待作为'条件'或者作为'手段',以期实现自己合乎理性所争取和考虑的作为成果的目的。第二,价值合乎理性。即通过有意识地对一个特定的举止的、伦理的、美学的、宗教的或做任何其他阐释的——无条件的古有价值的纯粹信仰,不管是否取得成就。第三,情绪的、感情的。即有现实的情绪或感情状况。第四,传统的、有约定俗成的习惯。"① 韦伯对合理性的贡献还在于其在《经济与社会》及《宗教社会学论文集》将合理性区分为实质合理性(substantive rationality)、形式合理性(formal rationality)、价值合理性(value rationality)、目的合理性(purposive rationality)。② 在个人行动层面可将合理性区分为价值合理性和目的合理性;在社会文化层面可分为形式合理性和实质合理性。形式合理性最主要的特征是借着参照普遍应用的规则、法律或规定,来合法化地计算。它是一种客观的、外在的合理性,例如内部协调性、适应性、可操作性、逻辑性和语言明确性等。而实质合理性并不以纯粹的"手段—目的"的计算来解决日常问题,而是关联到一个价值预设,例如平等主义、封建制度、社会主义、共产主义等。因此实质合理性强调内在的、带有价值判断的合理性,带有很强的目的选择。可以说,韦伯的"合理性"含义是与结构化、规范化、程序化、制度化联系在一起的,合理化的根据是一些普遍的理性原则和规范,合理化的实现是在具体层面上由目的合理性、价值合理性和工具合理性共同作用来规范个人、群体和社会的行为来确立经验普遍准则的。

  帕森斯虽然没有明确标注其理论是合理化的理论,但他的唯意志行动理论、现代化系统理论都间接地糅合或论述了合理性问题。而当代哲学家社会学家哈贝马斯在继承了韦伯的基本研究路向基础上,整合马克思、米德、涂尔干、帕森斯等的理论对合理性进行了当代的重构。哈贝马斯则认为一切传统社会学理论核心的议题就是"合理性"。哈贝马斯的"合理性"是在对宗教、形而上学世界观解构的基础上重建经验世

---

① [德]马克斯·韦伯:《经济与社会》(上卷),林荣远译,商务印书馆1997年版,第56页。
② (台)陈奎熹等:《教育社会学:人物与思想》,华东师范大学出版社2009年版,第66页。

界的普遍准则。他从交往行为中引发实践合理性的论题,认为社会规范及其结构是建立在交往行为基础之上的,或应在交往行为的基础上得以合理性重建。哈贝马斯视合理性为交往主体的一种能力,是以语言行为为基础,以交往过程中的相互协调和相互理解为基本机制,在主体的活动中来呈现合理性的各种表现形式和具体、丰富的内涵,旨在达到交往共同体中,各主体间所共同接受的合理目标的行为关系网络总体。这样,交往合理性的概念就深入到人类社会实践的规范性基础和条件的合理性层面,提倡一种无强制的、开放的、自由的交往,克服了工具理性的片面性、狭隘性,恢复了被工具文明所掩蔽的人的意义。

需要指出的是,合理性还是戴维森哲学的重要概念。戴维森著作的相当一部分都直接或间接地、正面或侧面地触及合理性的问题。在许多学者看来,戴维森从多个视角对人的非理性问题展开考察,与哲学心理学、语言哲学、行动理论等相辅相成、融为一体,构成其整体性哲学中不可或缺的重要部分,并由此发展出了一套非常丰富、完整,且富有特色的合理性理论。他早年以合理性为核心概念展开决策论研究。理性行动(rational action)是他早年从事的决策理论研究的核心课题之一,到晚年形成了一套以合理性概念为基石的"思想、意义与行动的统一理论"。戴维森的贡献在于其合理性理论并不孤立于其意义理论和行动理论之外,而是与他的整体性哲学紧密结合,从而与"真"之概念和整体性原则一起,为他后期的"统一理论"奠定了一个坚实的理论基础。

其实我国儒家思想中也有关于合理性和理性的探讨,从哲学、思想史的角度进行论述的有成中英、蒙培元、李泽厚等,他们都指出儒家思想的合理性是一种道德合理性、情感合理性和实用理性。[①] 儒家学说包含的合理性"提供给行动者行动的一种背景知识或用来论证自己行动的知识。当然,这种知识也体现在文化知识、制度知识、君子人格知识三个层面"。[②]《社会科学百科全书》对合理性作出的综合性解释是:"合理性是一种个人或集体在其思想、行为或社会制度中展示的特质。对合

---

① 参见成中英《合外内之道——儒家哲学论》,中国社会科学出版社 2001 年版;蒙培元《情感与理性》,中国社会科学出版社 2002 年版;李泽厚《论语今读》,安徽文艺出版社 1998 年版。

② 陆自荣:《和谐合理性》,博士学位论文,上海大学,2005 年。

理性特点的标明或规定，不论个别还是联合，都可发现有种种特色：①一种与冲动行事或盲动相反，只是在深思熟虑后行动的倾向；②倾向于按周密计划行事；③行为受制于抽象的或普遍的法则；④工具的效力，与听任习惯或冲动选择工具相反，完全按其在实现一个明确指定目标中的效力去选择工具；⑤倾向于在选择行为、制度等之时着眼于它们对简单明了地说明准则的贡献而不是用繁冗含混的推则去评价它们，或凭其惯例去接受它们；⑥倾向于将信念和（或）价值观系统化于一个严密的体系；⑦倾向于认为人是在理性功能的发挥或满足中，而不是在情感或肉欲中得到实现的。"① 由此可见，无论古今中外，合理性都是与冲动、盲目和非理性相对的一种思想或行动倾向，内在地遵循某种普遍的或抽象的价值法则，通过审慎、严密的价值体系来发挥决策主体的理性功能。

二　运行过程中的五项合理性准则

在澄清合理性问题的内涵基础上，下面将阐释课堂教学决策本身合理性的问题。透过不同的"理论之眼"洞察的"理论视野"是不同的。政治学呈现的是"权力"之眼，经济学使用的是"利润"之眼，而哲学提供的是"分析"之眼。对于一个命题本真的追问需要撷取不同的理论分析视角。正是依循这种基点，我们有必要回到原点，首先借助哲学和社会合理性的基本框架来分析课堂教学决策合理性依据的具体内容。

阿根廷哲学家 M. 邦戈曾在《合理性的七种需求》中还列举了合理性的七种概念。即概念的合理性、逻辑的合理性、认识论的合理性、方法论的合理性、本体论的合理性、价值的合理性、实践的合理性②；许布纳将合理性划分为逻辑合理性、经验合理性、行为合理性和标准合理性这四种类型；A. Eisen 从韦伯著作中归纳出合理性概念共包含六个要素：目的性、可计算性、控制性、逻辑性、普遍性、系统性。③ 而哈贝

---

① ［英］亚当·库珀等主编：《社会科学百科全书》，第 634—635 页，转引自熊川武《反思性教学》，华东师范大学出版社 1999 年版，第 13 页。
② 刘李胜：《决策认识论引论》，博士学位论文，中共中央党校理论部，1993 年。
③ （台）陈奎憙等：《教育社会学：人物与思想》，华东师范大学出版社 2009 年版，第 65 页。

马斯和韦伯也曾明确区分合理性的层面或领域：哈贝马斯将合理化明确区分为伦理合理化和认知合理化，并将其与生活世界和体系的二层面理论结合起来。即合理性同时贯穿于文化、社会和行动者行动三个层面，原则上讲，也同时和三个世界（客观世界、社会世界、主观世界）相联系，形成合理性复合体。① 韦伯将合理性区分为文化、社会、行动三个领域。这三个领域对应的合理性分别是价值合理性、形式合理性和工具合理性。② 韦伯认为合理性是人们通过理性的计算而自由选择适当的手段去实现目的，因此他从"运用手段""确立目的"和"确立价值方向"这三个角度解释实践合理性的概念。

在我国教育研究领域，最早对教育实践合理性进行探索的是华东师大的熊川武教授。他从考察一般实践合理性入手，将这些观点的实质联系起来，通过联系教育实践进行分析，指出教育实践是"由在特定环境中如何实现教育的重要目的的信念指导的行动，精髓在于实践主体行动合目的性与合规律性的统一"。③ 熊川武教授在其著作《反思性教学》和相关学术论文中还提出了教育实践合理性要满足三个条件："第一，要具有明确的教育目的，即合目的性。第二，教育主体的行动遵循教育规律。它包括自然规律和自为规律，通常说的'教育要适应社会政治经济发展要求的规律'就是这种规律。④ 认识并驾驭这两方面的规律即是合规律性。第三，合目的性与合规律性协调一致。这指一方面合目的性以合规律性为前提。另一方面合规律性以合目的性为指导。"⑤ 这为我们认识课堂教学决策合理性依据奠定了认识论基础。

决策理论大家西蒙在提出"有限理性"和"客观理性"概念时曾指出能以最佳方式达到目的的决策行动就是客观理性行为。但现实中不

---

① Habermas Jurgen, The theory of communicative active, Vol.1, Beacon Press, 1984: 237-239.

② 陆自荣：《对韦伯和哈贝马斯合理化理论的研究》，《中国矿业大学学报》（社会科学版）2005年第4期。

③ Hill, J.R., Hannafin, M.J. Cognitive Strategies and Learning from the World Web Wide ETR&D. Vol.45, No.4, 1997: 37-64. 转引自熊川武《论教育实践合理性》，《华东师范大学学报》（教育科学版）1997年第4期。

④ 熊川武：《论教育实践合理性》，《华东师范大学学报》（教育科学版）1997年第4期。

⑤ 熊川武：《反思性教学》，华东师范大学出版社1999年版，第16—18页。

必做到如此完美。课堂上更是如此，其实很多教学效果良好的决策往往不必囿限于最佳和最优，正如西蒙主张的"有限理性"所指出的那样，教师临场决策时完全可以不必想出全部解决方案后再进行择优，只需单刀直入考虑最为重要的，直接关涉后果和效果的；也不必考虑整套价值体系作为评价决策方案的选择标准，而是依据几个关键的、当时迫切需要的合理性依据来进行取舍。因此，尽管合理性的准则涵盖了多种内容和层面，本研究依据个案学校的实际情况提出下述五点为个案校课堂教学决策运作过程中的合理性依据。

1. 合目的性

在汉语中"目"有注视、看、视野等含义。"目的"是指行为、活动结果所预先设想或拟定的要求、标准，是这些具体行为、活动的奋斗方向。人类活动的目的性总是与方向性、与结果性联系在一起。本研究所指的合目的性是指教育教学领域的目的。我们讨论的合乎目的性的大前提是这个目的本身是合理的、正确的。其实任何教学行为都离不开相应的目的，任何教学活动总是受到某种意图的支配。目的是教学主体立足于当下情况，预先确定的、在具体教学过程中所要达到的教学结果，是以目前的教学活动为依托，指向未来的预测的结果。因此目的对教学具有导向性和激励性。课堂教学决策是教师为了解决问题、提高教学效果而进行的判断和选择活动，因此其有着明确的目的和所要达成的效果。一方面课堂教学决策的合目的性具有一种导向的功能，即对整个教学活动、对具体的课堂教学决策行为具有指引的作用。由于目的是对行为活动预期结果的展望甚至是定位，因此目的必然影响并在一定程度上决定着教师进行课堂决策的设计、安排、实施和评价。换句话说，教师进行决策的首要依据是一定要符合教育教学的目的，这将决策活动限定在正确的轨道上，尽管课堂上意外状况不断，教师也不至于偏轨。另外教师决策过程中还要时刻注意考虑是否切合决策方案的预期效果，这将指引教师更好地进行执行和贯彻，也利于教师根据实际情况，根据预期效果进行灵活地调整细节。课堂教学决策并不是教师的主观臆断，而是立足目前课堂实际情况对所需解决问题的一种未来大胆的推测，这种推测不能是恣意妄为的猜想，而要立足于课堂临场实际情况而做出科学的、正确的决定。因此，课堂教学决策的合目的性将会定位教师的决策活动，使教师掌握正确的方向，紧跟着正确的、合理的目的的导向，排除无关的干扰和刺激，从而能够专注于决策过程中。合乎教学目的是决策活动的起点也是终点，在合目的性的指引和导向下，教师在课堂教学决策制定和实施过程中更加科学、更加慎重。

另一方面合目的性的根源在于教师的教学行为和思想要源于教师对国家教育方针政策、对课程计划、标准，对各级各类方案和规范，对学生的充分理解和把握；根源于教师对教学、对学生本质的掌握，因此合乎目的性成为衡量课堂教学决策方案效果的尺度和标准。教育教学的目的支配着教学主体的行动，合乎目的性将使决策最大程度上与教育价值契合。而且课堂教学决策的目的是决策系统内各组成要素的联结点和灵魂，对决策中其他要素起着聚合、统领和协调的作用，决策合乎目的性、紧紧围绕正确的目的将使决策要素发挥出最佳的整体效能。正是有了这个"活的灵魂"，才使决策体系中各个要素有机地聚合在一起，构成良好的运行系统并能够有效地运作。可以说，课堂教学决策越切合教育教学目标，决策运行过程中的各个要素越能够发挥出最大的作用，使得教学效果最优化。

2. 合规律性

规律是一个长期困扰我们的重大哲学问题。由于人的活动离不开客观规律，规律又是一个重要的实践问题。《辞海》把"规律"界定为"事物发展过程中的本质联系和必然趋势"。而所谓客观规律，简单地说就是"事物之间稳定的内在的基本联系或属性"。[①] 而且任何事物的运动、变化和发展都有其规律性，而任何规律都是不可随意改变的。这说明事物发展过程中前提和结果之间存在着不可更改的、必然的联系。在现实问题中，客观事物本身的变化规律更不会以人的目的、意志和倾向为转移。正因为如此，人的实践活动必须遵循内在的规律，而且要利用规律来达成目标，甚至控制或改变事物发展的趋势。教育实践合理性的精髓在于实践主体行动合目的性与合规律性的统一。而哲学家笔下的合理性一般具有最基本的两层含义：一是合乎主体的目的性，二是合乎客观世界的规律。人所追求的目的越正确，对规律的认识程度越高，对

---

① 裴娣娜主编：《教学论》，教育科学出版社2007年版，第19页。

价值目标与规律认识越一致，人利用规律来达到活动的效果就越好。课堂教学是实践的过程，在这一过程中是"主体不断地认识客观世界的规律，达到对世界的真理性的把握，使得人的活动合乎客观规律"。① 人们的决策认识符合客观规律性是决策实践活动取得成功的必要条件，因此，合规律性也是教师进行课堂教学决策的重要依据之一。

千百年来的教学实践和教学理论的研究表明，教学活动是有规律性的。其实认识教学实践活动的变化、运动、发展的客观规律，正是教学研究的基本任务之一。"研究客观存在而不带任何主观随意性的规律，这是任何一门科学要想成为真正科学的根本立足点。"②《学记》就曾明确指出"既知教之所由兴，又知教之所由废"，还提出耳熟能详的"教学相长、长善救失、启发善喻、教学相长"的教学基本规律。这说明古时的先秦教育家就已深刻意识到教学效果的高低不同是有条件的，更是有章可循的，并做出了丰富的探索。熊川武教授指出，"教育主体的行动遵循教育规律包括符合教育对象与教育工具（内容、途径、方法等的总称）的特性"。这里所指的"教育规律"一方面指自然规律，"例如学生的生理发展规律"；另一方面包括自为规律，即教育主体自我选择自主创造等构成的运动规律等③，"认识并驾驭这两方面的规律，便是合规律性"。④ 课堂教学决策问题是一个教育教学实践的问题。"教学实践合规律性是教学实践各要素按照自然规律和社会规律（或自为规律）以及思维规律相互作用形成整体效益的教学特性。"⑤

一般来说，教学实践合规律性需要满足如下要求："①要全面遵循规律，如学生生理与心理的阶段性和个别差异性规律；教学工具（包括内容、途径、方法等）的制造与作用等自为规律；学生思维由具体形象思维到抽象逻辑思维等思维发展规律。当然，这些规律是相互影响的。即使教学工具的制造与作用似乎主要依靠自为因素，但也不能脱离自然

---

① 陈兴华：《应当：真理性和目的性的统一》，《哲学研究》1993年第8期。
② 王策三：《教学论稿》（第二版），人民教育出版社2005年版，第52页。
③ 刘福森：《社会历史过程中的主体性、合目的性和规律性——历史唯物主义研究中的观念变革》，《哲学研究》1988年第10期。
④ 熊川武：《论教育实践合理性》，《华东师范大学学报》（教育科学版）1997年第4期。
⑤ 熊川武：《论反思性教学》，《教育研究》2002年第7期。

因素的制约。②要发现规律。任何发展着的教学实践都是不断解决新的教学问题的实践，这些新问题蕴含着规律。因此合理地既按照目的又按照规律解决新问题，必然发现新规律。可见，发现教学新规律是从教学实际出发遵循教学规律的结果。③要'双向'合规律。由于规律是一种本质的关系，因此'关系'双方都有与另一方处理好关系的'责任'。"① 对于课堂教学决策合规律性来说，一是要依据科学的学习原理、教育教学理论、学生心理、身心发展特点等对课堂现状进行恰当的处理和安排。因为科学的原理和理论是对教育教学规律的客观反映和总结，是教师将经验上升到理论与科学层次的重要前提。在课堂教学中，我们不难发现，不熟悉、不懂得运用科学理论和教学规律的教师无法对课堂问题做出正确的考虑、规划、设计和判断，就会出现面对现场决策时的盲目凭感觉走，随意性发挥，影响教育质量和课堂教学效果。二是课堂教学决策的制定和实施要遵循学生的规律和身心发展特点。实践证明，缺乏对学生真正和全面的考察的课堂是无法收到真正意义上良好的教学效果的。教师作为课堂决策的主体，应以"学"定"教"，以"境"定"策"，认识并遵循学生的特点、实际状况、学习兴趣、身心特点，以此为依据进行决策。所以教师在进行决策的时候自觉遵守教学内在规律，对课堂状况和矛盾的处理遵循客观规律，才能摆脱狭隘的经验主义和主观主义的窠臼，才能进一步追求决策的合理化和最优化。

需要强调的是，"单纯的合目的性或合规律性都不是完整意义上的教学实践合理性"。也就是说，课堂教学决策合理性应该把合目的性和合规律性统一起来："一方面，合目的性以合规律性为前提。另一方面，合规律性以合目的性为指导。这意味着，教学主体在教学目的指示的范围内，在实现教学目的的过程中探讨并遵循规律。教学主体是为了达成教学目的而去合规律，不是盲目地合规律。"②

3. 合发展性

本研究的"合发展性"的主要对象是指学生的发展并促进学生的发展。发展（Development）有两层含义：一是由小到大，由简到繁，由

---

① 熊川武：《论反思性教学》，《教育研究》2002年第7期。
② 同上。

低级到高级,由旧物质到新物质的运动变化的过程和变化的趋势,此为积累;二是发挥,施展,是为迁移。人的发展,是指在对立、统一、转化的相互作用过程中,优化人自身的素质结构及与相关事物之间的要素与结构,提高认识事物、变革事物、驾驭事物、创造事物、适应环境与创造和谐关系的能力,提高人生的价值与精神境界。① 教育教学要符合人的发展性。苏联教育家赞可夫在其主编的《教学与发展》一书中就全面阐述了"发展教学观"理论。他指出:"第一,要在教学目标上注重学生的'一般发展'。一般性的发展包括智力、情感、意志、道德品质、身体和个性的发展。这是人们进行创造性劳动的基础。第二,在教学任务上提出高质量的知识掌握和最大限度的智力发展的协调统一。第三,在教学特性方面,强调教学与发展、知识与智力结合起来,用发展促进教学。"② 因此我们应该认识到教学过程中认识性与发展性是相互影响、相互联系的。"学生的认识活动是知、情、意、行相统一的过程,认识水平的提高会促进各方面心理特征的发展,而心理特征又会促进学生认识能力。"③ 因此,合发展性是指发展学生个性的教学观念中逐步渗入发展共性的思想,促进学生发展成为普遍的教学目的。"课堂教学着眼于促进学生的发展,侧重于观察和衡量学生的表现,着眼于促进教师教学水平的提高。"④ 课堂教学决策合乎发展性的基本目的在于促进学生真正意义的提高和改变,具体表现为:第一,合发展性着力于学生的内在情感、意志、态度的激发,着力于促进个体的和谐发展,强调以人为本。第二,合发展性强调教师决策意识的多元化,主张评价学生自我完善、自我调控、自我认识、自我反馈等的作用。第三,合发展性不仅重视决策过程中的常态、静态的因素,更加关注过程的动态变化因素,尤其是由师生之间交往作用而使课堂教学出现的生成性和动态性。"人本主义教育家罗杰斯认为教学过程从本质上说是旨在创造一种无威胁性的融洽气氛,师生之间、学生之间积极交往,充分合作,共同承担责任及分享权利,以此形成一种课堂的'群体动力'(group dynamics)。

---

① http://baike.baidu.com/view/141536.htm.
② 裴娣娜主编:《教学论》,教育科学出版社 2007 年版,第 383 页。
③ 李方主编:《课程与教学基本理论》,广东高等教育出版社 2002 年版,第 183 页。
④ 余林主编:《课堂教学评价》,人民教育出版社 2007 年版,第 12 页。

他特别强调有效的教学通常把学生具有的自我发展潜力的意向、体验自我和他人情感的敏感性视为学习的动力。教师是可供学生合理利用的灵活的学习资源、一位真诚善良的帮助者、一位潜能开发的促进者、一位学生作出独立思索和自主决策的咨询者。"① 第四，合发展性强调学生的差异性和个性化，要求教师的决策视角是多元的、开放的和能够体现差异的。②

我们的教育最终追求的是学生的现有素质向可能素质的有效转化，使每一个个体都能够得到全方位的提高。因此课堂教学决策合发展性就要以学生的发展为中心，将学生的发展作为决策的依据和价值取向，致力于学生全面、和谐、可持续地发展。

4. 合效益性

"合效益性"是决策分析理论中为了提高决策部门的经济效益，促进生产发展，在决策分析过程中使规模与效益、速度与效益、经济效益与社会效益相结合，进行成本效益的分析。③ 这种视角关注的是决策所要取得的效益。决策的最终目的是合理地组织人、财、物等资源以取得最佳的效益。这种观点认为只有成本耗费少、经济效益高、社会效益好的方案才是最值得追求的决策方案。此外，决策者在进行决策时，应该尽量减少决策的时间，保证决策方案实施的及时性，提高决策过程的经济性。④ 而课堂教学决策的合乎效益性虽然不能与经济决策等同，但是教师决策的依据也应该考虑决策的"效益"问题。只有好效果、高效率、高效能的决策方案才是老师们值得追求的。

具体来说，首先，巴班斯基教学过程最优化的标准就有"效果最优"的质量标准和时间。"效果标准"即指"每个学生在教学、教育和发展三个方面都要达到他在该时期内实际可能达到的水平（但不能低于规定的及格水平）"。⑤ 从教学的效果来看，学生的学业成就、身体发

---

① 熊川武：《反思性教学》，华东师范大学出版社1999年版，第123—126页。
② 余林主编：《课堂教学评价》，人民教育出版社2007年版，第13页。
③ 赵新泉、彭勇行：《管理决策分析》（第二版），科学出版社2008年版，第7页。
④ 郭立夫、李北伟主编：《决策理论与方法》，高等教育出版社2008年版，第7页。
⑤ ［苏］巴班斯基：《教学过程最优化——一般教学论方面》，张定璋译，人民教育出版社1984年版，第62页。

展思维品质、情感态度等方面的教学效果、教育质量都需要通过外显的效果得以衡量。而且教学活动总会消耗一定的人力、物力、财力资源，也要占用教师的时间、精力，因此完全不考虑课堂教学决策的成本和代价是不理智的。某种程度上，教学产出大于投入并取得良好教学效果，这时的决策是合效益性的。其次，教学投入包括教师的精神投入、物质投入、精力投入、时间投入等，教学产出主要指学生在有效学习时间内的绩效，因此，在有限的时间和资源内教学投入与产出的比例还涉及教学效率问题。课堂教学决策于是无可避免地要考虑如何保证在有限的条件下保持高效率的教学水平。仅依赖教学绩效来判断课堂决策的水平，而缺乏效率指标的制约，课堂教学决策的依据是缺乏合理性的。最后，管理大师彼得·德鲁克在《有效的主管》中曾指出，效率是"以正确的方式做事"，而效能是"做正确的事"。① 可以说，效能是教师决策时对自身和教学的判断的信念，是教师对自己所做的决策的信心。因此课堂教学决策的"高效能"把握了教师"做正确的事"的判断信念，提高教师主观期望，其决策呈现出更加审慎、连贯和正确的结果。合效益性的决策行为关注个体效益和社会效益，是效率和公平的统一，它不仅包括学生的正向成长，也包括它所带来的教师满足感和进一步自我完善的欲望，更包括由学生成长所带来的社会进步发展的间接社会效益。②

5. 合情感性

情感是人类精神生活的一种特殊体验。"人作为人而言，首先是情感的动物，人是情感的存在。虽然不能说人除了情感再也没有别的，但是对人而言，情感具有直接性、内在性和首要性，也就是最初的原始性。"③ "'情'，出于《荀子·正名》篇，是'性之好、恶、喜、怒、哀、乐，谓之情'。"④ "情感是具有稳定而深刻社会含义的感情性反映，它标示感情的内容。"⑤ "情感"既包括同"感受""感觉"相联系的"感"字，又包括与"体验""同情"相联系的"情"字。因此，"情

---

① 张朝珍：《教师教学决策研究》，博士学位论文，华东师范大学，2009年。
② 裴娣娜主编：《教学论》，教育科学出版社2007年版，第207页。
③ 蒙培元：《情感与理性》，中国社会科学出版社2002年版，第24页。
④ 《辞源（第2册）》，商务印书馆1980年版，第1311页。
⑤ 孟昭兰：《情绪心理学》，北京大学出版社2005年版，第8页。

感"的基本内涵是性情反映方面的"觉知",它集中表达了感情的体验和感受方面。① 中国的哲学关注人的情感性。我国自古以来就注重教育教学中对学生感受的重视,并注重教育中情感的力量和作用。在现代化进程中,由于技术理性的膨胀、人文理性的式微,造成了教育中情感的迷失。我们的课堂更应该在关注知识和能力的同时,多关注学生的感受、学生的情感和教学的情感性问题。尤其语文教学更是如此。语文的课堂教学不仅是一个认知过程,语文的学科性也使其充满了丰富的情感。课堂教学过程是师生间情感流动的过程。情感还是推动师生双边互动的动力,它贯穿于课堂教学的始终,直接影响着教学的效率和效果。与此同时,课堂的一切活动均是在一定的情境中开展的,如果缺少了情感,课堂教学就缺少了生气、乐趣和智慧,师生的生命力在课堂上也得不到充分彰显,课堂只能是机械、沉闷和程序化。

当然,教学实践合理性也涵括着情感性。"不过,这种情感性是在理智允许并控制的范围内的,是理性的'非理性'。如果失去理智或单纯依靠感情行动,这种教学仍然是非合理性的。"② 因此,教师进行临场决策时还要考虑到介乎情感与理智的问题。这就意味着教师在课堂情境中进行判断和选择都应该在理性的范围内,恰当地发挥情感、信念、意志等非智力因素,通过自我意识的调节和控制,赋予学生情感,充分考虑学生的心灵与感受,在事件处理中蕴含关心和爱,要使学生感受到教师的情感。课堂教学决策的合乎情感性是一种特殊的力量,它对人的认识活动有指引、支配方向的作用;这种合情感性还是一种调节的功能,教师对课堂教学氛围的调控、对学生情绪的调控能够促进学生的认知活动与情感活动进入一种相互作用、相互影响、相互促进的良性循环中。

---

① 孟昭兰:《情绪心理学》,北京大学出版社 2005 年版,第 8 页。
② 熊川武:《反思性教学》,华东师范大学出版社 1999 年版,第 19 页。

第四章 小学语文课堂教学决策的影响因素

  教育机智指的是那种能使教师在不断变化的教育情境中随机应变的细心的技能。教育情境是不断变化的，因为学生在变，教师在变，气氛在变，时间在变。换言之，教师不断地面临挑战，在意想不到的情境中表现出积极的状态。正是在这种在普通事件当中捕捉教育契机的能力和看似不重要的事情转换使之具有教育意义的能力，才能使得教学的机智得以实现。教学的机智总会对学生的本性有所触及，这一点确实是每一位教师的愿望。

——马克思·范梅南

  人并不是孤立存在的，人的活动总是与外界紧密联系、相互作用。教育更是如此。美国学者华勒（W. Waller）在其1932年出版的《教学社会学》一书中指出，无论是学校还是课堂单位都是具有正式目的性的社会有机体，课堂作为一个特殊而复杂的环境，更应该重视课堂内部以及课堂与周遭环境之间的相互关系和交互影响。在以A小学为个案的深入分析中，研究者发现教师们在课堂教学决策的过程中，无论这位老师是否真正意识到，教师自身、学生、外界环境甚至教学本身都在显性地或隐性地对教师决策产生影响，发生作用。也由此造成了教师课堂教学行为的千差万别和决策水平的高下不等。

  根据本书发现：首先，尽管A小学的很多教师谈到她们临场决策时可能只想到了一种原因，基于某种依据需要拿出决策方案来解决问题。但实际上随着研究的深入，研究者发现其实课堂教学决策是多种复杂因素共同作用产生的结果。由于课堂教学自身的"特性"①，使得教师们似乎意识到是一些显性的原因在影响他做出判断和选择，而忽视甚至没有意识到一些隐性的因素也在影响甚至制约其进行决策，实际上老师们做决策时都是基于一种或多种原因的影响。其次，本书发现这些影响因素可划分为四个部分，即关于学生自身的影响因素、关于教学本身的影响因素、关于教师的影响因素和关于环境的影响因素。这四部分形成一个动态的影响因素圈，在教师瞬间做出决策时以其中的一种甚至几种因素综合产生作用。本书认为"学生"和"教学本身"是教师进行课堂教学决策时十分明显的影响因素，也是引起教师决策最为主要的客观依据；而"教师自身"和"环境"因素作为较为隐性的影响因素，同样在课堂教学决策中起到一定的影响和制约作用。其中，"教师自身"是非常主观性的影响因素，而"环境"因素中社会与学校的因素成为隐性的影响因素，课堂环境中的因素则成为较客观性的决策依据。

第一节 关于学生的影响因素

教育最复杂的任务之一，就是把服从法律的强制性向教育孩子善于动用自己的自由权力结合起来。孩子只要不做有害于自己和他人的事，就应当让他们有行动的自由，不要硬去改变孩子的意愿。

---

① 多勒指出课堂教学的六大特性为：1. 多维性：即课堂中的人具有不同目标、不同爱好和能力。他们共同利用学习材料，完成不同的任务。不同的学生对教师的教学要求截然不同。2. 同时性：课堂中同时发生着很多事情。一个教师正在解释一个概念，他还必须注意学生是否听懂了没有，决定是否忽视还是制止两个正在悄悄说话的男孩，确定还有没有足够的时间进行下一个主题，并且还要决定由谁来回答张某某刚刚提出的问题。3. 即时性：与课堂生活的快节奏有关。教师一天之内与学生的交流可达成千上万次。4. 不可预测性：即使教师周密细致地做好了计划，一切准备就绪，课仍有可能被打断，如摄影机中的灯坏了，一个学生突然生病了，或教室外面有愤怒的吵闹声。5. 公共性：全班学生都看着并且评判着老师如何处理这些意外事件，学生总是在注意着老师是否"公正"，是否偏心，"违反规则将会发生什么"。6. 历史性：教师或学生做出某一个行动，其意义部分依赖于以前发生的事情。老师对第 15 次迟到的学生的反应要不同于对第一次迟到的学生的反应。另外，学校最初几周的历史会影响到全年的班级生活。资料来源：Doyle, W. (1986).Classroom organization and management.In.C.Wittrock (Ed), Handbook of research on teaching (3rd ed., p.394).New York：Macmillan。

要让孩子懂得，他们只有为别人提供达到目的的可能性，才能达到自己的目的。

——康　德

孩子在快乐的时候，他学习任何东西都比较容易，相反在情绪低落、精神紧张的状态下，他的信心会减弱，这时即使是一个伟大的教育家再面对他们，也不会有任何办法。唯一的方法是先把他们的情绪调整到快乐、自信、专注，然后再开始学习。许多被认为没有天赋、天生比其他孩子差的孩子，其实并非如此，只是教育者的方法不得当。

——斯宾塞

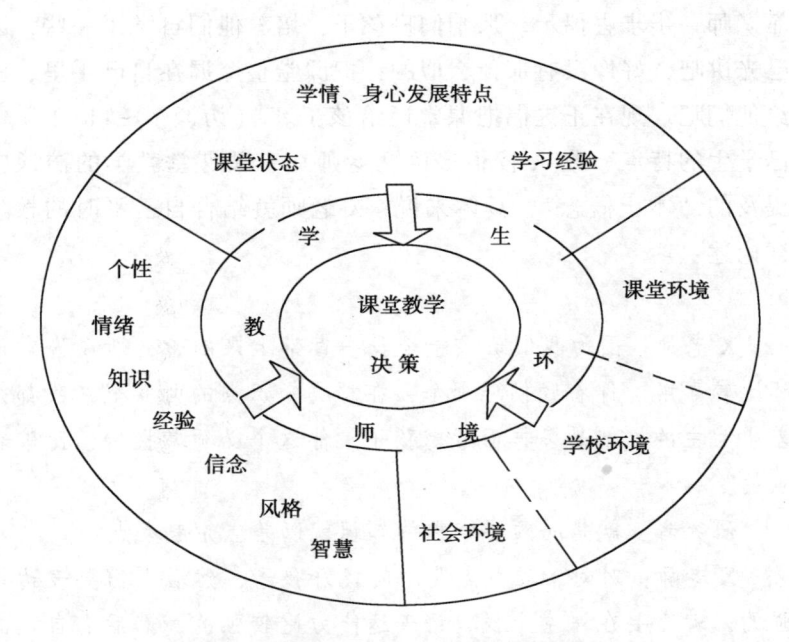

图 4-1　课堂教学决策的影响因素圈

教育的意义在于促进人的发展，而课堂教学的终极指向是学生，所以课堂教学的最终价值在于促进学生真正的、有意义的发展。这不仅仅是教育本身给予我们的原理和启示，在现实课堂教学中依据学生的现有情况，关注学生的真实状况，促进学生的有效成长同样是教师进行决策重要的甚至应该成为首要的依据。因此"学生"是影响和制约教师课堂中做决策的一项重要因素。

一位 A 校的小语教学专家 Z 老师是这样看待他进行课堂教学决策的依据的:"我做决策其实只要合适就行,只要完成教学任务,理解教学内容,另外,你还要考虑一个问题就是学生啊,'适合'是因为'适合'我的学生……就是你有没有促进学生的发展,小学这种课堂教学的方法、模式和大学的教学流程是不一样的。第一,学生接不接受;第二,学生接受的好不好;第三,有没有更好的接受。"(访谈 10-9-2)这种观点在我与 A 校的其他老师访谈中也得到进一步的阐释。Y 老师曾经告诉我:"课堂主要看的是它的目的、流程什么的,然后主要针对自己班孩子的特点上课,你不能说每个都一样,这肯定做不到。因为有的孩子不是这个特点,有的自学能力比较差的,或者表达能力比较差的,就得靠老师一步步去揭示。那咱们班孩子,培养他们自学了一些,因为我自己光讲吧,好像没有那什么似的,把课堂整个握在自己手里,就干脆交给他们吧。现在正提倡把课堂还给孩子。"(访谈 10-11-23)"依据自己学生的特点"是 A 校很多语文老师在有关课堂教学的访谈中经常被提及的"本土概念",具体来说,X 老师就结合自己平时的教学体会这样论述:

> X 老师:因为我们班孩子是我一直带上来的嘛,所以说对他们还比较了解。你看我们班那个,在解决知识点的时候吧,我都是以差生为主的,就是多方面考虑孩子。他这个必须掌握的,比较容易点的……
>
> 研究者:就是必须要掌握的知识就以差生为考察点?
>
> X 老师:对对,难一点儿的就找好孩子,然后再需要表达能力强的,就需要在课堂上找口语表达能力比较强的,然后有自己的思想想法的,反正就是做老师吧,谁啥样我心里都知道。所以说学生这块儿吧,因为我本身就对他们很了解了。(访谈 10-9-1)

同样,国外的小学教师也经常思考学生的问题,将其置于课堂教学的重要位置。我们从一位美国老师的反思日记中看到老师们的困惑和思考："为什么我总得在工作中不断探索，是不是因为我不能认识到一些应该看到的情况而已经误导了孩子？需要得到关注的孩子是否一直缺乏照料，缺少好的榜样，并且从来没有经历过良好的学校教育，却拥有一个糟糕的家庭？我怎样才能更好地传授知识给这些孩子，使他们理解所学内容并对自己感觉良好呢？他们是否能够取得成功并且将成功建立在所学知识之上呢？我没有受过这方面的培训，回家后这些问题仍然困扰着我。"[①] 因此，学生作为影响和制约教师进行课堂教学决策的因素是毋庸置疑的，但是学生因素包括的范围却非常广泛，既包括学生的年龄特点、心理特点、学习特点，还包括学生的认知结构、兴趣、需要、学习能力、动机等实际情况。而且每个学生都是独特的个体，课堂情况更是复杂多变的，但综合对个案学校老师们的研究发现，教师作为课堂上的"决策者"将学生的实际情况作为决策的依据，其出发点和归宿可归纳为两个层面：一是决策时顾虑学生的一些基础性条件和基本情况，例如学生的年龄特点、身心发展水平、性格特点、兴趣、习惯、基本学情甚至家庭状况等，这些是影响决策的客观性因素；二是课堂教学过程中教师通过主动捕捉和判断的学生的实际情况。例如学生的课堂反应、课堂状态等都成为制约教师决策的动力性影响因素。

（一）考虑学生的基本情况——影响决策的客观性因素

作为影响教师决策的客观性因素，学生的一些基础性条件和基本情况包括的范围其实是很广泛的。但是课堂教学决策本身的性质使得教师并没有充足的时间去考虑并一一顾及——学生方方面面的基础性情况。但是研究结果表明，多年的教学经历和丰富的经验仍然使得很多教师决策时会关注小学生的身心发展特点和基本学情，这也是教师在课堂有限的时间里决策应该顾及的两方面。

1. 小学生身心发展的特点

新课程强调教学要"尊重学生身心发展特点""以学生身心发展规律为指导"，因此，课堂教学决策要适应学生的身心发展特点，遵从学生身心发展规律，这样才能提高课堂决策的质量，使教师的每一个决策

---

① Donald R. Cruickshank, Deborah, L. Bainer, Kim K. Metcalf：《教学行为指导》，时绮译，中国轻工业出版社 2003 年版，第 35 页。

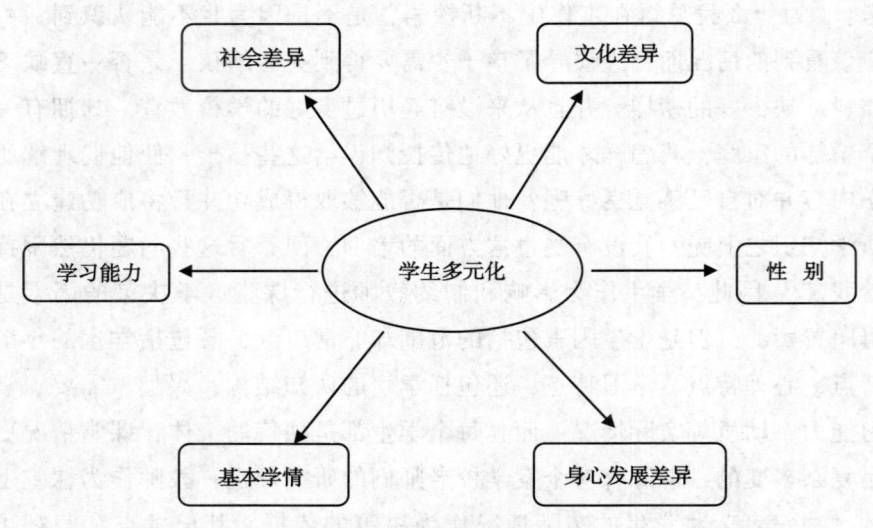

图 4-2 小学生个体的多元化

都能够服务于学生。心理学在这方面的研究成果显示，受教育者的身心发展规律和特点也是制约课堂教学决策的因素。例如语言关键期、思维关键期、认知关键期等类似的儿童心理特点和生理发展水平都会成为重要的制约因素。这就要求我们不能超越受教育者的身心发展水平，而要符合身心发展不同阶段的特点来进行决策从而实现教学目的。

根据皮亚杰的理论，人的成长是通过一系列的分阶段的认知发展来实现的：0—2岁的感觉运动阶段、2—7岁的前操作阶段、7—11岁的具体操作阶段、11岁及以上的规范操作阶段。其中小学生处于具体操作阶段（又称具体运算阶段）。这一阶段的学生能够根据抽象的可能性进行规范的抽象思维，以具体经验思维解决问题。而且处于此阶段的学生能够进行具体的运算并具有了从一般的原则推理出具体行为的逻辑思维，也能够在与具体事物相联系的情况下，进行逻辑的运演。从皮亚杰认知发展的阶段理论我们可以发现，皮亚杰认为学习的效果受儿童身心发展水平的制约，处于不同阶段和不同年龄的儿童身心发展水平不一样。即使是相同的年龄，不同学生的身心发展水平也有差异，因此教师课堂教学时要充分考虑小学生的身心发展水平和儿童的认知特点，在进行决策时要符合学生身心发展特点、遵循小学生的身心发展规律来决策具体的内容、方法和形式，以提高教学效果。

具体来说，小学生的身心发展特点主要体现在以下几个方面：

感知觉发展的特点：感觉是机体与环境信息沟通的重要心理过程，而知觉是人脑反映事物形象的心理过程，因此"感知觉"作为思维发展的基础，是小学生认识的感性阶段。尤其处于低年级的学生最容易"感知觉"到的是事物外部明显的特征，但是持续性较差，无意性与情绪性较为明显，因而低年级的小学生还不能自觉地组织和支配自己的感知觉。但随着步入中、高年级，小学生学会了比较各个部分之间的联系和区别，获得区分出事物主要特征和次要特征的能力。

注意发展的特点：注意是人心理活动时意识对客观事物或活动的指向与集中。小学生在进行学习活动时能够集中注意力学习是开发其感知能力、观察能力和思维能力的必要条件。一般来说注意可分为无意注意和有意注意。低年级的小学生无意注意占优势，吸引他们注意的往往是直接感觉到有趣的和新颖的事物与刺激，研究表明此种注意的时间大约只能保持十分钟左右，注意的持久力和稳定性都较差。至中高年级以后，有意注意得到发展，注意的持久性增长，因而学习的自觉性、纪律性增强，与低年级相比已经能够从组织课堂纪律和吸引学生注意力中腾出更多的时间和精力进行其他的决策，但与初高中阶段的学生不同，小学生的课堂教学，教师们总要不断决策以变换多种教学形式来持续吸引学生的注意。

记忆发展的特点：记忆是人脑对经历过的事物的保留与恢复。记忆作为学习过程中的重要身心发展因素，对小学生积累科学文化知识、发展经验和思维至关重要。从记忆的内容上看，小学生的记忆发展的特点是：低年级以具体形象记忆为主，并逐步向抽象、逻辑记忆来发展，但是小学生的抽象逻辑记忆水平很有限，因此直观、形象的教学在小学教学阶段仍是一个重要的策略。其次从记忆的目的来看，记忆可分为有意记忆和无意记忆，小学低年级的学生主要以无意记忆为主，即没有什么预先的记忆目的，也没有有意使用任何记忆的方法。而随着年龄的增长和学习的积累，开始有了有意记忆，尤其是到了中高年级的小学生已经有了一定记忆的目的，且能够自觉地、有意识地运用记忆的方式和手段来完成学习任务。从记忆的方式上看，处于低龄的小学生要以机械记忆为主，教学方法上教师要侧重多次重复和循环记忆。随着知识与年龄的增长，意义记忆开始显露出来，但是并不能替代机械记忆，小学生具有了一定的分析、综合的思维，课堂教学中教师也要适应学生不同的记忆特点进行决策。

思维发展的特点：小学生的思维发展是在其感知觉的基础上，运用概念、判断和推理来反映客观现象的过程。小学生的思维发展的主要特点是兼有形象思维和抽象思维，但抽象思维随着年段的增长会越发占有相对优势，同时教学中教师们还要辅助小学生的具体形象思维而做出相应的决策。教师进行课堂教学决策时可注意：①给予适当的直观支柱；②通过比较、分析等办法，帮助他们分出本质特征和非本质特征，主要特征和次要特征；③正确处理日常概念和科学概念的关系；④适当运用变式规律，使他们比较全面而深刻地掌握抽象概念；⑤对于一些比较困难、比较艰深的概念要在学生已有知识的基础上重点讲解。①

2. 小学生的基本学情

除了小学生的身心发展水平及其特点能够影响教师决策，学生的需要、兴趣、学习方式等学情方面的因素也成为制约课堂教学决策的重要内容。这就是说，教师在课堂上做决策时要常常问自己这样一个问题：学生的基本学情到底是什么样的？只有这样，才能促进受教育者身心自由、和谐、健康地发展，这也成为课堂教学决策的一项根本依据。

一般而言，学情具有客观性和动态性双重属性。所谓动态性的学情是指它会随着学习环境的变化、时间的推移、内容的变换、个人情况变化等产生变动。而所谓小学生的基本学情是指那些客观存在的、不会轻易发生变化的，而教师又可以通过一些方式或途径了解的学生情况。因此这里所指的小学生的基本学情是在教学过程中所表现出来的有关学习的不同特征、能力、差异的具体情状，它包括学生的不同学习特点、已有知识、兴趣爱好、学习习惯、学习思路、学习方式、学习效果等要素。

其中，处于不同年级和年龄阶段的小学生的学情也有所差异。这可以从我与A校诸位语文教师的访谈中感受到：例如对于低年级小学生的

---

① 倪武林：《少年期学生身心发展的一些特点与教育问题》，《丽水师范专科学校学报》1980年第1期。

基本情况，F 老师是这样认为的："一年级他就是……对于低年级的小孩儿教学还是以行为习惯为主，我就觉得在低年级如果养成良好的行为习惯和学习习惯的话，不管是中年级、高年级也好，乃至他上中学，上大学，都是一个非常大的一个……可以说是财富。就一年级小孩儿的特点，还有一点就是他的向师性和模仿力特别强。我们就能够很清楚地从孩子身上看到他老师的样子……为什么会有这样的情绪，就是因为小孩儿他们，就一二年级他的模仿力是非常强的，而且也可以说在这个过程当中，它属于一个模仿的高峰期吧，就在一二年级的时候，他的模仿力特别特别强，你老师的一个举动——'你怎么怎么样'，小孩儿也会跟着你去学这样一个举动。或者这个老师平时的这个说话习惯，都能够从他们班的孩子身上看到。这是低年级。"（访谈 10-6-21）那么这个年段小学生的教学方式和特点也要针对其基本学情进行。X 老师这样回忆和总结他把握学情进行教学的情况："我教一二年级，这个一二年级他一般是以字词为主，就简简单单写一个字，可能用什么猜一猜呀，加一加呀，什么去偏旁啊，编小儿歌儿，编谜语……各种各样的方法，就能提升他对学习的兴趣。就一二年级都会是这种样子。"（访谈 10-6-2）而另一位 Y 老师就针对其对低年级学情的逐渐了解进而总结道："一年级语文教学是以识字为主，是你交给他识字方法。六种构字法让他在潜移默化中意识到这个是这么来的，让他意识到这个是形声字、那个是象形字……包括会意、形声、象形……什么转注、假借之类的，其实让他了解字的结构，让他对学习字根感兴趣。但是我在教低年级第一年的时候，在上课的时候你不会考虑说怎么去提升小孩儿的兴趣，想的就是这节课得把这个字讲会了，他得会写，就是这样一个很单纯的目的。回过头来想想当时不能很好地把握小孩儿他的心理、特点和他的认知水平。因为现在一般教学讲的是在孩子原有的基础上有所提高……最近发展区嘛。"（访谈 10-11-29）因此 W 老师是这样总结低年级学生和教学的特点的："以识字、拼音为主。小学要认 2500 个字，这是硬指标。所以，低年级主要以识字为主，因为他认的字不多，阅读量也少。所以，低年级的课，老师基本上就在教字，整节课就围绕几个字。低年级的课文是识字的载体。""低年级的语文老师首先要善于组织课堂，中年级虽然比低年级强一些，但它也需要经常组织课堂。你课堂上讲授的内容

经常被打断，你要不厌其烦地把课堂组织好。第二就是，对于学生写字的指导非常重要。"（访谈10-10-21）

而高年级的学生基本学情及其教学特点，几位老师是这样总结的。例如W校长告诉我："高年级是儿童的社会性更强一些，他就是逐渐有了自己的一些想法。对，已经开始有自己的主见，能够完全地释放出来，他可能会出现这种叛逆心理，但是他的性格特点就是叛逆心理要更强，而且就是一般的男孩儿、女孩儿都属于青春发育期，随之而来的各种心理问题也会出现。但是他在知识学习这方面他表现更多的就是，他自己的想法越来越多，而且逐渐有一部分同学他的这种知识的增长啊，或者知识的储备，可以是一个运用的过程。另外低年级和中年级的储备开始要逐渐地显露出来。"（访谈10-5-20）因此针对高年级的特点，教师更要充分把握学情，以使决策更加科学、合理。N老师是这样理解的："到高年级就是以阅读为主了，所以，语文更多还是作为一个载体。高年级就是一些寓言、童话之类的，还有一些名家的散文，国外的一些选文，让他们见识一些不同题材的文章。这也是拓展学生的视野，体会不同的思想……培养不同的视角，然后在这个过程中去落实一些语言、文字的任务，一个是这个文章要美，思想导向要正确，还有它的一些好的写法。"（访谈10-9-9）由此，F老师认为针对高年级学生的基本情况进行教学及其决策的特点为："高年级教学注重孩子阅读能力的培养，主要是在分析课文上，教师对语法、对文章挖掘、对修辞方法的运用上挖掘得更深一些，锻炼孩子的概括能力、提炼能力、组织表达能力。而且我觉得高年级老师在把握教材、对知识的拓展延伸方面还要深一些。而且高年级对作文更重视，他不是白学课文的，学完之后要能够触类旁通，要能把课文中的一些写作的方法仿照运用到练习当中。阅读课都是为写作服务的。"（访谈10-12-10）

由于中年级处于低年级和高年级的过渡时期，W主任曾经总结了处于这一时期的小学生的情况："逐渐有了自己的一些想法。已经开始有自己的主见，但是还不能够完全释放出来。心里逐渐有想法了，但还不是完全成熟。等到四年级，他的朋友可能会出现重组，跟他好跟他不好的……小男孩儿他的暴力倾向可能会更浓厚一些；而小女孩儿的语言沟通能力更强一些。"（访谈10-6-17）因此在学习特点、学习方式上另一位老教师是这样告诉我的:"这一阶段是属于他知识的一个学习爬坡期,他是由低年级向高年级过渡的这样一个时期。中间的三四年级其实是最难的。知识量也更多了,对于他这个所储备的东西也更多了一些。所以就是孩子到三年级,很有可能出现学习情况下降的(问题)。一二年级可能我们看看他的卷子呀,考察他的知识很少,考试全是一百分一百分。到三四年级可能出现一个分水岭。"(访谈10-6-17)因此针对这一时期的学生,老师也要及时掌握学生的基本情况,针对具体情况和特点制定决策。例如G老师就曾经谈到他揣摩中年级段学生学情及其教学策略的一些困惑:"等到三年级,逐渐是向小孩儿对字词的理解过渡,一二年级的老师一般给学生准备那种字卡。等到三年级我那次上课的时候,也准备这个字卡——这个词怎么读?回过头来课文读一遍。啊,你了解了什么?也知道应该逐渐引导学生,让他对字词进行探究。他还要把一二年级对字词的这种承接连上,因为你突然……过渡得很明显,小孩儿他不适应。尤其是到三年级,在三年级更明显。你要重叠一二年级的这个字词,它虽然说不是重点,但对于小孩儿来说,他学字词是很主要的。所以在课堂上字词你是要涉猎的,但是你还不能把主要的时间都放在这儿,这个就非常难把握。还得讲篇章结构,还涉及写作……"(访谈10-12-8)

(二)依据学生的课堂状况——影响决策的动力性因素

学生作为教师课堂上做决策的主要影响因素,其基础的条件和基本的情况是教师应该充分了解和掌握的,这样才能"以学定教、顺学而导"。但是课堂是动态变化的,学生状态和情况可能随时发生变化,而学生在课堂教学过程中所内隐的或外显的状态和情况才是影响教师决策的动力性因素。其实一位课堂上的优秀"决策者"能够从整体上把握好课堂,对学生的基本情况了如指掌,对学生的课堂状态准确识别,对学生的课堂信息敏感捕捉,对学生的课堂反应灵活应对,同时能机智应对教学中的突发问题,关注并处理好教学中的每一个细节。

尽管课堂上学生的实际情况是动态的、多变的甚至有些是内隐的,但这并不意味着是不可知的,反而教师在课堂上要善于察言观色,要及时、全面、准确地掌握具体情况。学生在课堂学习过程中的实际情况,例如其学习状态、表情、眼神、语言、动作都应是教师关注的范畴。例如中医理论的"望、闻、问、切",同样适用于课堂教学决策,所不同的是教师关注的是:一望学生学习状态、兴趣和倾向;二闻学生反馈的信息,随之调整和改变教学策略;三问学生接受程度、认可程度和适应程度,灵活采用不同的方式和方法适应不同的情形;四"切中"学生所需、所想、所求。通过及时关注和准确把握学生的课堂实际情况,能够及时捕捉课堂中转瞬即逝的学生信息是教师制定合理课堂教学决策的动力性依据。那么具体从哪些方面观察和捕捉学生的学习状况和实际情况呢?例如一位老师曾经告诉我检验孩子有没有听课,有没有听懂有两个依据。一个是从课堂上检验,另一个是从试卷上检验。课堂决策时教师关于学生方面的依据除了来自课外的检测、交流和调查外,课堂上读懂学生的状态,及时而准确地掌握学生的真实情况是最为重要的一个指标。曾经我与A校老师的访谈中多次提出这个问题,似乎从下面我们的对话中可以得到一些经验上的总结和启示。

  研究者:你怎么知道这样做决定是对的,比如您怎么知道您这样讲,学生都懂了?

  S老师:学生的状态,学生的眼神。

  S老师:我一瞅他就知道他听没听课。比如说,手托着下巴,他根本就没听。而且你一边说话一边瞅他,你瞅他半天他没反应,他也不抬头看你,他不跟你呼应,也没有交流。还有的同学就趴桌子上了,或者是回头看后面的柜子,就呆了,愣神了。你让他重复你刚才说的话,一句也重复不上来。他就是这种状态,时间长了你自然就知道他没听。

  研究者:哦,那这是没听。那么像××说的达到触动学生心灵的那种境界,那是什么状态呢?

  S老师:触动心灵,我觉得这个是对好孩子来说的,就是他会很主动地举手发言,会很认真地听老师讲,听同学发言,比较优秀的孩子才会这样。

  研究者:是不是就是比较积极,你看他那么积极地跟你互动,从学生的互动和状态上来看。

  S老师:嗯,有的孩子就是沉默,一节课都不发言。

研究者：那他懂不懂啊？

S 老师：有的应该是懂，但是有的肯定是不懂。

S 老师：比如说有的孩子不参与，但是他认真听了，明白了，他就是不善于去表达自己，就不参与。有的孩子不参与，还不听课，甚至他还影响别人。

研究者：那这两类怎么分呢？他俩都不吱声。

S 老师：那就是看平常的了解，就是时间长了，就知道他就是这种性格，可能需要老师去叫他，他才会发言。那你就要关注，时不时叫他一下。可以让学生提问题，你是这样设想的，但是课堂上肯定还会出现很多的突发状况，比如有的孩子有什么不懂的，他就问了。（访谈 10-10-11）

就此问题另一个 J 老师是这样谈他的经验和做法的："就是说上课的时候要看学生的状态。我说的看学生状态，是大家都理解了，语言上、神态上、呼应上，他们都反映给老师了。神态上就是指是不是欣然接受、乐此不疲？高不高兴？如果有异议的话，他们会产生争论，提出不同见解，或者课下与你交流，肯定会有，不管这个班爱不爱发言，都会有的。唉，说白了，你这个老师讲得不好，他会不服你。从神态上就能看出来，或者说表情上。对啊，他肯定会说'才不是那样的'。尤其是小孩子会说出来，他不会隐晦自己的观点，他会把自己心里的想法表达出来。我是这么理解的。"（访谈 10-6-10）但是通过访谈、对话和交流得到的这些考察学生课堂真实状态和想法的经验是否真是如此？就此问题我请教了一位教学论专家，他的看法是："学生的反应是最重要的一个指标。如果大家都很主动参与，就说明他听懂了。就是你有没有给他造成一个主动参与的机会，但这并不是绝对的。课堂上是非常复杂的，如果学生反应积极就好吗？那我可能就要提问你，那他问这个问题简单吗？如果我问的问题本来是六年级的，你问个三年级的学生，他会吗？这样可以吗？还比如说老师本身的煽动性就比较强呢？那可能学生都投入进来了。这里就有一个表象与本质的问题，老师能煽动学生就是一个好老师吗？那不一定吧。好的课堂就一定都是群情激奋的？有的时候学生默会了同样是好的课堂。所以说，这个东西也是仁者见仁、智者见智的。"（访谈10-5-17）因此就此问题我还与 A 校主管教学的 W 校长进行了多次探讨和交流。他结合多年的教学经验告诉我："你还要看这个班的学生平时是怎么教的，就是说这个班的学生他平时就喜欢活跃的上课，那你说原来的那些特级教师上课不都是讲派的嘛，学生听的都傻眼了，那你能说他不好吗？就这么说吧，其实还是为了服务于学生。教是为了学，或者说是不是基于学生的基本情况。对，一个是不是基于学生的兴趣。你这个方法的选择、运用有没有考虑到学生的认知水平，你这种教学方式是不是适合学生学习的习惯，这还是咱们说的'以学定教'。不还是那句话嘛，现在最高的就是你所有的学科教学都要上升到这个角度。"（访谈10-12-17）由此可知，了解并判断学生的课堂状态和真实情况要注意多角度分析，有时候课堂活跃并不意味着是一个成功的课，还要考虑情境的真实性、过程的交互性、教学策略的灵活性、方法的合理性等方面。另外，除了上述教师的经验做法之外，专家还给出了几个实用的途径，可作为教师决策时的依据：[①]

（1）学生的注意状态。学生是否集中精力听课，直接影响着他学习的效果，也影响着教学的效果。观察学生的注意状态时，我们可以看学生的目光是否追随教师的一举一动；也可以看学生的回答是否针对所问；也可以看学生的听讲是否全神贯注等。

（2）学生的参与状态。课堂不是老师一个人，也不仅仅是学生的，它需要老师和学生的合作与互动，需要学生的积极参与。我们可以从学生是否踊跃举手发言，是否积极地参与讨论来评价学生的参与状态。

（3）学生的交往状态。课堂是师生互动的场所。交往状态的评价，可以从看学生之间在学习过程中是否有友好的合作，整个课堂教学气氛是否民主、和谐、活跃等方面进行。

（4）学生的思维状态。正如 W 校长和 Z 校长所说，学生是一个拥有所有智慧的人。学生往往能够提出独创性的见解。定位思维状态时，我们可以看学生的语言是否流畅，是否有条理，是否善于用自己的语言解释、说明、表达所学知识；可以看学生是否善于质疑，提出有价值的问题，并展开激烈的争论，呈现出"唇枪舌剑"的场面；还可以看学

---

① 铁有庆：《课堂评价应关注学生的学习状态》，《青海教育》2006年第5期。

生的回答或见解是否具有自己的思想或创意。

(5) 学生的情绪状态。良好的学习情绪状态，有利于课堂教学的进行。要注意捕捉学生细微的表情变化去分析评判，如表情呆滞、眉头紧锁、点头微笑。在个别学生回答问题时，还可观察其他学生的反应。

第二节 关于教学的影响因素

> 语文课的主要目的是培养学生的语文能力，而不是传授语文知识。
>
> ——吕叔湘

研究结果指出，教师在课堂教学过程中除了考虑上述三个因素之外，教学本身即成为影响教师决策的重要影响因素之一。这里所指的"教学本身为影响因素"，并不是涵盖教学的所有方面，而是个案研究结果所显示的，与 A 小学语文教师们决策息息相关的教学目标方面的因素、教学内容方面的因素、教学进程方面的因素、教学任务方面的因素，甚至是语文学科本身都会给教师决策时带来种种影响和制约，而这些因素不仅在教师课前教学计划的决策中是重要的影响因素，很多情况下它们也成为教师课堂决策时的重要依据。本书认为上述关于"教学自身"给决策所带来的影响中，教学目标、教学内容、语文学科本身是最为重要的影响和制约因素。

(一) 教学目标成为课堂教学决策的"行动指南"

众所周知，教学目标是教师备课时的"指南"。它指示了教学活动的出发点和归宿，表述了学习者通过课堂教学后应该达到的程度和效果，成为进行教学评价的主要依据之一。在教学实施过程中，教学目标同样是教师开展课堂教学活动，把握教学内容，调控教学进程的"纲领"。"纲"举才能"目"张，教师对于教学目标的认识和把握很大程度上保障了课堂教学过程中师生活动具有明确的正确指向，更为重要的是，教学目标对教学本身有着引领、调控、评价、激励的作用。当课堂上需要教师做出决策的时候，教学目标更成为教师决策的重要依据。

对于教学目标，我国诸多学者往往倾向于将教学目标看成是一个由

"教学总目标、学校教学目标、课程目标、单位目标以及课时目标构成的目标体系"。① 现行的语文课程标准在课程目标的设置上,对小学三个年段在语文素养上所要达到的水平都有明确的规定,从纵横两个维度上彼此渗透、相互交织从而促成语文课程目标的有效达成:"纵向是'知识与技能''过程和方法''情感态度价值观'三维目标;横向是'识字与写字''阅读''写作''口语交际'和'综合性学习'五大领域。"② 因此教学目标对小学语文课堂教学的具体学习内容、学习过程、学习结果都有着"质"与"量"的规定,有着明确的指向。尤其面对变化的课堂、变化的学生,教师临场决策以解决课堂教学问题时,教学目标为教师明确了"决策是为了什么""决策要达到什么效果"等问题,这避免了教师决策的盲目性,使得教师进行课堂决策时有了重要的可操作性目标和重要的"抓手"。例如一位教师谈到教学目标对其课中决策时的影响,他是这样举例子的:"现在新课标要求我们把基础目标与发展目标并举,就是'以学生的发展'为理念,三维目标要并举……那我课堂上有时想不照着备课时的来,我就想我新的决定是不是符合这节课的目标啊,我怎么也得在保底儿目标基础上拓展要提高的目标啊……比如说我临时决定的东西它不能太超过这节课的目标,也不能太低,那样就没有什么提高可言了……(访谈10-5-5)因此无论教师在课堂教学过程中的决策是执行原教学计划,还是临场变更甚至生成,都要以语文学科为根本,以教学目标为依据制订决策计划。如果教师忽视这个"指南",就会缺失了语文学科应有的学科特点,容易偏离了教学轨道,将课堂教学内容边缘化。例如我在与A小学语文组高年级组长Z老师访谈时,他就提及"我们的老师在决策时一定要把握好教学目标,这样才能凸显语文学科的特点,体现语文学科特殊的教育教学功能……现在1992年颁布的《九年义务教育全日制小学语文教学大纲》就对咱们教学的目标有明确的规定。当然,我只能谈谈我的理解啊……比如说,降低了对汉语拼音和作文的要求。汉语拼音说到底是一个学习语文的'拐棍儿',学生只要读准、会读、正确、熟记就可以啊,所以

---

① 陈旭远主编:《课程与教学论》,东北师范大学出版社2002年版,第205—206页。
② 吴忠豪:《小学语文课程与教学论》,中国人民大学出版社2010年版,第22页。

教师没必要课上发现问题就揪住一个拼音不放。再说作文，现在的语文课程标准没有对低年级、中年级的作文质量有过多的规定，而是非常关注对学生的习惯、自信心、兴趣的培养。这就要求我们及时转变观念，教师做决定时有了依据，当然就不会处理不好"。（访谈10-6-14）

的确如此，教学目标的导向功能、评价功能、激励功能和聚合功能使得教师在实际教学中加强了对决策合理性的控制与引导，决策的制定才能确保从学科中、从目标中找到实现的依据。例如，一位年轻的N老师谈到他为什么直接执行了课前的预设，在实际课堂教学中没有多做处理和变化，是因为他认为他的预设很好地切合了课标，对教学目标的把握也很正确，所以他上课时就决定直接这么讲了。下面是我对其的访谈片段：

> 研究者：您为什么想到直接这么去做呢？
>
> N老师：这节课教学目标就是让学生掌握四字词语，生动、准确、形象、理解四字词语，它对理解本文有极大帮助。这个文章课后有一个四字词语的表达运用，这篇课文的四字词语非常多。我就是第一课时呢，我们就总结了我们四字词语一共写了多少个？二十来个。然后让孩子体会这个四字词语在文章表达上的生动形象、凝练，使文章具有美感。所以说我为什么在这块儿训练呢，因为它是第一次出现的，所以我这次就把意思解释出来了，让孩子既理解了词的意思，然后还能体会到运用四字词语的巧妙。我是为了让孩子体会这种四字词语，你看孩子都认为我说的比较……（访谈10-7-7）

N老师基于自己对教学计划的信心，也基于年轻教师强调在课堂中教师的主导作用，认为课堂上的一切活动都应该在教师的主导和控制下进行，否则就会"走偏"，达不到预定的教学目标。所以他的课堂决策中使用了执行备课中的"在对比中让学生感受到四字成语的妙用，既形象生动又准确凝练"。但我反倒认为，完全由老师来进行这么一长串的换句，学生完全处于接受状态。如果让学生自己来换句，是不是体会得更深刻？再来看一位经验丰富的老教师，S老师的课我听了很多次了，他每次制订教学计划和进行课堂决策时，教学目标都是其最为基本的决策"依据"，他是这样阐释他的想法的：

> 研究者：我看，您非常看重一节课的教学目标，教学重难点。
> S老师：那是必须的，作为教者就要让学生知道这节课的目标是什么，重难点是什么，可以渗透的也可以公开点明。这篇课文就是让学生明确作者是怎样通过和时间赛跑来赢得成功，就是通过对比手法写出自己在生活中的一些感悟，知道时间的重要性。难点就是和时间赛跑自己的理解：怎么和时间赛跑就能赢得成功了呢？课文中的毕竟只是作者的例子，你要让学生自己感悟体会。可能有的学生就感悟到因为以前也有过例子：学习不抓紧，感觉时间很拖沓，就是什么事情都做不完，而且父母总唠叨他。比如有些同学在家练琴，练得很辛苦，八级九级都过了，有这样的经历他就能理解"怎样和时间赛跑就能赢得成功了"。（访谈10-6-18）

小学语文课标指出"语文课程要面向全体学生，使学生获得基本的语文素养"。如果教师课堂上的每一个决定都是心血来潮，都完全跟着学生走，跟着情境走，那么教学本身的科学性和规律性谈何而言呢？教学目标的调控功能怎样对教师的决策行为进行规限，更谈何使学生获得基本的语文素养呢？正如一位小学校长告诉我的"我觉得首先是要结合这节课的教学目标和重点吧，还有教学的基本流程，这些是比较确定的，是必须落实的……你的决策是微观的，是直接指向教学目标的决策，教师课堂需要判断的基础的东西就是怎样能够把预设的教学目标更好地完成，这肯定是一个很重要的标准，比如说一节课八个字，你只教了四个，这肯定就是没有完成教学目标，这都没完成更别提其他的了"。（访谈10-7-10）走入田野，倾听教师的想法，我们发现课堂教学决策中教学目标是一个重要的影响因素，我们更发现教师应该在其基础上进行发挥和创造，这才使得教师的决策更具合理性，更有效果也更有价值。

（二）教学内容在课堂教学决策中发挥着重要的作用

在整个教学体系中，教学内容具有举足轻重的地位。教学目标、教学设计、教学过程以及教学评价都可以理解为围绕教学内容的安排而展开的。教学目标是选择与确定内容的依据，教学设计是关于内容的组织安排，教学过程的展开是内容逐步实现的历程，教学评价则是内容实施结果的判断。从某种意义上说，教学的问题就是内容问题。本研究从与大量教师的访谈中得到证明，即教学内容也是教师制定决策的重要影响因素，这在我与T老师的对话中可以看出：

  研究者：你在上课的时候怎么觉得你做的决定是合理的，是对的呢？
  T老师：那我还是根据教学内容吧，我根据教学内容来确定。
  研究者：嗯，你根据教学内容为切入点来做决定，那这个依据你的个人经验呢还是教参呢？
  T老师：第一是根据教材内容，然后还有自己的经验，还有学生的理解情况，比如从学生的兴趣入手，学生喜欢这样学习，就这么决定了。（访谈10-6-28）

  Z老师也曾经告诉我，影响他课堂做决定的因素中最重要的就是课文："我就是以课文为那个途径，然后决定我的问题，然后呢这就是课文为主，然后课文要达成的目标是我决定的范围。"（访谈10-6-29）Z老师口中的"课文"是教学内容的狭义表达，实际上本文所指的"教学内容"是指在教学过程中为实现教学目的而规定的，要求学生系统学习的知识、技能和行为的总和。教学内容不仅是教材展现给学生的知识、观念，还是教师按照教学要求对学生传授的内容，包括知识、技能、技巧、思想、观点、信念、行为习惯等这些因素。在现实教学中，教学内容作为教学实践中学生认识和掌握的主要对象，核心应当是各门学科中的事实、观点、概念、原理和问题。因此我们看到教学内容通常体现在各级各类学校的各门学科、课程标准和教科书之中。
  作为教师和学生进行教学活动的重要依据，教学内容既可能是对学科、课程标准和教科书规定了的内容的忠实传递，也可能来自于师生对教材内容及教学实际的综合加工，而且还可能加入了师生在教学过程中创造性的活动。由此可见，在实际的教学过程中，教师和学生双方对于教学内容的理解和展现赋予了教学内容新的意义和内涵，因此教师进行决策时很大一部分甚至可以说主要的决策工作都是关于教学内容。就 S 小学课堂教学实践过程而言，教师对于教学内容的决策通常发生在三个层面：教学内容的甄别和选择、教学内容的组织、教学内容的呈现。教学内容的甄别和选择是教学的一个关键问题，更是一个不断适应的过程，它关系到是否能整合出有利于实现课程目标的内容。而这个选择和确定的层面是以教师的主体思想、内在动机和价值为判断的过程；教学内容的组织也直接影响到课程实施的质量，可以说组织方式的选择直接影响到受教育者接受教学内容的程度，所以说，教学内容的组织在整个课堂教学进程中占有重要的地位；最后，教学内容必须借助一定的文本载体才能得以呈现，例如，课程标准、教科书、教参等均属于教学内容的呈现形式，而教学内容的最终呈现效果要使学生在教育过程中感受到乐趣就在周围，激发他们应用知识解决问题的欲望，以积极的主人翁意识投入到学习中去。

例如 T 老师在课下就以我刚听过的一节课的教学内容举例来说明老师在课上激发学生的学习兴趣，调动他们的积极性，不仅要考虑到学生的实际情况，还以这节课的教学内容为根本来引导学生："这个题材是一篇说明文，是一个写景的文章，写景的文章对孩子来说不是很喜欢的一种，因为它没有故事情节在里面，比较平淡，不像《卖火柴的小女孩》啊，都是他们喜欢的童话故事这类文章。反正这三篇文章（指的是这一板块儿内的三篇）总的来说还是老师的引导比较大一点。另外一个根据这个年龄特点，六年级了嘛，孩子还是不是很喜欢回答问题，不是很善于表达自己的这个想法，但是课下你要跟他唠唠什么他说得都还挺好的，但课上孩子好像不太喜欢在众多人面前表现似的，但是我尽量还是说给他们机会，因为我就是属于这种到六年级之后不按他们举手回答问题，可能稍微难一点的我会找举手的孩子，但是非常普遍的问题，或者说是一目了然的问题或者稍微动一下脑思考一下就能答出来的问题，我基本上是找个差一点的孩子来回答。"（访谈 10-6-25）

由此可见，有关于教学内容的决策不仅发生在课前，它也在课堂教学中发挥着重要的影响力，教学内容决策过程的每一个环节必须由教师的课程意识、信念、知识而不断形成的个人实践理论来实现，并通过对课程和教学实践的预测、分析、批判和反思来发挥教师的专业主观能力。教师作为课堂教学实践中的一名专业"决策人员",教师对教学内容的决策是对课程实施过程的再理解、再赋予与再创造。

从系统论的观点来看,教学是由教师、学生、教学内容三个最基本的要素组成的活动系统。课堂教学活动作为一个培养学生知、情、意、行多方面的过程,既离不开教师的教也离不开学生的学。教师的教授与学生的学习是如何获得统一的呢?我们认为,二者是通过一系列的结合点有机地统一于课堂教学活动之中。教学内容即是教师实践活动与学生认识活动有机统一的内在结合点,因此教学内容在整个课堂教学决策中发挥着重要作用。来自田野调查的资料显示,在课堂教学过程中选择、组织和呈现好教学内容就能更好集中学生的注意力,调动学生学习的主动性。所以说,教学内容是教学活动产生的前提并贯穿课堂教学过程的始终,它决定着教学的性质和存在的价值,是推动课堂教学发展的主要动力。

(三) 语文学科性质对课堂教学决策产生深远的影响

研究结果指出,语文学科自身所具有的性质、理念及其任务都对教师的课堂教学决策产生重要的影响。语文学科的性质体现着小学语文课程总体的价值取向,可以说语文学科的目标、结构、内容、原则和方式方法无不取决于语文的性质。[①] 它对于小学语文的教学设计和实施都具有重要的决定作用,这从下面我与 P 老师的访谈中可以窥见:

> 研究者:P 老师,您认为小学语文学科自身的性质是怎样理解的?
>
> P 老师:我觉得,嗯……语文是一门非常基础的学科,是很博大精深的,尤其对我们中国人来讲,是我们作为汉民族必须掌握的母语。尤其是小学阶段,是给孩子打基础的学科。低年级来说,注重孩子工具性的学习,像生字、字音,因为我们国家的语文跟其他国家不一样,一方面是有字母、拼音,另一方面还有方块的汉字。让孩子学习生字、字词首先得让孩子有兴趣去学,掌握各种识字的

---

① 朱绍禹:《语文课程与教学论》,东北师范大学出版社 2005 年版,第 1 页。

方法。其实，识字方法也是非常多的。调动学生的积极性也非常重要，兴趣是学生最好的老师，你如果让学生有兴趣学习了，比如说在今天的课堂教学中，采用男女生对读，或者小组之间读，或者是一些竞赛的方式，或者是低年级识字教学猜故事、讲故事、猜谜语，或者做些图示等来吸引孩子。（访谈 10-7-2）另一位 L 老师也同意 P 老师的看法，她补充道：怎么说呢，我觉得语文教学它的人文性比较强。因为对孩子从文学、作文方面都是一个引领，从表面上看它就是一个延续，它内容范围广，方方面面的，所以说它对孩子来说是一个人文性非常强的一个……它既是工具、工具书，还是基础性非常强的教科书，对孩子思想啊各个方面都是一个引领。（访谈 10-7-2）

可以看出，首先，"人文性""工具性"的概念已经在老师们的头脑中"扎根"了，它是老师们对于语文学科，也是小学语文"本性"的基本认识。课标指出，"工具性和人文性的统一是语文课程的基本特点"，因此把握好语文学科的基本特点是教师进行课堂教学决策的重要依据。具体来说，首先不论教师在课堂教学进程中如何做出决策，他都要根据一定的原因，受到某些因素的影响。其中，教师们对于"工具性和人文性的统一"的理解，对于学科本性的定位和把握是促进决策合理性的重要影响因素。课标肯定了语文的"工具性"是因为语言首先是交际的工具，而阅读使学生借助语言与文本对话，写作借助语言进行表达和传承，无论听说读写都是以语言、文字为载体来进行沟通信息、交流感情。正如叶圣陶先生所说的："什么叫语文？平时说的话叫口头语言，写到纸上的叫书面语言。语就是口头语言，文就是书面语言。把口头语言和书面语言连在一起说，就是语文。"[①] 同时，肯定语文学科的"工具性"是把语文看作一种符号系统。"这种符号系统可以培养学习者的语言文字技能，语文能力训练的层次化和有序化，语文教学过程的模式化以及语文学习评价的标准化等。"这使得语文具有科学性，"可

---

① 中央教育科学研究所主编：《叶圣陶语文教育论集》上册，教育科学出版社 1980 年版，第 138 页。

以使语文工具的掌握过程减少模糊性，避免杂乱性，增强自觉性、合理性"。① 所以，语文学科的工具性在课堂教学决策中的影响力是十分必要的。同时，"人文性"是语文学科另一项重要的基本性质。语文学科的语言、文字、历史蕴含着丰富的人文内容，弘扬着人性、道德、价值观、态度、情感等种种精神矿藏。这对于小学生的思想、品质、理想、道德甚至意识形态将会产生深远的影响。深入A小学期间曾经有一位T老师谈及语文学科的情感、态度、价值观在深深地影响其做决策：

  T老师：比如说我们学过的一篇文章叫《豆腐颂》，作者通过写豆腐的历史，让大家重新认识豆腐，语言也很美，但是如果课堂上我们没有加进去一些情感和价值观的东西，就不能体现中国饮食文化的一种魅力，就不能产生民族自豪感。所以我让学生回家做自己喜欢的一种豆腐食品，让家长帮助，第二天带到学校来，学完了课文，让大家一起品尝自己做的豆腐，然后再谈谈自己的感受，从它的营养、价值，从它的色、香、味等方面去思考、品尝。我觉得学生应该在这个过程中受到了感染，热爱我们的饮食文化，欣赏生活所带给我们的乐趣。如果仅仅是读一读、说一说，我觉得这样的感受就不会很深刻。
  研究者：我认为课上还可以再扩展一下，比如说中国文化历史，激发爱国情怀。
  T老师：这个是有的，我们在讲的时候就进行课外延伸了，这就是基于情境的生成，你比如说豆腐的来历、麻婆豆腐的来历，课文里有提到过，通过这些引导学生追溯历史，通过历史演变发展到今天豆腐带给人们的一些快乐。
  研究者：这就是语文本身所蕴含的情感、态度、价值吗？
  T老师：我认为是这样的。这其中既包含情感的、思想的，也有人文性的东西。
  T老师：我想如果是年轻的老师，他的阅历不是很丰富，教学实践经验不是很丰富，或者是想得比较肤浅，可能他还不能上升到

---

① 朱绍禹：《语文课程与教学论》，东北师范大学出版社2005年版，第2页。

这样一个高度。另外，无论备课还是上课的时候我们应先想到学生，现在学生的文化差异是参差不齐的，比如很多家长喜欢带孩子出去吃饭，点了很多关于豆腐的菜，比如说日本豆腐和中国豆腐的比较，哪个更好吃、营养价值上哪个更丰富等，我们都可以去做。所以年轻的老师可能想得很简单，有经验的老师可能想得就全面一些，尤其是上课的时候，这样做无论是对学生的启发也好、引导也好，都会起到更大的作用。孩子的接受程度也可以有所侧重，比如这一点他接受了，那么在其他方面就可以渗透一点，原来我也吃过这种豆腐。比如说我们班上四十七名同学，那一天大概做了四十几种豆腐，几乎每个人做的都不一样。我觉得这样的课上起来比较有味道，让学生能够从中得到陶冶，另外可以感受到中国饮食文化的丰富和魅力。让学生跃跃欲试，想回家做一下不同口味的豆腐，点菜的时候也可能多点一点豆腐的菜，这种豆腐的花样，也包含着一种文化的思想。（访谈10-6-25）

在小学语文的课堂中，很多老师已经自觉或不自觉地将"工具性与人文性的统一"融入到自己的课堂决策中来，这其实也体现了教师的一种新的教学观，即统一的、系统的、联结的、融汇的语文教学观。这在我与A校语文学科带头人的谈话中得到了充分的体现：

  研究者：您总说小学语文的学科"本性"，那小学语文的"学科本性"是什么？

  W主任：我理解的学科本性，从过去十来年到现在，就是工具性和人文性。本性和本质是不一样的，学科本性就是通过学习这个学科让学生获得了什么、培养学生什么，比如说数学是培养学生的思维，语文不就是听、说、读、写，语、修、逻、文嘛。这个学科本性是很难把握的，比如说我以前听过这样一节音乐课，那节课讲茉莉花，老师用二十分钟讲完了，剩下的二十分钟就带着学生欣赏外文的茉莉花，法文的、英文的、德文的，还有宋祖英在国外演唱的茉莉花。后来我就跟那个老师讲，你前半部分的课是成功的，后半部分是失败的，语文老师能把后半部分讲得更好，你没有抓住你的学科本质。还有一节《两个铁球同时着地》的课，那个老师花了十几分钟的时间去研究课件，把课堂变成了一节自然课。还有一课是讲周总理的，有的老师在讲这个课的时候就讲得很好，他让学生读一段体会一段，重在学生的感情，比如说讲周总理卧室的简陋时，他就让同学们去想去描绘清朝的恭亲王奕䜣的王府是什么样子的，于是同学们就都说什么金碧辉煌之类的，这就和周总理的卧室形成了鲜明的对比，于是孩子们就体会到我们的周总理是多么的简朴，要不然这些东西都是虚的，学生不知道啊。高境界的老师就能做到思想和情感的结合，工具性和人文性的结合，这就叫相得益彰而不是两败俱伤。这就是一种比较优秀的课堂教学，就是这种思想不是老师附加给孩子的，而是孩子自己体会出来的，这就是把握学科把握得很准。还有一节讲圆明园毁灭的课，那个老师就举了很多例子，说这个是英国人抢去的，那个是法国人抢去的，一节课让孩子们看了这么多的东西，课文却没有讲，他就过多地重视了人文性的东西，而忽视了工具性的东西。

W主任：但是为什么语文课不好教呢，就是因为它本身有不确定性和复杂性。

W主任：课标现在不就分五大领域，识字、阅读、写作等，其实它的复杂性和它的学科本身有关系，因为它本身就具有模糊性，它是人文的。从解释学的角度就是一千个读者就有一千个哈姆雷特。其实课堂教学中，要想当一个很优秀的语文老师不是很容易的，做出正确的决策更加不容易。（访谈10-9-6）

语文课程应致力于形成与发展学生的语文素养，语文教学更要为学生的全面发展和终身发展打基础。语文学科的性质更是教师进行决策的出发点和归宿，因此本书基于对研究资料的推论，认为语文学科的性质本身即对教师在课堂教学过程中做决策产生影响，这种影响是深远的、终身的。需要指出的是除了上述三个因素，教学本身所具有的教学时间、教学进程的情况有时也会对教师决策产生影响，但是并没有上述三个因素的影响深刻而持久。

第三节　关于教师自身的影响因素

>　　教育者的个性、思想信念及其精神生活的财富，是一种能激发每个受教育者检点自己、反省自己和控制自己的力量。
>
>　　　　　　　　　　　　　　　　　　——苏霍姆林斯基

在研究的初始阶段，研究者即发现教师们做决策都不是随性或任意的，他们总是依据某种情况，基于某种原因来提出解决对策。其中，"教师自身"即是一个重要的影响因素。但是究竟"教师自身"的哪一种或者哪些因素在真正地影响教师做决策却是一个复杂而内隐的问题。我多次与 A 校的领导和老师们谈起他们的想法，他们认为自己的性格、经历、知识、惯习、风格、经验等可能或多或少地都在产生影响，这从我与主抓 S 校语文学科教学的 W 校长的访谈中即可发现：

　　研究者：您刚才提到关于老师自身的影响因素，我想继续听听您认为有哪些教师自己的因素在影响课堂决策呢？
　　W 校长：我觉得他背后肯定有原因的。
　　研究者：那这个原因是什么呢？
　　W 校长：我认为老师的经验和直觉、知识基础、成长经历、背景等，这些都会影响他，好多好多的。就以教师的知识为例，你老师的知识，显性或隐性，你都不知道是哪方面触动他，有可能是语言，有可能是讲课知识点。所以，影响应该不是单一的。（访谈 10-5-17）

就此问题，我还与高年级语文组组长 Z 老师进行过多次访谈，他也表达了这样的一种观点：

　　研究者：像昨天我与××几位老师谈到过这个问题，有的人认为是观念、教育观，有的人觉得思维在起作用，还有的老师说就是凭经验、直觉？

Z老师：我觉得是整体素质吧。就是人的综合素养，方方面面的决定你这个人。你的整体素养决定你这个人，决定你决策策略的高与低。

研究者：这点我同意。但是这个整体素质包括哪些？是教师自身的背景、素质？还是……

Z老师：直接影响你做判断的不是背景、素质，而是一个隐性的东西，文化背景跟它有关联，更直接的是观念，观念影响……

研究者：但这观念来自于什么呢？

Z老师：观念来自于很多，知识结构有影响，你的经历，就是其他事情也可以影响……

Z老师：这个东西如果究的太细，说不太清楚。

Z老师：职业操守。职业操守也重要。

研究者：老师的道德感，责任心？

Z老师：对对对。例如知识和风格。如果老师什么也没有，这个知识包括方法和内容上，不仅仅是知识点，因为教学不仅仅是一个方面，不是你好好教，学生就能好好学。学生是活生生的人啊，他有思想，一个人一个思想，那是千差万别的。

研究者：老师，您刚才说风格也很重要？

Z老师：是啊，你的风格，孩子接受你啊，否则怎么上好你的课啊，孩子不喜欢你肯定就上不好这课，我个人认为。就算你教得再好，可学生也上不好你的课。所以老师得有点经验、知识、人格魅力，另外情绪情感也不可忽视……（访谈10-5-12）

尽管"教师自身"是影响因素的一个重要维度，但是其中包括的具体因素却繁复而内隐。通过进一步的探究，本研究认为关于"教师自身"的影响因素中下述五个方面起到最为关键性的作用：

（一）教师的个性特征成就课堂教学决策的心理特性

现实生活中我们可以发现性格迥异的人，处理问题的态度和方式各有不同。这种人自身所具有的个性特征也被老师不知不觉中"带"到课堂上，使得每位教师呈现出不同的特点和风格。古语有云："人心不同，各如其面。"有的老师性情温柔，课堂上和蔼、平和；有的老师开朗爽利，他的课堂节奏明快、思维活跃。教师的个性作为教师个体独特的性格和行为品质的总和，体现了教师的整体面貌，它使每位教师在课堂教学决策的"心理活动过程中表现出各自独特的风格"。① 进一步说，教师各自不同的个性致使其课堂教学决策呈现出不同的特征，体现了教师不同的课堂教学决策的心理特性。

在心理学领域，"个性"即为"人格"。"个性"的原意可理解为"希腊戏剧中演员所戴的面具。面具随人物角色的不同而变换，体现了角色的特点和人物性格"。所以"个性"的含义可以从两个方面来理解："一是指一个人在人生舞台上所表现出来的种种言行，人遵从社会文化习俗的要求而做出的反应，表现出一个人外在的人格品质；二是指一个人由于某种原因不愿展现的人格成分，即面具后的真实自我，这是内在的特征。"② 在教育学领域的"个性"是指"个体在一定的社会关系系统中形成的生理特征、心理特征和社会特征以独特的方式有机结合而使个体具有的社会独特性"。③ 综上所述，教师的"个性"是教师在教育教学活动中形成并表现出来的具有一定独特性和倾向性的社会特征，更是"教师角色与教师本人个性相结合并在教育活动中表现出来的稳定的心理和行为的倾向性。它是教师的职业共性，如敬业奉献、自尊自强、情感丰富、富有创造等和教师自身性格、动机、兴趣、理想、信念等的统一"。④

教师的个性特征是个体"人格"、时代个性和职业个性的统一体的表现形式。因此教师自身所特有的独特而稳定的个体特色涵化于课堂教学决策过程中，即呈现出教师独特的决策风格、惯习或模式，体现出教师处理教学内容独特的方式、运用教学方法独特的习惯和独特的决策表达方式等。一位 A 校的教师就认为："比如说一个老师个性积极向上，很善良、乐观、热心助人，这些都会潜移默化影响到他的课堂教学，然后影响他的学生。"（访谈 10-5-19）另外这在我与 L 老师和 A 老师的访谈中也可看

---

① 彭耽龄主编：《普通心理学》，北京师范大学出版社 2001 年版，第 425 页。
② 同上书，第 426 页。
③ 黎平辉：《唤醒"自我"：论教师专业发展中的教师教学个性》，《全球教育展望》2010 年第 2 期。
④ 李德林：《教学个性研究引论》，《天津市教科院学报》2010 年第 2 期。

出教师的个性会直接影响到教师决策时所表现出不同的心理特性。

　　L老师：不管怎么样我保证每课都会提出自己新的东西。
　　研究者：或者说同样的内容，你课上会临时想出很多种方法。
　　L老师：至少要比备课时多想一种。
　　L老师：就是我自己要想出一些新的来，我一定要有一点新的东西，就是大家备课的时候我也在想，你那样想的，我可不可以这样想呢？求异思维也好，求同思维也好，可能是性格所使。
　　研究者：这是您的性格吗？您这样的性格影响你这样去做？
　　L老师：对。
　　L老师：我就是愿意学习，比较愿意钻研。另外总想和别人不一样，和自己以前不一样，总想提出些新的东西。
　　L老师：像有一些字词，备课和上课该一样的应该一样，但是从课文的理解上，我觉得作为一个老师，课堂上应该具有发散思维，发散之后把这几点集中到一起，再发散给学生，学生按照老师的发散，还会再发散，也许就会再提出一些新的东西，这样的课堂就会更精彩一些、丰富一些。（访谈10-8-25）

　　研究者：老师个人的个性特征是不是也会影响他课堂上的一些想法。
　　A老师：应该要有个人的特色，不能平庸，这样才会有学生喜欢你。
　　研究者：您觉得您的个性特征是？哪些是直接关系到您的教学的？
　　A老师：比如说我这个人就有点儿幽默感。另外，我这人动作麻利，课堂上比较快。我不喜欢四平八稳地讲，要有效率，我受不了拖拖拉拉的。我的学生也习惯了我这样。第三呢，我比较勤奋。我对自己要求比较高，因为当老师就要有当老师的样子，要有老师的德行。另外呢，我比较爱学习。（访谈10-8-24）

　　因此在具体的课堂教学决策活动中，"个性"会赋予教师决策时的主体性、创造性、情感性和独特性。就如同人的个性复杂而丰富的特征，教师的个性特征也是各有千秋、多姿多彩。有的老师喜欢追求共性，不愿意冒险，凡遇到决策都要考虑普适性的原则和普遍规律，这使得他的课堂教学决策虽无新意，但是胜在符合教学的基本规律。有的教师喜欢追求个性化的东西，凡事不愿落入俗套，他的决策就充满了个性化的特点，这种决策一方面富有创造性，另一方面如果课堂上考虑不周到就容易激进和冒险。而有的教师个性稳重、老成，无十足把握课堂上不会轻易做出他不熟悉和无法把握的决策。有的教师个性张扬、活跃，倾向于在课堂上尝试新的东西，他的决策或许是深思熟虑而来，或许是基于课堂情境的"灵机一动"。可见，一方面教师的"个性特征"体现了教师决策时个体所特有的心理特性的"烙印"；另一方面"它包含了人的创造性以及由创造性带来的独特性"，具体表现为教师课堂上临场决策时对教学内容的开发、加工，对教学进程的个性化追求以及对教学方式方法的自我理解和使用。

（二）教师的知识系统奠定课堂教学决策的认识基础

目前对于教师知识的研究有三种取向，一种是教师教学的知识基础的研究；二是教师实践知识的研究；三是教师情境知识的研究。本研究的教师知识系统是从广义的角度提出来的，是教师在教育教学活动中形成并表现出来的，为了达到有效教学所具备的一系列相对稳定而规范化的事实、方法、原理、技术、经验等的总和。教师的知识系统是教师课堂教学过程中决策与判断的基础，它既包括和学科教学、课堂教学有关的知识体系，也包括教师在成长经历和教育教学的实践活动中积累的经验。由于课堂教学是一个面向实践而又处于情境中的特殊活动，且本研究的课堂教学是围绕语文的具体学科的实践过程，因此按照研究者的理解和个案学校的资料情况，我们认为构成课堂教学决策认知体系，奠定课堂教学决策知识基础的知识系统应该包括：学科内容知识（content knowledge）、一般教学法知识（general pedagogical knowledge）、学科教学知识（pedagogical content knowledge）、学生知识（knowledge of learners）、情境知识、教师经验。具体分析来说：

"学科内容知识"在舒尔曼（L. S. Shulman）的教师知识结构中占有很大的比重，它是我国传统教育中非常强调的部分，也是教师知识结构中最基本的部分。对于中小学老师而言，每一个老师首先必须精通自己所教学科内容的知识，它包括与学科的事实、概念和某一种学科程式及其相互联系的"实质知识"，还包括产生和确立命题知识方式方法的章法知识。[1] 而"学科教学知识"是舒尔曼（L.S. Shulman）知识结构中的核心部分，他将学科教学知识描述为"教师通过对学科内容知识的理解和重组，以达到为学生的学习提供便利的目的"[2]，包括"学科知识的呈现知识和学生关于特定学科的前知识或已有知识"。[3] "一般教学法知识"是教师从理论和实践中所获得的知识，是超越于具体学科的有关课堂管理和组织的一般性策略和广泛的原则性知识。"学生知识"是教师进行课堂教学决策的关键性的认知基础，也是教师合理性决策的重要依据。尤其当教师想要采取新的方法或调整课堂教学以更好地促进学生的思考和理解时，教师对学生的了解和认知即会产生重要的影响。学生知识一般由学生的经验知识和学生的认知知识构成。"学生的经验指特定年龄段儿童所共有的、在课堂和学校里表现出来的、与其兴趣和情景因素相关的、影响学习和行为以及儿童与教师关系的本质的知识等。而学生的认知知识由两部分组成：一是儿童发展的理论知识；二是特定学生群体的知识。包括各年级学生身心发展的特征、各年级学生认知学习及思考方式、指导学生如何学习、学生个别差异及班级中特殊儿童学习的知识等。最近的研究和理论把学生的学习视为中介的过程，学生通过自己已有知识的联结，在经验基础上加以组织。"[4] "情境知识"主要通过教师的课堂教学决策机智表现出来的知识。Yinger（1993）提出知识不存在于教师个人中，而是存在于情境中，教师知识应是工作着的情境知识，各系统中的知识只有在运用到教学中去时，才能得以很好的理解。[5] 另外教师知识受教学情境的制约。教师所处的一定情境会对

---

[1] 刘清华：《教师知识研究的问题与建构路向》，《教育理论与实践》2005 年第 11 期。

[2] Jennifer Bouchard, M. Ed Pedagogical knowledge, *Research Starters Education*, 2008, 13 (2): 1-7.

[3] 杨翠蓉、胡谊、吴庆麟：《教师知识的研究综述》，《心理科学》2005 年第 5 期。

[4] 刘清华：《教师知识研究的问题与建构路向》，《教育理论与实践》2005 年第 11 期。

[5] R Yinger, M. Hendricks-lee. Working Knowledge in Teaching, In: Christopher Day, J Calderhead, Pam Denicolo. Research on Teacher Thinking: Understanding Professional Development, 1993: 100-123.

教师知识的结构及内容产生影响。① 教师知识系统既包括有关于决策的理论性的知识还包括实践层面的经验。"以往人们对经验的认识是，经验是非理性的结果而将经验排斥在知识家族之外，从而低估了经验的教育价值。"② "教师的经验"既包括教学方面的经验，也包括其他方面的经验。这即是说，教师的经验并不限于教学的经验，其实面对课堂上的突发事件，教师需要调动全部知能和机智来解决问题，这时过去教学实践积累的经验有时并不能派上用场，而教师曾经的经历和背景而形成的经验、教师过去的受教经验、生活经验等都能够为课堂教学决策提供解决问题的方法和策略。富有知识和经验的教师在信息加工方面具有更好的选择性，因为他们具有更为丰富的、复杂而精细的关于课堂事件的图式，这使之能够从课堂教学事件中很快辨认出有意义的教学规律，并且能够对课堂事件及时作出回应等。

需要指出的是，本书认为教师长年形成的常规和惯习是介于具体的知识和经验之间的一种特殊的"知识"图式。研究指出，教师进行常规教学的过程中常常倾向于使用在其教学实践中形成并积累的，一直运作效果良好的常规和惯例。而在课堂有限而紧急的情况下教师往往自觉不自觉地第一时间采用他所形成的惯习来解决问题，一旦遇到不顺利或无法处理的问题时，教师才会想出新的方式方法来解决。

（三）教师的思维方式表征课堂教学决策的思考模式

在课堂上我们经常发现不同的教师对相同的问题或现象会有各种各样不同的看法，导致其采取不同的方式来处理和解决，而产生这些差异的主要原因除了上述提到的教师的知识、观念、习惯不同之外，实质上教师决策的过程也是一个积极思考的过程，是由于教师思维方式存在差异导致决策思考方式的不同。教师的思维方式，顾名思义是指教师教育教学中的思维和思考的方式与模式。在心理上属于认知理论的范畴，心理学认为，思维是人们对客观事物的本质特征和内在规律性联系的间接的、概括的反映和把握过程。而在哲学意义上思维体现教师认识论的理性和价值。"教师的思维方式是教育教学这一特定的社会实践方式在教

---

① 杨翠蓉、胡谊、吴庆麟：《教师知识的研究综述》，《心理科学》2005年第5期。
② 魏宏聚：《经验、知识与智慧》，《教育理论与实践》2009年第3期。

师主体中的内化,实际上是教师的世界观、方法论的问题。"① 因此,我们认为教师的思维方式体现了教师进行决策时的思考方式、思维样态和认识的模式。"教师的思维方式深深隐藏在教学实践的过程之中,它决定着教师在教学中怎样思考和处理教学问题,决定着教师对教学中诸问题思考的广度和深度,决定着教师怎样把教学计划付诸教学行动的具体方案与措施。"②

心理学认为思维是智力的核心组成部分,课堂教学决策机智的产生是思维活动作用的结果。如果教师具备非线性而动态的思维方式,如果教师的思考过程是预成性与生成性互动交织的思维方式,如果教师的思维方式体现过程而关注意义,如果教师的思维方式倾向创造而非预定,如果教师的思维方式习惯建构,那么都会导致教师的决策迸发机智,以活的"思维"促进制定更为合宜的策略。因此教师的思维方式表征了教师机智的思考模式,它是"教师作瞬间判断和迅速决定时自然展现的一种行为倾向";"它依赖教师对情境的敏感(根据情境的细微差异调节自己的实践原则)、思维的敏捷、认知灵活性、判断的准确、对学生的感知、行为的变通等"。"它也不是一种按步骤、分阶段的逻辑认识过程,也不是一种简单的感觉或无意识的行为,而是教师直觉、灵感、顿悟和想象力的即兴发挥,在一瞬间把握事物的本质。"③

需要指出的是,我们经常发现教师在访谈中提到其决策是一种"直觉"的反映和结果。本研究认为直觉其实也是教师思维的观察力、判断力、思考力和逻辑思考过程。直觉即是教师基于知识、经验和思维过程的一种综合性产物,直觉是决策主要的思维方式。

(四) 教师的信念体系摄课堂教学决策的判断取舍

教师的信念是信念系统的一个组成部分。在心理学的意义上,信念(belief)可理解为"个体对于有关自然和社会的某种理论观点、思想见

---

① 魏为燹、陈国平:《论新课程背景下教师思维方式的转变》,《教育理论与实践》2007年第2期。

② 郭方玲、吉标:《教学思维范式解读》,《天津市教科院学报》2006年第4期。

③ [加] 范梅南:《教学机智——教育智慧的意蕴》,教育科学出版社2001年版,第156、162、169、173页;胡敏中:《理性的彼岸——人的非理性因素研究》,北京师范大学出版社1994年版,第51页。

解的坚定不移的看法。个体的世界观、人才观、价值观和道德观等，都是由信念所组成的一定的体系"。① 教师的信念主要是指教师对教育教学工作所持有的一种基本观点从而形成的一种相对稳定而带有意动性的主体性认识，是"教师对与教学有关的一些事物的看法，这些看法会在不同程度上对教师的教学产生影响。教师在课程决策的过程中，会自觉不自觉地将自己有关的信念体现在教学设计和课堂教学中"。② Kagan (1992) 把教师信念定义为"一种特殊的具有煽动性的个体知识，是职前或在职教师关于学生、学习、课堂和教学内容内隐的、不为主体意识到的假定"。③ Porter & Freeman 认为教师信念是"教师对教学的取向，其中包含了教师对学生、学习过程、学校在社会中的角色、教师自身、课程和教学的信念"。④ Calderhead 把教师信念主要归纳为五个领域且指出各个领域是相互关联的："（1）关于学习者和学习的信念；（2）关于教学的信念；（3）关于学科的信念；（4）关于学习怎样教学的信念；（5）关于自我和教师角色的信念。"⑤ 综合相关文献的论述和个案学校调查资料的显示以及本研究的理解，我们认为教师在课堂教学决策中的信念本身也是一个相对稳定的体系，它包括教师对学生的认识、教师对课堂的认识、教师对教学的看法、教师对语文学科的认识、教师对学习的看法等。

其实早期的教师信念的研究也表明，课堂教学的复杂性会制约教师依据自己的信念进行教学实践，许多教师会基于课堂教学的常规、师生互动的情况，依据学生的现实情况和需要、教学内容等现实因素来选择和调节教学行为。约翰逊也认为教师的信念会影响教师的知觉与判断，继而影响教师在课堂上的教学行为与言语表达。教师作为教学活动的引领者，持有何种信念将会对他选择并采取怎样的方式、方法来进行教学

---

① 王惠霞：《国外关于教师信念问题的研究综述》，《宁波大学学报》（教育科学版）2008 年第 5 期。

② 马云鹏：《课程实施探索》，东北师范大学出版社 2001 年版，第 185 页。

③ Kagan. Implications of research on teacher belief, Educational Psychologist, 1992, 27 (1): 65-90.

④ Berliner, Calfeer. Handbook of Education Psychology, New York: Macmillan, 1996: 709-725.

⑤ Ibid..

与班级管理产生巨大的影响，且教师的信念在教师处理班级信息与问题的方式上，在教师定位教学目标和教学任务上同样扮演着一个重要的角色。

如果教师对其教学设计和教学水平持有坚定的信心，相信他所制订的教学方案绝对正确的话，那么他在课堂上坚定不移地贯彻执行其教学计划，除非学生反应不良或出现课堂意外，一般不会有任何的更改；如果教师认为自己的教学设计是灵活的，有进一步拓展的空间，那么课堂上他就会允许自己对预设的安排进行不断地调控，也允许学生对教学内容发表个人的看法。又譬如一位教师的看法是以"教学为中心"的，那么完成教学任务就是其课堂决策的中心指引，教师所有的决策都要围绕这个中心目的；而如果教师的信念是以"学生为中心"的看法，那么教师就是学生学习的指引者和启发者，其决策的所有依据都要围绕学生的需要、兴趣、反应、感受以及学生的发展。在学科认识方面，如果教师对于语文学科学习定位于工具性，那么其课堂教学的决策就是以让学生充分了解和掌握知识、技能为目的；如果教师的定位是"工具性与人文性"，那么其决策就会兼顾学生学习语文的技能层面与情感、态度、价值观和艺术层面。当一位教师将教学活动的性质定位在"认知活动"上，那么上课就是完成和执行教案的活动，"认知"成为看不见的"手"支配、牵动教师的所有决定，任何与"认知"无关的"节外生枝"都是应避免的；相反如果教师将教学活动的性质定位为"生命意义的动态生成"，教师所有的相关选择和判断都要"留白"，都要随时预料到多种可能性和主动实现动态的发展，在这样的信念指导下才能"让课堂焕发生命的活力"。又例如教师秉承传统的教学观和学生观，认定教师是知识的传授者、传递者，学生是吸收者，教学活动是人类文化和知识传达给学生的过程，这种观念会深重地影响教师对于双边活动的决策。而如果新课改的理念直接推动了一位教师信念的重整和改变，教师视自己为教学活动的引领者和促进者，把学生作为课堂教学决策的主体，是多方面需要和全方位发展的人，因此他们的信念将支撑他们有关于思想观念、教学价值、教学伦理、教学态度与方法的决策都是符合教学基本规律和实践有效教学的重要保证。

可见，教师在课堂上作出的决策都是由隐藏在教师头脑中但却难以察觉的信念体系所支配的。教师所秉持的信念体系有些是可察觉的并信奉的,而有些却是无意识而难以言表认可,但不管怎样这个内隐的"信念决策体系"不仅统摄其课堂教学决策,影响其教学行为,也会最终影响到学生的学习和发展,使得学生在某种教学理念的影响下学习和生活。

(五)教师的教学风格塑造课堂教学决策的外在风貌

"风格"一般指风度品格,后指艺术特色,而"教学风格"是指教学过程中,体现教师个人特点的风度和格调。它具有独特性和稳定性,是教师教学思想、教学艺术特点的综合表现。[1] 即指"在达到相同教学目的的前提下,教师根据自己的个性特点经常采用的教学方式。教学风格反映教师头脑中内隐的对教与学规则的认知框架"。[2] 国内学者李如密定义教学风格,"为教师在长期教学实践中逐步形成的、富有成效的一贯的教学观点、教学技巧和教学作风的独特结合和表现,是教学艺术个性化的稳定状态的标志"。[3] 其实,不同的教学风格在反映不同面貌、不同类型的决策时也在塑造不同特色的决策风貌。某种程度上,教学的风格也是教师决策的风格。

语文是富有情感性、人文性的学科。在 A 小学听课的过程中我也发现:有的教师情感丰富,课堂表现为情感充沛型,情到深处往往掩饰不住真情的流露,情表于形外,高兴时肢体语言丰富、表情也丰富,忧伤时声音低沉、愁容满面;有的教师属于冷静、稳重型,他们的逻辑严密,课堂内容的讲授和进程安排上条理清晰,而且长于说理,循循善诱,凡事都能够以理服人;有的教师富有智慧,才华横溢,课堂上旁征博引、学识渊博,在与学生互动上充满了艺术的气息和大家的风范,以自身的魅力教导学生、陶冶学生、影响学生;另外,有的教师风趣、机智、幽默,有的教师灵动活跃,富有朝气和活力,这些教师的教学风格真是千姿百态、各具特色。

其实教学风格是有其心理学基础的。从心理学依据上看,不同气

---

[1] 顾明远:《教育大辞典》,上海教育出版社 1990 年版。

[2] 李源田、朱德全、杨泓:《试论名师教学风格的养成》,《上海教育科研》2010 年第 3 期。

[3] 李如密:《教学风格的内涵及载体》,《上海教育科研》2002 年第 4 期。

质、人格类型的教师在基础本性上呈现出一些各有千秋的教学风格。"多血质的教师一般表现为热情乐观、感情充沛,与学生关系融洽,教学语言生动,富有文学味,教态具有艺术表演者的气质和风格等;胆汁质的教师一般表现为教学中思维敏捷,教学语言流畅顺达,而且语流快,滔滔不绝,对学生热情相助,感情外露直接,不容易抑制,教学过程按序进行,但缺乏灵活性和新颖性;黏液质的教师一般表现为教学逻辑严谨,说理能力强,对学生的情感真挚深沉,但不轻易外露,办事认真,一丝不苟,教学扎实,一板一眼,富有实效;抑郁质的教师一般表现为重事实和推理,反应速度不快,但很少出错,喜欢使用抽象、概括的语言,教态稳重,给人一种信任感等。"①斯滕伯格对风格的研究提出了富有创意的认知风格理论——心理自我控制理论。② 根据这一理论,Grigorenko&Sternberg 将教师的教学风格从认知风格这一维度加以划分,分为七种类型。同样的情况也作用于主观性的课堂教学决策。通过研究发现,个案学校语文课堂教学决策风格可归纳为下述四种类型:

(1) 保守执行型。具有这种风格的教师喜欢按照既定的规则、程序解决问题,喜欢按事先计划好的活动进行教学。具有这种风格的教师喜欢熟悉的教学任务、教学情境,喜欢遵从传统的教学方式,依照自己的方式或习惯进行决策。③

(2) 创造变化型。具有这种风格的教师决策时倾向于超越现有的规则和程序,不喜欢一成不变的套路或模式,喜欢创造并提出决策的规则,也喜欢鼓励学生创造性地解决问题。他们决策的出发点喜欢关注有变化、兴趣、新意的事情,他们的决策关心整体效果而不讲究精确的细节,不喜欢严格地组织安排时间。

(3) 激情速度型。具有这种风格的教师决策时富有激情和感染力,其课堂决策次数多,决策迅速、利落,反应速度快,解决问题干脆,课堂气氛热烈,节奏明快,决策时间短。其最大的特点是快和活。但这种

---

① 肖耀根:《教师气质类型与教学风格的关系》,《华中农业大学学报》(社会科学版) 2008 年第 2 期。

② Sternberg, R. J. Grigorenko, E. L. Are cognitive stylesstill in style, American Psychologist, 1997, 52 (7): 700-712.

③ 贺雯:《教师的教学风格及其发展研究》,《外国中小学教育》2008 年第 7 期。

风格的教师激情与速度有余而调控不足,常常会忽略细节。

(4)稳重熟虑型。具有这种风格的教师有别于上述风格,其决策态度认真尽责,决策时逻辑严密、考虑周详、注意细节,不受情感影响和意外干扰,善于组织、调控管理,最大的特点是"稳"。此类型决策风格的教师慎重决策,思考充分并有切实根据才决策,即使发现了问题也先持观望态度,不轻易决策,但也缺乏创新、反应较为迟缓,一旦遇到意外即可能会瞻前顾后、优柔寡断,白白延误了课堂宝贵的时间和决策时机。

第四节　关于环境的影响因素

与其守成法,毋宁尚自然;与其求划一,毋宁展个性。

——蔡元培

教育作为"一种社会历史现象,它在社会中运动,必然要同社会多种因素发生相互作用"。[①] 因此环境因素也是影响教师的课堂教学行为及其背后"想法"的因素之一。我们认为环境作为影响教师课堂教学决策的因素是一个广义的提法。其中包括社会大环境的影响、学校文化层面的影响和课堂环境尤其是课堂情境的影响三个层面。其中,社会环境和学校文化的作用对于教师课堂层面的选择与判断是非常隐性但又是非常重要的;而课堂层面的环境和情境的影响则是非常显性而直接的。这就是说,环境因素中最为直接、最为迅速影响教师的是课堂的环境和情境,而学校和社会环境的影响是长期的、隐性且十分不显著的。社会因素是教师进行课堂决策、教学内容选择、课程设置的重要依据。随着社会生产力的发展、政治经济制度的变化、社会意识形态的变迁,这些都对教育、对学生,对教学内容提出了不同的要求。因此,教师的判断和选择必须注重社会的价值取向,也要根据社会发展的要求选择最适合的方法和策略。况且,学生是社会生活中的人,因此,教师的课堂教学不仅要体现学科知识的基础,而且应该与社会生活联系在一起,要贴近

---

① 鲁洁主编:《教育社会学》,人民教育出版社2001年版,第51页。

社会、面向生活，发挥学校教学满足社会生活需要的职能，使学校教学更具有生命力；而且教师还应该考虑到让学生尽可能多地了解社会、接触社会，掌握一些解决社会实际问题的基本技能，才能使学生掌握的知识技能可以较好地发挥出社会效用，实现学校教学的更大价值。在教学实践中由于种种原因，常常出现学校教学内容脱离社会生活、与社会生活疏离的情况，而这也常常成为教育改革家们批评的焦点。

（一）鲜明、显著的学校文化是课堂教学决策的深层指令

我们认为尽管新课改提出三级课程管理并大力提倡地方和校本课程的开发，但社会层面的制度、社会的观念、国家的教育政策和理念、统一制定的课标、教科书和教参等无一不在某种程度上制约着、左右着教师课堂上的想法。但是这种影响是非常隐性且不显著的，社会环境层面下的学校层面的因素才是在个案学校中真正发挥作用的影响因素。学校环境的影响因素包括学校的物理环境、精神环境等方面，其中"学校文化"是环境因素中虽然较为隐性，但却是非常突出而显著的影响因素。顾明远先生认为"学校文化是整个文化的一部分，是社会文化的亚文化。学校文化可以定义为：经过长期发展历史积淀而形成的全校师生（包括员工）的教育实践活动方式及其所创造的成果的总和。这里面同样包含了物质层面（校园建设）、制度层面（各种规章制度）、精神层面和行为层面（师生的行为举止），而其核心是精神层面中的价值观念、办学思想、教育理念、群体的心理意识等"[①]。学者朱小蔓指出，"学校文化是学校的精神生命和灵魂，是学校办学理念、办学目标、学校精神、制度规范和行为方式的综合体现，它是一种浸润人心的氛围，是一种约定俗成的规则"[②]。

本书中的个案学校的学校理念是以"开放性和个性化"为中心的，因此该校形成了开发、创新、自由、崇尚个性的学校文化。而这种学校文化深深影响了全校教师共同处理问题和做事的方式，也由教师渗透到他们的课堂教学中。在研究者所参与的课堂中，虽然教师不见得全部且

---

① 顾明远：《论学校文化建设》，《西南师范大学学报》（人文社会科学版）2006年第5期。

② 朱小蔓：《"基础教育阶段现代学校制度的理论与实验研究"江苏省南京市鼓楼实验区科研成果丛书（序）》，北京教育出版社2007年版。

极好地贯彻好新课改的理念,将 A 小学的教育理念完整地落实到其课堂中来,但是大部分的教师仍然极力营造一个尊重学生、尊重生成、注重自由和平等以及师生互动的课堂氛围。而且通过访谈了解到,大部分的教师意识到一个良好的课堂环境应该是什么样子的,并通过其努力去尝试践行并积极反思,这说明 A 校的学校文化是非常鲜明、显著而真正有实效性的。在我与 A 校老师的很多交流中他们都谈到教学风格的形成、钻研教学的习惯和课堂教学的特点都是深受"学校的一种文化,学校的一种思想,领导的一种要求,学校就要求你这么做,学校是有一种风气的"影响的。像 A 小非常显著的特点是:"大家都有研究,研究的时候,作为一个老师,个体化就要思考了。那么这堂课我怎么教呢?自己也要给自己提个问题,所以 A 小的老师上课的速度特别快,教得也特别好,家长和学生也都非常满意,我想大概就是在此。"(访谈 10-8-25)下面的访谈中很多老师就谈到这一点。

例如新任教师 N 老师就说:"A 小一直要求比较严,搞实验比较多,要好好讲课学校领导才能重视你。在工作的时候就感觉出 A 小很严谨,基础很扎实,要求很严。""你看我跟您说说,像 A 小,有它自己独特的学校的文化和机制,这个肯定会在很大程度上影响老师的,就像是说我们比较倡导老师个性化的教学,这给老师很好的一个平台去施展,但 A 小对老师教学素质、教学质量等各方面的要求都特别高,也给老师很多培训和培养的机会,我觉得这个很好。"(访谈 10-6-3)年龄和资历在 A 小都属元老级的 Z 老师也深有感触:"在 A 小束缚不是很大。大家都很上进,学历也高,研究氛围很好。大家一起商榷,而且还资源共享,而且校长总和我们讲,一个老师思想要跟得上时代,否则显得太落伍,学生也会失去兴趣,如果好好上课,课上加入一些新鲜的东西,学生也会有豁然开朗的感觉,他们就会评价,哇,这老师讲得好,好有水平,很现代啊,这样的话,不管你有多老,学生都会喜欢你,因为你在用知识、用语言、用思想打动他,如果你按部就班地读读课文,再批评点同学,那你这课上得就没劲了,学生也不愿意听。"(访谈 10-6-29)其实 Z 老师已经有超过三十多年的教龄了,但是从他身上我看不出那种老师所谓的职业倦怠,相反我看到的是一个孜孜不倦的老师,这应该某种程度上是受学校文化的影响。另有低年级的语文学科组长 Z 老师谈道："A小这所学校的群体啊，他会在这个群体中汲取力量的同时，他会根据自身找一个自己的成长点，然后去发挥自己。其实我们是相当鼓励的。你看，其实很多年轻人，也会拿出自己的意见、建议，产生一些火花，他不会让人产生依赖，只会让人在这个群体中不断地学习，他懂得原来还有更深的知识、更神奇的想法，人有时候在这个氛围中，他就会拼命去想我还有没有其他的想法，去拓展自己的思维，对他自己成长特别有好处，人就要有这种不断创新的精神和意识。"（访谈10-8-27）

A校作为一所名校，其学校文化的渗透、贯彻和落实必然有所效果，同时也最为直接、深重地影响到教师的课堂教学。首先我们认为A小鲜明而富于特色的学校文化促进了教师营造开放、自由、生成的课堂氛围。其次，这种注重钻研和研究的教研文化使得教师们的课堂教学的观念、方法、内容甚至是价值的判断与选择始终贴近科学而全新的理念，教师总能够在课堂上呈现并表达出时代性、生命性、创新性的思想，这都会深深地影响到学生，其所带来的意义更是深远的。而且，注意个性化教学和培养学生个性的文化渗透到教师的行为意识中，这使得他们的课堂会有意识地注重师生交往、注重双边活动、注重以学生的真正发展为中心来组织、选择、调控其课堂教学。最后，个案学校严格、严谨的教学管理和运作机制使得教师教学态度认真、一丝不苟，能够在一定程度上保证教学的质量。因此，A小学校文化促使教师的课堂教学决策保持了在规范、严谨和个性之间的一种必要的张力。

（二）复杂、多变的课堂环境是课堂教学决策的直接动因

情境认知理论认为，课堂的教学活动和学习活动是非常复杂的，它包括了认知、物理、心理等诸多复杂的因素。而且教师的课堂教学决策是基于课堂和为了课堂，是通过与课堂环境以及教学情境的接触与互动来获取信息、识别情况、制订方案从而决定行动的。因此，复杂而多变的课堂环境及其由各种因素交织的情境会直接诱发及促使教师采取并行使决策。

实质上任何形式的教学活动如果脱离了课堂环境，离开教学情境都是偏颇甚至不可能存在的。课堂环境和教学情境与教师的决策和想法保持着密切的联系，并且教师与环境相互作用、互相促进。其实不管教师是否明确地意识到，教学内容的组织与呈现、教学方式的选择、教学活

动的调控、教学手段的运用、教学策略的确定、课堂教学信息的传递与交流、师生互动、交往的形式、程序、进度、效果等都直接或间接地接受着来自课堂环境的影响和制约,因此我们认为复杂而动态、多变的课堂环境是课堂教学决策的直接动因。适宜的课堂环境能够直接促成教师合理的决策;反之,杂乱而充满意外的课堂环境使教师在决策中疲于奔命,甚至忽视和影响到决策的制定和效果。

通常情况下人们将课堂环境划分为物理环境、制度环境和心理环境。从物理环境上看,教学设施、教室布置、座位的编排和班级规模无一不在直观地影响教师的决策。譬如说舒适的教室布置会给教师带来决策时的良好感受,例如舒适感、熟悉感甚至会激发教师机智决策的灵感。而学生的座位对于教师课堂提问影响的相关研究也指出,教室座位的布置使得教师提问时的决策具有一定的区域性,而开放性或梯度设置的教室与座位设置会促使教师做出更多与学生交流形式、次数的决策。从制度环境因素上看,每个教师尤其是一个班级的班主任会形成自己的课堂教学管理和制度体系,很多情况下这种影响是无形的、隐性的,但是却在教室中发挥着长期的影响。从心理环境来看,师生互动是在课堂教学情境中发生的具有抑制性或促进性的影响与作用。教师对学生的态度、期望、与学生交流方式的选择和安排都会影响教师决策的意识和意愿,从而决定采取策略更好地促进学生的学习。另有研究指出,课堂竞争的氛围、合作的氛围、个性化的氛围、威严的氛围也会影响教师决策的范围、程度,以及教师决策的控制性、主动性和激励性的发挥。最后需要指出的是,其实最为直接、迅速地影响教师进行决策的动因是课堂的意外和突发情况,以及激发教师决策意识和灵感的教学情境。

第五章 结论与建议

在学术工作上,每一次"完满",意思就是新"问题"的提出;学术工作要求被"超越",它要求过时。任何有志献身学术工作的人,都必须接受这项事实……将来总有一天,我们都会被别人超越;这不仅是我们共同的命运,更是我们共同的目标。

——马克斯·韦伯

第一节 本书的基本结论

(一)个案小学语文课堂教学决策的基本特点

通过对个案小学语文课堂中决策的研究资料的分析和研究结果的反映,我们发现其中可以归纳出一些课堂教学决策的基本特点。虽然这仅是个案 A 小学的一些真实反映,但某种程度上使得我们可以深入地看待教师在课堂中的决策,也可以从决策的角度深入地反思语文课堂教学的一些基本问题。

首先,本书发现小学语文课堂教学决策具有一般决策行为的一些基本特点,例如不确定性、建构性、创造性、经验性等。但是,鉴于这种决策是在课堂这个特殊的环境中发生和实现的,且其决策活动是与教学紧密相连的,因此它还具有即时性、应激性、互动性、突发性、直觉性等自身所特有的一些基本特点。而这些可能是一般性的决策行为或教学决策、课程决策活动等不一定全部具有的特点。这意味着课堂的复杂、多变和偶发性,使得课堂教学决策不能够像课程决策层面和教学准备阶段做决策时"审思"和"慎思"地决策,而是经过多方论证、反复验证、集体审议、深思熟虑才通过的决定。课堂教学决策更多的时候是与时间、与学生的反应、与课堂的发展进行"较量"。这就使得教师的决策很多情况下是根据学生的接受情况、反应状况、情绪需要和课堂发展的进程甚至课堂上的突发与意外事件，临时做出的有机调节或临场应急应对。因此小学语文课堂教学决策更多的"外在面貌"是即时性、反应式、应激性与突发性。

其次，本书发现引起课堂教学决策而产生的或引起课堂教学决策的变化，一种是基于教师主动地审视、识别、判断和诊断课堂教学，另一种是课堂教学决策是基于教师被动或被迫引发的，一般可能是由学生引起的，或者由情境或环境的变化或意外状况而引起，教师不得不去解决，否则会干扰甚至影响整个课堂教学的进程乃至最终效果。有时一个看似小小的、不经意的决策就会对整个课堂教学效果、教学进程甚至学生产生很大的影响，因而课堂教学决策在瞬间发生和发展的情况下需要教师更为丰富的经验、更为合理的决策方案和更为高超的监控与调节机制。所以本研究认为尽管很多因素都在影响教师做决策，例如前面所述的学生、教学本身是最重要的影响因素之一。但是教师自身的决策水平、判断与把握课堂的能力、教师基本的素质、教师的经验和思维程度都对课堂教学决策产生重要的影响。

研究中还发现，无论是个案学校还是辅助研究的学校，无论是小学还是中学，其实教师们课堂中做的最多的决策是课堂提问。教师需要在课堂有限的时间内决定：提问的类型、控制提问的数量、提问学生的类型、提问难度的梯度安排、提问的方式方法、学生回答的反馈与评价等。据研究结果显示，新任型教师评价每节课提问次数为 50 次左右，他们更多的是以频繁的提问来推进课堂的进度，这也是其课堂教学决策的一种基本策略；而熟练型教师在课堂提问的决策中较为成熟和审慎，每次决策都是有所判断和依据，其决策次数一般控制在 30—40 次；专家型教师的提问策略最为高超，已经能够很好地控制提问的频次。而且他们的决策是最大限度地考虑和照顾到学生，而很少受到其他因素的影响。课堂提问的分析结果反映着这样一种隐含的情况，除了一些意外的干扰和突发的情况，越是教学年限长、教学经验丰富、教学水平高超的教师，在一节课上作出的决策越少，即越是高超的决策者做出的决策越少。而且面对偶发事件，他们决策时最为冷静、思考周期长，甚至并不急于马上拿出办法来解决,很多情况下倾向于"冷处理",而且他们的这种决策习惯其实都是有所根据的。但是不管何种类型的教师们,课堂上更多的还是根据计划与教学准备进行教学,即执行预设的决策行为和活动是最多的。无论教师主动识别或被动引发的决策,都是教师无法容忍当前情况下所做出的一种调节、改善甚至改变。除此之外,在小学阶段范围内,低年级比高年级的决策更为琐碎,很多时候集中于课堂管理与习惯养成方面,某种程度上决策意义和价值更小。

再次,本书发现小学阶段的课堂决策与中学甚至大学阶段还是有所不同的。研究发现越是往高的年级段发展,课堂上做决策价值越大,受到受教育者的独立性影响越小。例如高中和大学的学生已经是成人的心智水平,课堂教学更多地集中于教学内容和精神、价值层面,反而小学的课堂教学正是一个关注教师的教法和方式的阶段。而且高中和大学不管课堂教学效果如何,与小学相比,更注重课堂笔记和课后考试的检测,因此小学阶段的课堂教学决策意义非常集中而突出。另外,小学教师群体和中学、大学教师群体在课堂教学过程中的决策的区别还在于:小学阶段的知识浅显、基础性和工具性强,师生互动更多更频繁,小学生课堂纪律和规范较中学自觉性差,小学生还处于一个习惯养成和个性塑造的阶段;而中学教师的教学内容容量大、知识深度和难度都较小学有很大的加重,师生互动也没有小学课堂教学中的那么频繁,老师的决策更多集中于知识传授和思想的传递为主,而小学教师除了要讲清和交代基本知识,还要关心学生的兴趣,所决策的方式方法学生得喜欢感兴趣,同时还需要更多关注课堂中的意外和纪律等问题。正如大家所言,小学更重视兴趣和方法,中学和大学似乎更倾向思想和内容。但是,小学阶段互动决策更为频繁、直接,这是因为初高中也不需要大量训练学生的口语表达。而且越趋向于成人的人,越不愿意自己暴露自己,反而小学生喜欢表达和暴露自己的真实想法。

最后,研究结果还显示,小学教师课堂教学决策也有学科之别,这意味着小学语文与小学数学、小学英语的决策是有所区别的。我们知道主观看法和具体情境决定决策者从哪里出发和怎样出发进行判断和选择,不同的学科其学科属性、要求和特点是不尽相同的,因而不同学科的决策者的思维方式和价值导向决定着决策的方向和落脚点。

小学语文工具性与人文性的基本属性使得语文学科的课堂教学决策更加具有复杂性和不确定性。因此小学语文课堂教学决策的特点表现更加注重工具性与实践性，更加需要渗透人文精神和价值观的导向。具体来说，语文作为母语教育的学科，这使得它与外语教学有着本质的不同，母语教学更要有"内嚼"的自我建构和内化为自己能力的要求。因此语文教学与语文学习并不能单纯靠传授知识、介绍规律和反复训练来习得，而需要大量的情景、感知、感悟、情感来获得。这就使得课堂教学决策中教师要更为慎重地把握工具性的意义，落实基础性与工具性等感悟和运用文字、语言的能力。其次，小学阶段正是一个发展心智、形成价值观的重要阶段，这不像中学和大学的更为成人化的学生，因此教师的决策更要注意价值观的导向和意义传递的把握尺度和方式方法。教师的不同决策可以提供给小学生不同的视角，然后在这个过程中去落实一些语言、文字的任务。例如 A 校一位小语专家所言："一个是要美，思想导向要正确。你看编教材看着简单，其实不容易，大学的就比较方便，大学里只要是中国的一些名句、名篇都可以进入教材，比如一些唐诗宋词，只要是美的就行。但是小学就不一样了，必须是正面的，如果您让孩子读的带有明显的宗教性，你可以有宗教信仰，比如说圣诞节的问题，但是不能有神、有鬼，应该是一些美好的、正义的、勇敢的、积极向上的，不能有一些暴力的东西。比如中学课本里的《鲁提辖拳打镇关西》，它就太血腥了，匪气太重，现在大家对小学文本的价值导向是很严谨的。"

（二）课堂教学决策要实现内在的转型与超越

随着新一轮课程改革的不断深化，教师在专业领域内的决策问题，尤其是在日常课堂教学中的决策问题日益受到重视。诚然我们在个案学校和其他小学的课堂上看到很多老师们决策的精彩，然而更要清醒地意识到还有很多教师的课堂教学决策很大程度上仍然处于无意识和被动的"自在"的程度，他们在凭借经验而不是基于自主的决策，被动而盲目地适应课堂的变化和发展，因而其决策多数是无意识状态下的一种自发性的行为。我们认为，教师的课堂教学决策必须实现从"自在"向"自为"的转变。教师应该自觉、能动地引起决策，积极而有效地行使自主决策权。

1. 课堂教学决策的现实困境

教师课堂教学决策的实践囿于诸多因素的制约，致使其在很大程度上仍处于初始的、经验的和被动的层面。课堂教学决策在不同层面的现实困境及其分析原因如下：

首先从社会层面的压力来看，在国际竞争日趋激烈和教育变革持久推进的背景下，教师的专业性和职业性受到越来越多的关注。这种关注稍有不慎即异化为对教师专业活动无休止的监督、干预甚至是质疑。这些来自社会各个层面的不断积聚的外部压力使教师的专业行为无所适从，也深重地影响着教师在课堂领域及其之外的发挥。此外，来自社会人士和家长等非教育专业人员也通过插手学校教育运作、评价教育措施，运用社会赋予的影响力等方式直接或间接地对教师的课堂教学进行干预。近年来激增的教师职业倦怠研究也表明，来自社会各个层面的干预和压力使很多教师对专业发展的信心和动力不足，甚至对课堂的自主存在着怀疑、逃避、抵制等消极的态度。

其次从国家制度的限制来看，我国教育管理体制长期采取的是国家主义"自上而下"的集权制，因而有关教师专业发展的系列事务都要受到来自外力的规约和控制，这使得教师在专业范围内缺乏参与和决策的机会，教师的课堂教学决策和课程决策有时也出现追赶政府政策的行为。虽然新课程改革实行的国家、地方、学校的三级课程管理制度在很大程度上改善了这种状况，然而多数情况下学校教学与管理的方案和教师专业发展计划依循惯例仍旧由国家和行政部门统一制定、统一规划进行，这种来自外部的规约使教师成为决策的"局外人"。因而教师只能被动地接受和执行，教师在课堂上自主发挥的空间和创造性受到不同程度的"挤压"。

再次从学校层面的规约来看，随着三级课程管理政策的实施，教师被赋予课程与课堂教学的开发者、设计者和决策者的多重角色，教师的专业自主活动也得到了改善和拓展。然而不容忽视的是，我国学校组织长期以来固有的严密的科级体制特性，使学校教育事务从目标组织、职能分配、绩效评价、教学计划等决策权集中在校级行政部门、管理层的手中。甚至学校强大的行政系统可以随时介入并插手教师的课堂教学活动，混淆了学校组织性行为和教师专业行为的边界。处于学校行政管理和科级体系决策过程最底端的教师，其个人掌控的课堂决策的空间大幅窄化，参与课堂教学决策的权限受到严重束缚。

最后从教师层面的缺失来看，教师专业发展长期以来往往重视的是经验层面的传承，教师常常习惯于循规蹈矩的套路或既定的模式，而忽略了专业领域的知识和技能的发展。因而很多教师习惯性地将课程的设计和决策交予上层运作，只负责落实和执行性质的教学实践工作，无法知觉也无力成为自主的行动者。长此以往，教师将无法突破传统课程计划和教学活动程序的限制，将会缺乏思考和自我决定的意识，盲从于简单机械和模仿照搬的技巧层面，而不去主动寻求专业工作中的自主权力。

2. 课堂教学决策实现超越与转型的必要性

（1）基于外在的刚性变革要求

教育的发展靠教师，教育变革中无论哪一层面的革新都不可避免地通过教师，尤其是通过教师的课堂教学来实现。何况在世界变革的外部要求下，教师承载着重大的社会责任，维系了未来人力资源的素质，这些无不刚性地要求教师在课堂教学领域内更大的"自主"。新一轮《国家中长期教育改革和发展规划纲要》指出，我国科教兴国战略的实施和基础教育改革的推进无不需要教师的深入发展尤其是教师参与决策的发展。因此无论是基于国际风云变幻的世界形势还是国内教育变革的外在要求，都对教师课堂教学决策的发展提出了新的挑战。这是基于深切洞察"教师培养"变化发展的走向，准确把握时代发展特征和新形势的外部要求所作出的积极回应。教师课堂教学决策要实现超越与转型的要求也绝不是一种简单的概念替换，而是意味着教师发展观和教学观的转变。

（2）基于内在的自主发展需要

人类社会之所以能够不断发展，是因为人类从不满足于"自在"的状态，更是因为人类从没有停下前进的步伐，凭借永不间断的"自为"性活动来满足生存和发展的需要，在时时刻刻地谋求着进步和发展的空间，以期在"外在事物上面刻下自己内心生活的烙印"。[①] 因为"内在

---

① ［德］黑格尔：《美学》第1卷，商务印书馆1979年版，第38页。

的自我是一个永不停息的川流，我们只有进入这个川流，随其一流动才能把握住它"。① 在柏格森的"生命哲学"世界里认为生命的意义不在于静观，而在于内在自我的超越。这种内在的超越不是表层的"先验预成"，而是只有基于内在的深层自我才能实现。这种内在的超越不是由外部推动的，而是基于自我的"无限可能"才能完成。因为能够自我超越、自我生成的只能是人，因为唯有人具有自我和自主的意识，唯有内在的深层自我才能进行自我设计、自我实现。正如尼采所言"两种最伟大的哲学观是一切都在内在地生成和发展"。② 因此作为意义主体的"人"的活动本身即是一种具有能动性和自觉性的活动，不仅合乎规律性还合乎目的性和适切性，因而人能够不断实现着内在的自主超越，不断地超越"自在"走向"自为"。作为承担传承人类知识和文明、教化下一代职责的教师的发展也不是预先存在的，而是基于教师的这种内在自主超越而存在的。因为教师的发展不能通过机械地复制经验和积累知识，而要通过创造性地生成与发展的过程来实现，也只有凭借自主把握自己的时刻才有专业发展真正的自由。所以教师的成长是一种内在超越的活动，是不满足于现状，不受"自在"的规约和束缚，顺应时代的发展而不断实现着内在的永恒发展。需要指出的是，我们强调教师要积极实现自身内在超越，发挥教师发展主动性和自觉性的真正目的，是如叶澜所期望的"为了每个教师都意识到，自己能成为自身职业生涯的主人，只要努力实现自我更新，在成就学生的同时提升自己的生命质量，活出特有的职业尊严和快乐"。③ 总之，教师的课堂教学决策必须转型，必须超越被动的、潜在的适应教育和教学的方式，积极自觉地实现自我认识、自为改造、自我超越和自我更新。

3. 从"自在"走向"自为"：课堂教学决策要实现内在的超越与转型

课堂教学决策水平的提高，实质即是一个由"自在"到"自为"的升华过程，因此我们宜用"自在"和"自为"这一对术语来说明教

---

① 李文阁、王金宝：《生命冲动：重读柏格森》，四川人民出版社1998年版，第7页。
② 赵修义、童世骏：《马克思恩格斯同时代的西方哲学》，华东师范大学出版社1996年版，第154页。
③ 袁贵仁：《人的哲学》，工人出版社1988年版，第59页。

师课堂教学决策水平所处的不同阶段。虽然当前教师很大程度上处于"自在"阶段，但其未来发展方向是一种理想的"自为"境界。

（1）"自在"阶段的课堂教学决策

胡塞尔对我们存在的世界做了"科学世界"和"生活世界"的区分。前者是一种理性世界，或者说是一种"规范世界"。处于"自在"阶段的课堂教学决策常常囿于承袭传统和惯习的固有"存在"，教育世界对于教师而言更多的是一种"先在"的理性世界。在理性世界里很多先有依存的东西深深扎根于教师的个人世界中，面对业已形成的统一性和标准化的专业内容，教师往往习惯地去承认并接受公共的意识形态与遵从普遍性认可的价值判断，而不需要去做过多的深入性的思考和突破规定的多维选择。即教师的决策被"制度化""规范化"和"固化"了。于是教师进行课堂决策活动时惯性地趋向于自发性的"潜在之意"，而放弃了自觉、能动的"自主超越"。其实处于个人意义世界的教师在其专业领域往往积累了丰富的认知，但这种独具个人意义的"存在"多数被教师自身固封在"潜在"的个人世界中。甚至于一旦教师自主的个人想法与固有的公共常规及制度发生冲突时，教师往往倾向于本能或惯性地"屈从"，倾向于保持个人主体性与公共价值一致趋向，而抑制自主性和创造性的发挥。因此在课程与教学实践中经常看到教师认真而忠实地传递课程而不做任何超越常规制度和"共同价值"的行为。这在某种程度上会致使教师忽略课程开发和实施中的个性化赋予和意义的生成，甚至导致教师模糊专业自主意识，放弃专业自主权力，从自主解放的决策主体沦为消极被动的参与客体。

因此教师课堂教学决策的"自在"是指教师的决策自主意识、决策自主能力、决策自主权力都是社会和教育本身所赋予教师固有的"存在"，它在很大程度上仍停留在教师的"潜在之意"中，并没有显露和激发出来，因此"自在"的存在，只是一种简单的"在"，是一种缺乏主体意识的被动"存在"。"自在"阶段的教师自主意识模糊而单薄，决策活动是一种客观性、经验性的"本真状态"，是缺乏自主的被动接受、被动参与和被动支配。虽然教师决策"自在性"的意识和能力现阶段还是一颗存在于"潜在之意"的"种子"，但这颗具有自发性的种子最终会长成一棵参天大树，因为它具备了长成树的潜质和"先在"

基础。

(2)"自为"层面的课堂教学决策

"自为"层面的教师课堂决策是对"自在"的超越,是胡塞尔所言的教师"生活世界"。一方面"自为"性的教师能够激发出"潜在"的意识和能力并积极作用于教育的始终。这使教师得以突破观念固有的狭隘和束缚,有意识地去判断和选择更适切的统领课程决策和教学实践活动。另一方面"自为"层面将教师置于整体和主体的"人"来发展,教师所有的课堂意识和行为是"自主性"的。例如自主地解释并拓展课程,通过主动地发起师生互动、交往对话生成新的意义,"自为"性的分析和评价自身的专业工作。在这个过程中教师的"自为"使教师的角色也发生了转变:教师是以开发和创造的实践者身份甚至是专业的研究者的身份进入专业领域。教师由过去专业活动中单纯性的"工具"上升为具有专业自主权的真正主体。因此课堂教学决策的"自为"是在超越"自在"阶段后所达到的一种教师发展的理想状态,更是我们所期望的从教师自身实现的积极转型。

我们认为,课堂教学决策的"自为"是指教师在课堂决策活动中不再是被动的客体,而是解放的对象,是教师突破、超越"自在"的"固有"和"潜在",转变为"显露"和"发展"主体意义的阶段。教师作为自身主体的"存在"是一种"有为"的存在,是一种可以"自由选择"的存在。达到"自为"阶段,教师内在超越的本质得以显现,此时教师对主体意义的追寻是一种有意识的自觉行为。教师的课堂决策最终长成一棵参天大树,它能够成为一个独立的、自由的、具体的事物,从而延伸至"自在自为"的境界。教师的课堂决策从"自在"到"自为"是教师内在发展从"潜在"走向"展现",由表层的浅像发展到深刻的实质的过程。因此这是一个质的飞跃,是一种衡量教师专业化发展程度的重要指标,更是教师发展逐渐走向成熟的标志。

(三)课堂教学决策表征一种教学过程中的建构性

1. 课堂教学决策是一种建构性

"课堂教学的本质首先在于这是一个教师与学生相互作用的过程。"[①]

[①] 朱佩荣:《季亚琴科论教学的本质》(上),《外国教育资料》1993年第5期。

这意味着教师的课堂教学决策活动不仅仅是教师把知识传递给学生的单向程式，而是教师与学生、与情境的交互作用。正是在这个意义上，美国教育学者小威廉姆·E.多尔（W. E. Doll）认为："作为教师我们不能，的确不能，直接传递信息；相反，当我们帮助他人在他们和我们的思维成果以及我们和其他人的思维成果之间进行协调之时，我们的教学行为才发生作用。"①

课堂教学决策活动作为一种富有生机的教学活动形态，其本质属性是交互性的，而这种互动的过程往往是一个建构性的过程。这种建构性是课堂教学决策活动的一种重要的价值精华，而其特性是要在课堂教学过程中得以实施和展现的。

（1）建构的含义：主客体之间的互动与生成的实践特性

知识和意义的产生，能力和生命价值的表征都是在师生互动交往的课堂教学决策中形成和重构的。在这一逻辑旨趣上，"知识"不能简单地移植，不能简单地"授—受"，而必须经历一个学习主体的自主构建的过程。对个体而言，建构知识就是一个学习过程，是学习者主动建构内部心理表征的过程，既是对新信息意义的建构，也是对原有经验的改造和重组，而在这个过程中知识的意义也随之孕育而生。同时，建构性的课堂教学决策过程重视学生对过程的参与、亲历，关注学生的经验背景和意义网络，注重情境的创设。② 因此，课堂教学决策的过程被看作教师实现建构的过程。

（2）建构的过程：课堂教学决策过程是教的过程和学的过程的统一体

课堂教学过程有很大一部分建构的意味。那么，建构性的价值视角就便于我们重新审视课堂教学决策过程：教师的决策不再被看作仅仅是传递知识的流水式进程，决策的过程也不是简单的决定，而是主动积极地参与。同样，学习也不仅仅只是对知识的被动接受，而是通过与先前经验和知识的联系建构有意义的知识（不只是零碎的客观事实）。课堂教学决策过程不再是简单的知识传输与接受的单向过程的决策，而是师

---

① ［美］小威廉姆·E. 多尔：《后现代课程观》，教育科学出版社 2000 年版，第 257 页。
② 肖川：《"建构知识"之意含》，《北京大学教育评论》2004 年第 1 期。

生、生生之间双向交流的互动的过程。

2. 课堂教学决策建构性的价值旨趣

（1）认识价值范畴——知识意义的产生

知识意义的产生是课堂教学决策建构性价值旨趣的最主要表征形式。我们说知识是有意义的，是主体对经验世界的建构，这是因为意义不是事物自身的本质属性，而是通过"建构"生成的。课堂教学决策的价值追求要求知识必须对人有意义。那么，"知识的意义性实际上就是知识与人建立起的意义关系"①。目前教师所持有的知识教学的观念，师生双方对于知识的理解、知识的考察及其知识的意义化的追问，这些本身都成为了课堂教学决策建构性的重要组成部分。这也预示着课堂教学决策关注的不只是学生对已有知识的学习，而且更加关注在交往中促进学生参与建构新知识和生成知识意义的过程。

在课堂教学决策的过程中，知识是建构的重要目标之一，建构又是促进知识增长的重要方式，它可以提高知识获取过程的趣味性、动态性和应用性，从而促进知识的持久性。而知识的获得不能终止于知识的占有，而必须进一步提升到产生意义的层面才具有价值。也就是说，知识的获得不能停留于"掌握"上，必须上升到"意义的生成和构建"上。② 所以我们必须明确：所谓知识意义的建构是指学生知识的获得并不是一个简单的接受与记忆的过程，而是一个积极内化与主动生成的过程。相应的就要求教师对于知识的理解和呈现要有自己的建构和加工，因此建构性的教学过程就是强调知识的能动性和学习者在获取知识过程中的自主建构的必要性，最终帮助学生完成知识的意义建构。

知识意义的产生不是由知识本身的性质所决定的，它是一个情境与建构的产物，是知识与学习者相遇时，学习者个体精神世界与知识之间所产生的效果。只有学生与自己"相遇"的知识发生兴趣并积极主动地建构出个人意义时，知识才能产生意义，学生才能获得新的知识的意义并形成促进学生个性发展的巨大力量。现代心理学研究表明，知识意义的获得是一个建构性的过程，是人们对事物本质及其规律的解释的主

---

① 郭晓明：《课程知识与个体精神自由》，教育科学出版社 2005 年版，第 64 页。

② 郭晓明：《知识意义的获得性与知识意义的新标准》，《华东师范大学学报》（教育科学版）2004 年第 6 期。

观建构过程。学生获得的新的知识意义并不是一个简单的记忆的过程，而是一个把知识融入自己的知识结构体系的过程。这种知识的生成过程，即个体在已有经验基础上建构新经验的过程，学生借助中介（教学资源）系统与客体相互作用，把知识纳入自己的解释系统，在这个过程中形成他们自己对知识的看法与观点，从而实现知识意义的产生。

"建构性的"意义的表征意味着教学过程中师生主体对于知识和"存在的意义"的处理应该有自己的理解和呈现。一个学科、一本教材、多个学科的知识在与不同学生个体相遇的时候，学生所获得的知识的意义也是不一样的。因为学习者不同，即使是相同的知识内容也会产生不同的意义性。因此，这种建构性要求将对静态的、客观的、普遍的、中立的知识的关注与对动态的、主观的、境域的、价值的知识的建构协调统一起来。在决策中教师帮助学生完成知识的意义建构，更赋予"意义""建构性"向度，这才是交往教学建构性的认识价值的真正过程。

（2）伦理价值范畴——学生主体的自我构建

课堂教学决策的建构性还是一种指向学生主体得以自我建构，个体的生命价值和生命意义得以彰显的可持续性发展过程，在学生自我内过程的"伦理价值"层面上回归个体的精神自由、教育的终极旨向。要实现学生主体自我内过程的建构就要重视课堂教学决策价值中的自我构建与内在超越。需要说明的是，决策虽然存在一种外部施加影响的过程，但是其主题却应是促进、改善受教育者主体自我建构、自我改建的实践活动的过程。作为教育学细胞的教学过程其本质也不在于认识而在于内在心智结构的建构。[①] 因此，课堂教学决策的建构性从某种程度上肯定了主体的自我建构和自我发展的内过程。

其中，自我价值实现的建构性的过程包括两个方面的内容：一方面，在师生互动中，教师以信息变换的方式经过改造而作用于主观世界，学生通过主体的活动将之纳入自身的心智结构而获得发展。例如，师生的对话并不总是预先设定的，它在进行过程中不断地变化和被构建。在对话互动中，教师不仅传授给学生知识，而且在此过程中，实现自身素质和修养的提高，学生也不仅仅获得知识，而且也以个体的认

---

① 张应强：《高等教育现代化的反思与建构》，黑龙江教育出版社 2000 年版，第 310 页。

知、情感等个性特征影响他人。决策主体总是根据自己交往的需要和对话对象的反应来采取对话行为，通过相互质疑不仅可以确定对话的主题，而且使对话不断深入、不断拓展，通过相互讨论增强双方的相互理解，实现知识的共生共建。这里的"对话"实际上是一个相互启发、相互联结、相互反馈、相互调适、相互评价的过程，是一种交互作用的互动过程。

另一方面，学生是一个不断能动发展的生命体，是一个具有独立人格的创造者，也是一个具有自主意识的学习者。学生主体通过自我意识将自己既作为主体又作为客体，并不断发展这种存在于自我之中的主客体相互关系，在内在相互的改造活动中，主观能动地建构新的主观世界。这就意味着在互动与生成中学生"投入理解"和融合在教学活动中，学生不是以理性推理和实验的方式进入，而是带着个体的经验、批判的眼光和主观情感展开理解和沟通，以期达到超越事实材料、拓展自己的视界。[1] 所以说，"学习是学生的自我调节，是学生通过自己的反思和抽象建立概念结构"。[2] 学生的认知过程是自我建构的实践过程，在参与、体验的过程中获得个人的完整性。

课堂教学决策的"建构性"是渗透着人们的主观意趣的建构，是以主体间理解和意义建构为目的的。师生在决策过程主客体之间的互动和生成中，完成着学生的自我建构和自主发展。这时的师生之间是一种"参与——合作"的关系。这样的课堂决策是一种指向发展的可持续性的聚餐，它不仅能够增长知识，加深对世界的理解，也更能加深师生双方的理解，最终达成自我潜能的实现。

（四）专业决策能力的形成标志教师高超的课堂教学决策水平

"决策"（Decision-making）一词最早是管理学和心理学研究领域的术语。决策被看作是在客观因素作用下，尤其是在人的心理因素影响下而进行的直接指向行动的思维活动。[3] 即决策是一个完整的、系统的、丰富的和动态的过程，不仅包括"做"决策的动态成分，还包括已经

---

[1] 胡芳：《知识观转型与课程改革》，《课程·教材·教法》2003年第5期。

[2] ［美］莱斯利·P. 斯特弗、杰里·盖尔：《教育中的建构主义》，高文、徐斌艳、程可拉等译，华东师范大学出版社2002年版，第2页。

[3] 李新旺、刘金平主编：《决策心理学》，河南大学出版社2003年版，第3—7页。

"做出"的"决策",其外在表现为行动方案(计划)的确定,内在表现为一系列复杂的、动态的思维认知过程。这说明决策是"人的主观能力的表现和能力的运用",即个体能力强的人其决策水平也相应是强大的。而教师进行价值判断与策略选择的过程即是一种教师实现其主观意志,顺利完成课堂教学任务并进而取得卓越表现的过程。因而教师决策的过程充分说明了决策本身的主观性、技术性和内隐性的特质,即蕴含着一种"能力"的生成。因此,我们认为高超的课堂教学决策水平即会形成相应的专业决策能力,而专业决策能力也是课堂教学决策高超水平的重要标志。

教师专业决策能力可以从多个角度进行分析。如果将其限定在专业教学工作上,即将专业决策能力置于教学实施过程中,专业决策能力理所当然的是在教学工作的计划阶段、教学工作的实施过程阶段和教学工作的评价与反思阶段所作出的一系列选择和判断的行为。这种理解体现了教师服务并指向有效教学的意向;20世纪70年代认知心理学的兴起,深刻地影响了教师教学行为的研究,因此从心理学的视角看待专业决策能力是"教师在专业工作中实现的选择与判断的思维活动"。这是从思维方式的角度来说明"专业决策能力"是一种主观思维活动,教师的决策过程是主体内隐机制的思维过程,因此专业决策能力是教师在学校引领下,"凭借自身的信念和个人理论,不断地在专业活动中进行多样的选择和判断的思维活动"。①综合分析来看,从不同的角度来理解的"专业决策能力"其含义和边界呈现出不同的特点。但从教育的视阈来看,专业决策能力可以理解为教师在专业工作尤其是教学实施的不同阶段中,有意识地综合运用其专业知识、信念和经验等融合的意识系统,面对复杂多变的工作环境,结合具体情况所作出的分析、判断和选择,从而确定最佳工作方案的一系列动态过程。

1. 教师"专业决策能力"的构成

鉴于教师专业能力体系是由多种子能力构成的能力系统,因此教师的专业决策能力即由一些具体的子决策能力构成。很多学者倾向从马斯洛的需要层级理论出发,按照教师个体专业发展需要,将专业决策能力

---

① [日]佐藤学:《课程与教师》,钟启泉译,教育科学出版社2003年版,第386页。

分为：元决策能力、基本专业决策能力和高级专业决策能力。这种划分使我们以层级的角度由浅入深地理解决策能力的构成问题。如果我们从实施的角度看待，专业决策能力可呈现在计划决策、实施决策与评价决策三个阶段中。如果从"能力"本身的属性来分析专业决策能力的基本构成，"知识、技能和观念"可看作能力的三个基本层次。正如教师教育专家科斯根（Kathergan）描述教师专业特征的"洋葱模型理论"所示：外层的知识是基础，内层的技能是能力形成的基本条件，深入到观念和信念的内隐层面是最为稳定的。由此本文将教师专业决策能力划分为三个层面：一是关于专业决策的知识基础层面，二是有关于专业决策活动的技能层面，三是有关于专业决策的意识、观念和价值取向层面。由此我们的结论是，教师的专业决策能力由认知能力、实践能力和反思能力三个基本层面构成。

（1）专业决策的认知能力

专业决策的认知能力是教师进行专业实践工作的基础能力。从人类认知的心理发生原理来看，教师专业决策的认知能力是教师从事专业领域工作基本的觉知、学习、记忆、思维的心理机能条件，是教师作为有意识、能动的"人"的生理运行基础。因此，这种认知能力可以觉知专业领域的现象，理解和诊断专业工作问题。同时从认知的哲学蕴意来看，这种认知能力是教师从事专业领域实际工作的理性认识。这种能力赋予教师在进行专业决策时能够理性地理解和把握专业工作的核心理念、目的、要求等基本要素，而且这个认知的过程既包括教师个体决策者对文本的解读和意义的赋予，还包括教师与集体决策者、与其他决策者（专家、学者等）的平等交流和视阈融合。所以说教师对于专业的理论、现象、实践过程中的知觉能力、观察能力、体悟能力是专业决策认知能力的基础，这也说明在专业决策的认知能力方面表现尚佳的教师，能够具有明确的决策意识，敏锐地感知和迅速地捕捉到专业问题，更能够理性地分析现状。除此之外，专业决策的认知能力还表现在教师对于教育理论、专业自主的判断、推理、分析和归纳的逻辑思维能力，只有清楚而准确地诊断出专业领域的真实情况，分析并推理期望状态，才能有的放矢地找出差距和实现的策略，从而更加明确地定位专业目标。需要说明的是，专业决策的认知能力与教师的先天基础直接相关，但随着教师对于专业意义的深入理解和专业能力的提高,其决策能力将随之不断得到提升。

(2) 专业决策的实践能力

专业决策的实践能力直接指向专业工作实施的技能层面,是教师专业工作艺术的深层指令。一个好的专业实施不是简单的线性传输过程,而是一个需要不断对专业方案和进程进行判读、调试、选择、补充和完善的复杂过程。这个过程需要教师具备决策的技术和经验,体现教师制定工作目标、专业设计、专业工作的组织和选择、运用恰当的专业方法和策略等一系列实践性的技能。具体来说,工作目标的决策能力需要教师能够根据实际情况和从专业需要出发,具备较好的预设和生成的能力;专业设计方面关注教师对于专业工作原理和内部各要素协调和平衡的能力;专业组织和选择的决策能力需要教师能够适当地判断、选择和重组专业内容的能力;专业方法和策略的决策能力指的是选择恰当的方法来增进工作效果,达成专业工作目的的能力。专业决策的实践能力体现了教师改变忠实取向的"执行者"角色而转变为"决策者"和"创生者",更体现了教师具有灵活调整教学方案,基于问题和情境创生教学资源的高超水平。

(3) 专业决策的反思能力

伴随着20世纪80年代以来"反思性实践"思潮的冲击,教师作为"反思性实践者"的角色被看作是专业性教师的特质。反思是对专业活动的一种积极的思考、全面的关注和深入的探究。作为"反思性实践者"的教师即要具备根据现实情况和实际要求、教育改革和自身发展的需要,不断审视自己在专业工作领域中的表现及其工作效果的能力。教师对其专业决策工作进行反思的过程,实质上即是对自身在教育教学过程中的决策理念和决策行为的内省。教师专业决策的反思能力意味着教师关注的不仅仅是杜威式的"反省式思维",而是在此基础上的一种主动面向过去,展望未来的积极策划,是积极指向未来发展和指向可能世界的明确探索。因此,专业决策的反思能力是教师在专业工作结束后不断地对专业决策的实践活动进行评价和批判的能力。即是鼓励教师根据教育教学的规律和经验,主动对专业工作过程中的问题进行积极的思考、探究,进而对自己的工作进行分析和评价,从而总结出适合专业决策的个性化方法和规律，提高专业决策的合理性。反思的目的在于有效地改进、积极地参与和更好地发展专业决策能力，是基于实践和为了实践；而反思的意义在于以新的视角重新诠释和理解，从而打破公共框架，产生意义。因此提高专业决策的反思能力会真正有助于彰显教师的专业自主性，激发其主体意识；有助于激发教师的内省与批判意识，摆脱传统教育观念束缚的伦理价值，从而形成专业研究的思维习惯和模式，成为真正意义上教育决策者。

2. 教师专业决策能力的价值分析

（1）专业决策能力是课堂教学决策高超水平的重要标志

学校是教师专业发展之所，离开了专业工作，教师的决策则是无源之水。基于这一认识，我们认为专业决策能力是教师课堂教学决策高超水平的重要表征方式之一。首先教师专业成长的内在属性是需要通过教师的能力样态，尤其是在专业领域中的能力样态来传达和表现的。因为一旦教师形成相应的专业"能力"，教师才会发生自主性的变革，积极投身于真正意义上的专业成长。其次，专业决策能力与教师的课堂教学决策水平是"发展的共同体"。从积极的角度来看，教师专业决策能力的形成与发展，即显著地表现为教师在课堂上开发、设计、实施过程中的自主性和创造性的提高。与此同时教师参与决策的权力意识随之增强，教师对于自身的专业发展也加快了步伐。因此，专业决策能力成为衡量教师课堂教学决策水平的重要指标之一。积极促进教师专业决策能力的形成和提高，也就意味着教师课堂教学决策水平的提升。

（2）专业决策能力赋予教师课堂教学决策积极的现实意义

高超的专业决策能力和水平是教师在实践领域积极参与课程发展，介入课程开发与研制，重构课堂教学，从而表达决策权力的一种意识与行为的体现。因此教师专业决策能力的形成和发展也在激发教师主体意识的觉醒，促进教师的主体性回归，赋予了教师更大的自主权，对于教师的专业发展极富积极的现实意义。

其实，教师具备相应的专业决策能力更关乎教育改革的质量，真正指向了教师的课堂领域。无数实践也证明：教师是否具备行使决策的能力，其专业自主权的实现状况将直接影响着课程与教学实践的质量，关系到教育改革的成败。研究也指出：缺乏探究和反思的教师专业地位不高，专业发展迟缓；而专业决策机会较多，专业决策能力显著的教师其专业发展非常迅速。换言之，具备专业决策能力的教师对专业工作富有自信，提供给学生的课程资源和教学内容更为充分而适用，有研究表明高效能的教师和学生的高学习成果直接相关；反观教师的专业决策能力不足的教师参与课程开发、设计和实施过程中的决策行为往往是不适切的，而不可避免的直接代价就是教育效果和发展效能的低下。因此，清楚认识教师专业决策能力发展的迫切性，并积极探讨专业决策能力的问题，进而深入理解教师的专业决策能力对于教师课堂教学决策的意义，这对于教师持续而深入地参与到教育改革与发展中，进一步提升教师的决策水平都极富积极的现实意义。

第二节 思考与建议

(一) 激发教师的专业自觉意识

意识是心理学上的一种自觉的活动，在哲学和伦理学的视角下，人类的意识本质上指向绝对的自由。这意味着，"人对于如何解释自我、他者和世界以及三者之间的惯性不受他人的判断而左右，而且人对自己要做什么的决定是自由的，人对自己想成为什么样的人的选择也是自由的"。[①] 马斯洛（Maslow. A. H）指出，"自我实现不只是一种结局状态，而是在任何时刻，任何程度上实现一个人的潜能的过程"。[②] 人之所以能够实现"自为"的存在，就在于人有自觉能动的意识，能够不断地认识客观世界，根据发展的需要改造客观世界。同样的道理，正是教师自我意识、自觉意识的萌发开辟了教师"自我控制、自我教育与自我完善的可能性"。[③] 研究表明，"教师对自身从事职业对象、承担工作属性以及工作方式的自觉意识与教师在专业活动中的行为表现是相关的"。[④] 因此，激发教师的"自为"意识意味着教师在其专业发展中，作为发

---

① 岳刚德：《教师职业意识和专业意识之比较》，《全球教育展望》2009 年第 12 期。
② 叶澜：《改善教师发展生存环境，提升教师发展自觉》，《中国教育报》2007 年 9 月 15 日第 3 版。
③ Maslow. A. H：《人的潜能与价值》，华夏出版社 1987 年版，第 262 页。
④ 顾明远：《教师的职业特点与教师专业化》，《教师教育研究》2004 年第 11 期。

展的主体对自我行为的发生和变化具有自主、自觉地选择和调控的可能性。

教师的专业自觉意识是指教师能够不被"专业惯习"所左右，经常审视自己的专业行为，在习以为常的专业工作中打破思维定式，面对专业困惑而察觉到真正的问题和现象，并且能够觉察出其背后的根源，认识到专业本身和自身存在的问题并进而基于自身的需要而主动地改善自己的认识。专业自觉意识是教师专业行为的先导，可以说教师专业成长的内驱力来自于教师内在的主动发展和主动实现的愿望。教师要实现专业自主的有效发展，就必然要激发内在的自主成长，即唤醒教师专业自觉的能动意识。而这种对专业发展自觉、自知的内驱力一方面来自不断涌现的变革对教师产生的专业工作的危机感和紧迫感，教师也在适应变革和化解危机的过程中实现着个人职业生涯的飞跃。这种内驱力另一方面来自教师内在的主动意愿，即指教师本身对教育事业的热爱，对本职工作价值的正确认识，对职业生命的执着追求。所以只有唤醒并激发教师强烈自主发展的自我觉知意识，才能形成教师专业自觉发展动力，教师才能够从"要我发展"走向"我要发展"，成为自我专业发展的自觉行动者。

（二）积极践行教师的深度反思

反思是对专业活动的一种积极的思考、全面的关注和深入的探究。教师进行反思的过程，实质上是对自身在教育教学过程中的理念和行为的内省，因此我们认为教师主动而有效地进行教学反思，积极践行反思性的教育教学活动，其执教的水平和能力将会得到显著的提高。这是因为激发教师进行反思，即是鼓励教师根据教学规律和教学经验，主动对专业工作过程中的问题进行积极的思考、探究，进而对自己的工作进行分析和评价，从而总结出适合有效决策的个性化方法和规律，提高专业决策的合理性。众多专家指出，教师若能经常进行深度的专业反思，这是一种教师对自身教育教学工作的自觉，对课程意识和教学思维生成的自觉，更是对自我构建专业信念的自觉。因而教师的反思性行动就意味着教师关注的不仅仅是杜威式的"反省式思维"，而是在此基础上的一种主动面向过去，展望未来的积极策划，是积极指向未来发展和指向可能世界的明确探索。所以，激发教师关于专业领域的深度反思，积极践行反思性行动是促进教师成为"反思性实践者"的有效途径。教育研究者和教育管理者应该充分重视引导教师进行"深度反思",并积极地倡导教师的"反思性行动",充分调动教师的内在动机、自主性和主观能动力,才能使教师在专业工作过程中的每一个决策都能够实现教育的真谛。

(三) 有力提升教师的"哲学观念"

科学而有效的决策行为背后隐含的是教师合理的观念,而支撑教师高效、稳定的决策能力体系的背后则是教师的哲学观念。这里所说的"教师的哲学观念"指称的是一种教师对于课程与教学特有的意识形态,是"自我觉知、构建个人生活意义的一种途径"[1]。因而发展教师课堂教学决策的有效路径,首要的是从教师的"头脑"入手,引领教师形成对专业工作系统的整体认识和把握,进而促进教师个体对于专业工作的理解,在此基础上形成个人的专业工作的方法论,教师才能在专业活动中表现出高超的决策水平。专家也特别指出,引领和发展教师的哲学思维,有助于教师积极思考,深度觉知专业领域的问题和现象,进而形成一套教师个人进行决策时所蕴含的哲学观念系统。因此可以说,提升"教师的哲学观念"是形成教师决策能力体系的思想基础,这将会促进教师更深刻地看待专业工作的本质,更深入地理解专业工作的价值,更直接地影响着教师的课程观、教学观、教育质量观和评价观,最终影响教师的专业成长和学生的发展。

(四) 唤醒和促进教师的批判意识与批判思维

巴西著名的批判理论家弗莱雷(Freire)认为,"若没有逐渐提升的批判意识,人将无法融入急剧变迁与极多争议的转型社会"。[2] 教师作为社会和学校组织实践层面的积极践行者,更应该具有明确的批判意识,着重训练个体的批判思维。因为教育的理想最终是通过教师的专业实践而得以实现的,换句话说,任何一种教育方案无论多么完美都需要通过教师的有效加工和转化,才能使教育和教学富有生命力,才能使得学生获得有意义的学习。在这个过程中,教师个体的批判意识促使教师

---

[1] Greene, M. Teacher as stranger: Educational philosoghy for the modern age. Belmont, CA: Wadsworth.

[2] Freire, P. *Education for critical consciousness*. New York: Continuum, 1973: 15-16.

个体进行哲学思考，透过个人的批判性思维赋予教育和教学以新的理解和创造。因此我们建议应该极力唤醒教师的批判意识并重视训练教师的批判思维，以"反思与批判"的属性来治疗传统教师专业工作意识和价值判断的症疾，提升个人的批判能力。它从个人哲学思维中获取方法论和意识形态的营养，教师依此重新审视纷繁多变的专业决策问题，以其批判精神的确立、自我意识的唤醒和个体精神的解放为判断工具，才能明确教育的意义和价值。

（五）良性环境与科学引领体系是教师实现发展的基础保障

环境对于个体发展的影响力是毋庸置疑的，教师的课堂教学决策水平从萌发到提升无不需要一种环境氛围的支持。因为在一个民主、和谐氛围浓厚的环境里，教师不论是作为社会条件下现实的个体还是作为职业条件下的公共个体，都要受到社会要求和规范的影响，但是这种影响是渗透性的而不是强压性的，而且教师个体享有充分的意识和行为的自主权，教师的专业生活是主动性的和有选择性的。在我国社会的民主化进程良好的和谐形势下，宏观教师政策和微观制度更应该创设尊重专业人员专业自主性的良好环境。其次从学校组织文化的支持性环境建设来看，学校组织应努力建构多元参与、通力合作、教师领导、积极进取的文化自觉氛围。这是因为教师对于自我职业发展的认识，对于专业工作的热爱和追求，对于专业发展的期待和渴望，对于自主发展的意识和能力，都是在一种充满着自由的、进取的、丰富的学校组织文化环境中逐步形成和发展起来的。当这种环境下教师作为自我研究者和构建者的工作方式就成为其专业生活的常态出现，教师对于专业发展的自觉追求也会引领其他有潜力和自主意识良好的教师，以点带面、相互激励，学校组织也同时实现着学习和发展的专业共同体。因此国家、社会乃至学校即要努力构建以教师团体为单元的文化自觉组织，营造良好的支撑性环境，让教师在这种环境下自主地实现个人的专业成长。最后，可以利用激励机制来促进教师对于自身专业工作的投入。当前对于教师发展的投入和制度倾斜明显不足，教师发展的时间、精力和积极性或多或少受到影响，这就急需建立相应的激励机制，对教师专业发展过程中的成绩，尤其是自主发展中取得的进步给予明确的肯定。

诸多西方发达国家教育改革与发展的经验启示我们，对教师课堂教学能力的管理和培养工作应从刚性的"管理"走向科学的"引领"。这说明现代化的中小学管理应该高效掌握教师专业发展的内容、方式、制度和机制。"自上而下"建立科学、合理的规章和系列保障制度,并结合"自下而上"和"集体审议"机制来正确了解和评估教师的需求,恰当安排教师专业培训的内容和形式,建立更为合理的指导、评价体系,这才能够切实保障教师专业发展的"自为"有效、有序地进行。因此,首先需要学校利用现有的管理体系,根据学校和教师发展的实际情况将之完善。其次要规范教师发展的指导和培训机构,使之能够更好地引领教师进行有目的、有计划、循序渐进的持续性发展,从而摒弃以往重点不突出、片面的、零散的教师发展体系。最后,学校还要结合国家政策和中长期发展目标,提供给教师发展合理的资源和明确、清晰的奋斗目标,这将使教师的专业发展融入到学校发展大环境中,贯穿于教师发展的方方面面,有利于教师素质和能力的整体提升。

(六) 教师"增权赋能"是实现突破的有效平台

教师的"增权赋能"(Empowerment)已成为教育改革领域最为响亮的口号。近年来我国也将教师"增权赋能"作为教师发展的重要议题。在"增权赋能"和"权力共享"的背景下,教师的主体地位被承认,教师拥有更多平等表达课堂教学意愿的权力,在自身专业领域也被赋予了更大的自主权,即被视为及被尊重为专业人士在参与决策,并成为影响学生心理和行为的一种支配力量。课程专家 Bruce 认为,教师"'增权赋能'使教师得以控制自己的专业以及这一专业运作于其中的环境,并在教师参与学校事务决策权和教师专业发展方面得以深刻的体现"[1]。有研究也指出,当教师的"增权赋能"运行良好时即为教师专业自主的发展提供了一个有效的平台。欧美很多有关于学校教育革新的改革结果表明,如果教育改革方案忽视教师作为教育改革实践层面的行动者和决策者的主体地位,改革最终会受到各方阻挠而停滞不前以致失败。毕竟教育变革,无论是在国家、地方还是学校层面的规划与执行,归根结底都要具体落实在学校层面中,都是由教师来进行具体的操作和

---

[1] Romanish, Bruce. Empowering Teachers Restructuring Schools for the 21st Century, University Press of America. Inc, 1991: 7.

赋予新的意义，所以说教师才是最终的课程决定者。我们通过研究也发现教师的"增权赋能"确实有利于增强教师的主人翁意识，激发教师的工作热情和投入感，积极主动地为教育问题寻求富有创造性的解决方案。另外，教师"增权赋能"能够有效防止教育官僚主义对教育和教学刻板、千篇一律的模式的塑造，赋权于教师，体现基层的声音和意愿，这将最终有利于学校的组织变革，实现学校教学工作的切实提高和整体改进。

参考文献

一 著作

[美] 莎兰·B. 麦瑞而姆：《质化研究方法在教育研究中的应用：个案研究的扩展》，于泽元译，重庆大学出版社2008年版。

[瑞] 马茨·艾尔维森、卡伊·舍尔德贝里：《质化研究的理论视角：一种反身性的方法论》，陈仁仁译，重庆大学出版社2009年版。

[美] 诺曼·K. 邓金：《解释互动论》，周勇译，重庆大学出版社2009年版。

[美] 约翰·洛夫兰德、戴维.A. 斯诺等：《分析社会情境：质性观察与分析方法》，林小英译，重庆大学出版社2009年版。

[美] 埃文·赛德曼：《质性研究中的访谈：教育与社会科学研究者访谈》，周海涛主译，重庆大学出版社2009年版。

[美] 罗伯特·C. 波格丹、萨莉·诺普·比克伦：《教育研究方法：定性研究的视角》（第四版），钟周等译，中国人民大学出版社2008年版。

熊秉纯：《客厅即工厂》，蔡一萍等译，重庆大学出版社2010年版。

[美] 艾略特·列堡：《泰利的街角——一项街角黑人的研究》，李文茂等译，重庆大学出版社2010年版。

[美] 哈里·F. 沃尔科特：《校长办公室的那个人——一项民族志研究》，杨海燕译，重庆大学出版社2009年版。

[美] 弗洛伊德·福勒、托马斯·曼吉奥诺：《标志化调查访问：如何实现访问员相关误差最小化》，孙龙、徐方敏译，重庆大学出版社2009年版。

[美] 阿瑟·J.S. 里德、维尔娜·E. 贝格曼：《课堂观察、参与和

反思》，伍新春、夏令等译，重庆大学出版社 2009 年版。

［美］威廉·维尔斯曼：《教育研究方法导论》，袁振国等译，教育科学出版社 2003 年版。

杨小微：《教育研究的理论与方法》，北京师范大学出版社 2008 年版。

［美］泰勒：《课程与教学的基本原理》，施良方译，人民教育出版社 1994 年版。

王策三：《教学论稿》，人民教育出版社 2005 年版。

陈向明：《质的研究方法与社会科学研究》，教育科学出版社 2000 年版。

刘良华：《教育研究方法专题与案例》，华东师范大学出版社 2007 年版。

张楚廷：《课程与教学哲学》，人民教育出版社 2003 年版。

胡塞尔：《现象学》，李光容编译，重庆出版社 2006 年版。

马云鹏：《课程与教学论》，中央广播电大出版社 2005 年版。

施良方、崔允漷：《教学理论：课堂教学的原理、策论与研究》，华东师范大学出版社 1999 年版。

郭华：《静悄悄的革命：日常教学生活的社会构建》，北京师范大学出版社 2003 年版。

［美］沃尔科特：《校长办公室里的那个人》，师大书苑有限公司 2001 年版。

刘云杉：《学校生活社会学》，南京师范大学出版社 2000 年版。

徐碧美：《追求卓越——教师专业发展案例研究》，人民教育出版社 2003 年版。

陈向明：《在行动中学作质的研究》，教育科学出版社 2003 年版。

陈向明：《如何成为质的研究者》，教育科学出版社 2004 年版。

吴康宁主编：《课堂教学社会学》，南开师范大学出版社 1999 年版。

李秉德主编、李宝仁副主编：《教学论》，人民教育出版社 1991 年版。

吴也显主编：《教学论新编》，教育科学出版社 1991 年版。

钟启泉编译：《现代教学论的发展》，教育科学出版社 1988 年版。

［德］哈贝马斯：《"批判理论"》，重庆出版社1999年版。

齐学红：《走在回家的路上——学校生活中的个人知识》，北京师范大学出版社2005年版。

［法］布迪厄：《实践感》，蒋梓骅译，译林出版社2003年版。

［法］埃米尔·迪尔凯姆：《社会学方法的规则·西方社会学学科体系的奠基人》，华夏出版社1999年版。

［法］皮埃尔·布迪厄、［美］华康德：《实践与反思——反思社会学导引》，李猛等译，中央编译出版社2004年版。

［英］欧克肖特：《政治中的理性主义》，张汝伦译，上海译文出版社2003年版。

［美］唐纳德·A.舍恩：《反映的实践者——专业工作者如何在行动中思考》，夏林清译，教育科学出版社2007年版。

［英］戴维·伯姆、李·尼科编：《论对话》，王松涛译，教育科学出版社2004年版。

石中英：《知识转型与教育改革》，教育科学出版社2001年版。

［日］佐藤学：《学习的快乐——走向对话》，钟启泉译，教育科学出版社2004年版。

［日］佐藤学：《课程与教师》，钟启泉译，教育科学出版社2003年版。

［加］马克斯·范梅南：《生活体验研究——人文科学视野中的教育学》，宋文广等译，教育科学出版社2003年版。

［德］马丁·海德格尔：《存在与时间》，陈嘉映、王庆节合译，生活·读书·新知三联书店2006年版。

方明：《缄默知识论》，安徽教育出版社2004年版。

石中英：《教育哲学导论》，北京师范大学出版社2002年版。

刘良华：《教育研究方法专题与案例》，华东师范大学出版社2007年版。

裴娣娜：《教育研究方法导论》，安徽教育出版社1995年版。

裴娣娜主编：《教学论》，教育科学出版社2007年版。

［加］F.迈克尔·康纳利、D.琼·克兰迪宁：《教师成为课程研究者——经验叙事》，刘良华、邝红军等译，浙江教育出版社2004年版。

范明林、吴军编著：《质性研究》，上海人民出版社 2009 年版。

林聚任、刘玉安：《社会科学研究方法》，山东人民出版社 2008 年版。

贾馥茗、杨深坑：《教育学方法论》，江苏教育出版社 2008 年版。

郑金州、陶保平、孔企平：《学校教育研究方法》，教育科学出版社 2006 年版。

杨小微主编：《教育研究的理论与方法》，北京师范大学出版社 2008 年版。

陈瑶：《课堂观察指导》，教育科学出版社 2008 年版。

冯增俊：《教育人类学》，江苏教育出版社 2004 年版。

庄怀义、谢文全等编著：《教育问题研究》，空中大学，1989 年。

陈伯璋：《教育研究方法的新取向》，师大书苑，1989 年。

袁方主编：《社会研究方法教程》，北京大学出版社 1997 年版。

郭玉霞：《教师的实务知识》，高雄复文图书出版社 1996 年版。

潘淑满：《质性研究：理论与应用》，台湾心理出版社 2003 年版。

林佩璇：《个案研究及其在教育研究上的运用》，载中正大学教学学研所主编《质的研究方法》，台湾丽文文化事业股份有限公司。

林一钢：《中国大陆学生教师实习期间教师知识发展的个案研究》，学林出版社 2009 年版。

胡幼惠：《质性研究：理论、方法及本土女性研究实例》，台北巨流图书公司 2002 年版。

王枬等：《教师印迹：课堂生活的叙事研究》，教育科学出版社 2008 年版。

丁钢：《声音与经验：教育叙事探究》，教育科学出版社 2008 年版。

二 论文

陈旭远、杨宏丽：《论交往教学》，《教育研究》2006 年第 9 期。

陈旭远：《论交往文化及其教学论意义》，《东北师范大学学报》2006 年第 5 期。

陈旭远、杨宏丽：《论交往教学》，《教育研究》2006 年第 9 期。

辛涛：《林崇德教师心理研究的回顾与前瞻》，《心理发展与教育》

1996 年第 4 期。

张学民、申继亮、林崇德：《小学教师课堂教学能力构成的研究》，《心理发展与教育》2003 年第 3 期。

申继亮、姚计海：《心理学视野中的教师专业化发展》，《北京师范大学学报》2004 年第 3 期。

武彩连、韩飞：《小学语文教师教学能力素质及其培养》，《语文学刊》2005 年第 6 期。

尤晓梅：《师生课堂互动行为类型理论比较研究》，《比较教育研究》2001 年第 4 期。

沈贵鹏、戴斌荣、宋素珍：《初中课堂口头言语互动研究》，《教育理论与实践》1994 年第 1 期。

程晓樵：《教师在课堂互动中的策略》，《教育评论》2001 年第 4 期。

亢晓梅：《师生课堂互动行为本质的社会学分析》，《天津市教科院学报》2000 年第 6 期。

石中英：《论教育实践的逻辑》，《教育研究》2006 年第 1 期。

周艳、王洪兰：《论教育学场域的自主与限度》，《宁波大学学报》（教育科学版）2007 年第 3 期。

马维娜：《学校场域：一个关注弱势群体的新视角》，《南京师大学报》（社会科学版）2003 年第 2 期。

操太圣：《在实践场域中发现学校变革能力》，《教育发展研究》2007 年第 4B 期。

陈向明：《实践性知识：教师专业发展的知识基础》，《北京大学教育评论》2003 年第 1 期。

[加] F. 迈克尔·康内利、[加] D. 琼·柯兰迪宁：《何敏芳专业知识场景中的教师个人实践知识》，《华东师范大学学报》（教育科学版）1996 年第 2 期。

钟启泉：《对话与文本：教学规范的转型》，《教育研究》2001 年第 3 期。

吴永军：《关于我国大陆地区教师专业化研究的反思》，《教育理论与实践》2007 年第 7 期。

耿文侠、冯春明：《教师职业的专业特性分析》，《教育研究》2007年第2期。

陈振华：《论新的教育知识生产观》，《华东师范大学学报》（教育科学版）2001年第3期。

李森、黄继玲：《论新课程情境中的教师形象》，《西南师范大学学报》（人文社会科学版）2006年第6期。

吴永军：《我国教师专业化研究：成绩、局限、展望》，《课程·教材·教法》2007年第10期。

李莉春：《教师在行动中反思的层次与能力》，《北京大学教育评论》2008年第1期。

［荷兰］尼克·温鲁普、简·范德瑞尔、鲍琳·梅尔：《教师知识和教学的知识基础》，《北京大学教育评论》2008年第1期。

李允、李如密：《教学机智的意蕴、要求及修炼》，《教育科学研究》2008年第6期。

［加］马克斯·范梅南：《教育敏感性和教师行动中的实践性知识》，《北京大学教育评论》2008年第1期。

牛震乾：《论教师的知识成长》，《河北师范大学学报》（教育科学版）2008年第4期。

［加］许世静、F.麦克尔·康纳利：《叙述探究与教师发展》，《北京大学教育评论》2008年第1期。

王博成：《国小教师生活课程实际知识之研究》，硕士学位论文，国立台北师范学院课程与教材研究所，2001年。

刘磊：《培养学生实践能力论纲》，博士学位论文，辽宁师大，2001年。

鞠玉翠：《教师个人实践理论的叙事探究》，博士学位论文，华东师范大学，2003年。

马维娜：《局外生存：相遇在学校场域》，博士学位论文，南京师范大学，2002年。

李轶芳：《交往教学理论探讨——从本体论视界出发》，博士学位论文，华中科技大学，2004年。

陈振华：《论教师成为教育知识的建构者》，博士学位论文，华东师范大学，2003年。

曹树真：《"引导"中"生成"——关于教与学关系建构的思考》，博士学位论文，华中师范大学，2004年。

李醒东：《事件·场景·交往——学生社会生活研究》，博士学位论文，华东师范大学研究生，2005年。

刘磊：《培养学生实践能力论纲》，博士学位论文，辽宁师大，2001年。

彭小虎：《社会变迁中的小学教师生涯发展》，博士后研究报告，华东师大，2003年。

王林、罗红：《基于系统论的高职教师能力结构探讨》，《长沙航空职业技术学院学报》2002年。

杨素娟、刘选：《扎根理论指导下的远程教育教师能力要素研究》，《远程教育》2009年。

赵康：《专业属性及判断成熟专业的六条标准——一个社会学角度的分析》，《社会学研究》2000年第5期。

三 外文

Patton, M. Q. "Quality in Qualitative Research: Methodological Principles and Recent Developments." Invited address to Division J of the American Educational Research Association, Chicago, April 1985.

Howe. K. &. Eisenhart, M: *Standards for qualitative (and quantitative) research: a prolegomenon.* Educational Researcher. 1990, 19 (4): 2-9.

Carr, W., and Kemmis, S. *Becoming Critical: Education, Knowledge and Action Research.* London: Falmer Press, 1986.

Smith, J.K., and Heshusius, L. "Closing Down the Conversation: The End of the Quantitative and Quantitative Debate." *Ecucational Researcher*, 1986, 15 (1): 4-13.

Kidder, L.H., and Fine, M. "Quantitative and Quantitative Methods: When Stories Converge." In M.M.Mark and R.L.Shotland, *Multiple Methods in Program Evaluation. New Direction for Program Evaluation*, No. 35. San Francisco: Jossey-Bass, 1987.

Gage, N.L. "The Paradigm Wars and Their Aftermath." Educatinal Researcher, 1989, 18 (7): 4-10.

Reichardt, C.S., and Rallis, S.F. (eds). *The the Quantitative and Quantitative Debate: New Perspectives.* New Direction for Program Evaluation, No.61.San Francisco: Jossey-Bass, 1994.

Lancy, D.F. *Qualitative Research in education: An Introduction to the Major Traditions.* White Plains, N.Y.: Longman, 1993.

Tesch, R. *Qualitative Research in education: Analysis Types and Software Tools.* London: Falmer Press, 1990.

Stake, R.E. *The Art of Case Study Research.* Thousand Oaks: Sage Publications.1995

Stake, R.E. Case Study. In N.K. Denzin & Y.S. Lincoln (Eds.), Handbook of Qualitative Research (pp.435-454).Thousand Oaks, London, New Delhi: Sage Publications, Inc.

Robert E.Stake, Qualitative Case Studies, 1994.

Merriam, S.B. *Qualitative Research and Case Study Applications in Education.* San Francisco, CA: Jossey-Bass Publishers.

Vianne, M.S. *Developing personal practical knowledge in early childhood teacher education: the use of personal narratives.* Paper presented at eh World Congress of the Organisation Mondiale pour 1' Education Prescholaire, World Organization for Early Childhood Education, 1992.

Connelly, F.M.& Clandinin, D.J.Personal and professional knowledge landscapes: a Matrix of relations.In D.J.Clandinin & F.M.Connelly (Eds.), Teachers' Professional Knowledge Landscapes (pp.25-35). New York and London: Teachers and College Press, 1995.

Connelly, F.M.&Clandinin, D.J.On Narrative method, personal philosophy, and narrative unities in the story of teaching.Journal of Research in Science Teaching, Vol.23, No.4, pp.293-310.

Schutz, A. *The phenomenology of the social world* (G.Walsh&F.Lenhert, Trans.).Chicago: Northwestern University Press.

Taylor&Bogdan, R. *Introduction to Qualitative Research Methods.* (2nd

ed.) New York: Wiley, 1984.

T.W.Moore.Education Theory: an Introduction Routledge & Kegan Panul Ltd, 1970.

Hole.The Role of the Teacher.New York.Humanitres Press, 1969.

P.J.Hills.Teaching, Learning and Communication.Croom Helm, 1986.

Bandura Rinehart A. (1969) Principles of Behaviour Modification (New York, Holt, &Winston).

Boud, D. (1988). Developing Student Autonomy, in Learning (London, Kogan Page).

David G.Armstrong, Kenneth T.Henson, and Tom V.Savage Education: Introduction. (Fourth Edition) New York: Macmillan Publishing An Company, 1998.

Johnson, D.W.& R.T., Johnson (1989).Cooperation and Competition: Theory and Research.Edina.MN: Interaction Book Company.

Leary T. An interpersonal diagnosis of personality. New York: Ronald Press Company, 1957.

Schunk, D.H. (1989) Social cognitive theory and self-regulated learning, in: B.J.

Smith.K.E.Development of the primary teacher questionnaire.The Journal of Educational Research, 1993, 87 (5): 23-29.

Elbaz, F (1983).Teacher Thinking: A Study of Practical Knowledge. London: Croom Helm.

Clandinin, D. J., & Connelly, R M. (1987). Teachers' Personal Knowledge: What Counts as Personal in Studies of the Personal.Journal of Curriculum Studies, 19.

Clandinin, D.J. (1985). Personal Practical Knowledge: A Study of teachers' Classroom Images.Curriculum Inquiry, 15 (4).

Clandinin, D.J. (1992).Narrative and story in teacher education.In T. Russell & H.Munby (eds.), *Teachers and Teaching: From Classroom to Reflection*.London: The Falmer Press.

Connelly, F.M., & Clandinin, D.J. (1984). The Role of Teachers'

Personal Practical Knowledge in Effecting Board Policy. Volume Ⅰ: Problem, Method, and Guiding Conception. http: //0 - search. epnet. com. libecnu. lib. ecnu. edu. cn: 80/direct.asp? an = ED271535&db = eric.

Connelly, F. M., & Clandinin, D. J. (1984). The Role of Teachers' Personal Practical Knowledge in Effecting Board Policy. Volume Ⅱ: Development and Implementation of a Race Relations Policy by Toronto Board of Education. http: //0-search.epnet.com.libecnu.lib.ecnu.edu.cn: 80/direct.asp? an = ED271536&db = eric.

Connelly, F.M., & Clandinin, D.J. (1984). The Role of Teachers' Personal Practical Knowledge in Effecting Board Policy. Volume Ⅲ: Teachers' Personal Practical Knowledge. http: //0 - search. epnet. com. libecnu. lib. ecnu. edu. cn: 80/direct.asp? an = ED271537&db = eric.

Clandinin, D.J.& Connelly, F.M. (1986). Rhythms in Teaching: The Narrative Study of Teachers' Personal Practical Knowledge of Classrooms. Teaching and Teacher Education, 2 (4).

Connelly, F.M., & Clandinin, D.J. (1986). On Narrative Method, Personal Philosophy, and Narrative Unities in the Story of Teaching. Journal of Research in Science Teaching, 23 (4).

Connelly, F.M., & Clandinin, D.J. (1987). On Narrative Method, Biography and Narrative Unities in the Study of Teaching. The Journal of Educational Thought, 21 (3).

Connelly, F.M., & Clandinin, D.J. (1990). Stories of Experience and Narrative Inquiry. Educational Researcher, 19 (5).